こんな時代でも売れたんです。

商品開発物語60話

エコノミスト編集部…編

日本経済評論社

はしがき

『週刊エコノミスト』は、「コロンブスの林檎　商品開発物語」と題して、ヒット商品が誕生した舞台裏を、２００１年６月から１年余りにわたって五十数回連載しました。各回の取材の最後に「開発に成功した秘訣は何だったのでしょうか」と尋ねると、多くの担当者は「あきらめないことだ」と答えました。食事をしているときでも、寝ているときでも、風呂に入っているときでも、通勤途中でも、それこそ24時間、問題解決のためのヒントを考えていたそうです。

文科系の人間が多いエコノミストの編集部員にとって、異文化の人たちの人間ドラマ、企業ドラマの取材は、ずいぶん勉強になり、面白かったようです。

商品開発に携わる人たちは、外部から見ると、極めてささいなことに徹底的にこだわります。ある時「掃除機は単純な構造だから、あまり進歩がなかった」と何気なく書いたところ、読者から「それは違う」という抗議の手紙を頂きました。電機メーカーで掃除機の開発に長年携わり、今は引退した技術者の方からでした。例えばゴミを吸うホースという地味な部分の研究を長年やる人がいます。効率よく騒音をたてずに空気が流れ、丈夫で、しなやかで、なおかつ環境負荷が小さく、コストの安いホースの開発には終着駅はないわけです。

私たちの資本主義の世界では、人間は商品を消費することで生きています。ところが、最近の日本では「消費不況」がささやかれます。「日本中、商品があふれ、もう買うものがなくなったからだ」と飽和説を主張する人がいますが、私はそうは思いません。不況の長期化と所得の目減りで、消費者が将来への希望をなくし、生活防衛的におかねを使わなくなっているのだと考えています。

もちろん、飽和説があたっている面もありますが、それは、工夫もなく安いことだけがとりえの商品などです。消費者のニーズを掘り起こした商品はよく売れています。もう少し景気が落ちついてくれれば、このような本物の商品は需要を大きく伸ばすと思います。

ある経済評論家が「100円ショップで売っているものは、プラスチックのゴミの山になりかねない」と言っています。ただ安いだけで創造性に欠ける。安いから、消費者は大切に扱わず、ゴミになりやすい、という理屈です。一定レベルの品質の商品を安く作るにはそれなりの工夫がいるわけですが、私もこの意見に反対ではありません。日本産業は、人件費が20分の1以下の中国に追い上げられています。100円ショップで売られているようなものは中国などにまかせ、日本はもっと高度な部分で競争すべきです。

技術と言っても、自動車や電機など〝硬い技術〟だけではなく、女性が日常生活で使う品や、家庭用品でも先端技術は生かされます。むしろ、デザインなども含め、そういう〝しなやかな技術〟が込められた商品のほうが将来は有望かもしれません。商品開発に没頭する技術者たちのこだわりと情熱が、いつか日本経済を元気にする日が訪れるでしょう。

取材・執筆は、南敦子、山出暁子が中心になって担当し、後に平田紀之、野本寿子が加わりました。『週刊エコノミスト』は昨年6月、創刊以来78年間続いたB5判からA4判にリニューアルしました。日本のビジネス誌は、男性読者の比率が高いようですが、これを機に女性や若い読者にも読んでもらいたいといくつかの工夫をしました。その一つが本連載でした。ここで紹介する物語には男性の技術者が多く登場します。しかし、その商品のアイデアや、マーケティング、また開発が胸突き八丁にさしかかったときのヒントで、女性の感性が大きな働きを示したことが沢山あったようです。なお、本文中の肩書き、年齢は掲載当時のものです。

刊行にあたりましては日本経済評論社代表取締役、栗原哲也氏にお世話になりました。また、本連載が始まるや、直ちに目をつけられ、一冊の本にするためにご尽力いただいた日本経済評論社出版部、谷口京延さんにお礼を申し上げます。

エコノミスト編集長　今井　伸

◉目　次◉

健康

「ダカラ」（サントリー）
「健康エコナクッキングオイル」（花王）
「Ag^+（デオドラントパウダースプレー）」（資生堂）
「バイオライト」（林原生物化学研究所・ヤマギワ）
「甜茶」（サントリー）
「ジェットターン」（三洋電機）

「ダカラ」（サントリー）

〝スポーツドリンク〟の呪縛から解かれて

傷を癒す「救急箱」がヒント

サントリー食品事業部課長の北川廣一（42）は、営業部からずっと急かされていた。「早くスポーツドリンク出してよ。自販機でスポドリは必須アイテムなんだから！」。

そんなことは北川自身、よくわかっていた。飲料業界で自動販売機の４大必須アイテムといえば、コーヒー、お茶、炭酸飲料、そしてスポーツドリンク。サントリーはここ数年、「ボス」（コーヒー）、「サントリー烏龍茶」（お茶）、「ペプシコーラ」（炭酸飲料）と定番化する必須アイテムを着実に揃えてきたが、四つ目のスポーツドリンクだけはどうもうまくいかない。出しては消え、出しては消え……。そうしたジレンマのなかで北川がスポーツドリンクを託されたのは１９９６年のことだった。

▼「スポーツドリンク」じゃない！

北川廣一氏

この時、担当者となったのは北川をはじめ食品事業部からの3人、デザイン関係を担当する2人、商品の中身を研究する3人、コピーライター1人の合計9人。20代と30代後半の年齢層を混合して結成されたチームは「スポドリチーム」と呼ばれた。

当時のスポーツドリンク市場はポカリスエット（大塚製薬）とアクエリアス（コカ・コーラボトリング）の2大寡占状態だった。スポドリチームが最初に掲げた商品コンセプトは、2大スポーツドリンクよりも「より進化した、本格的スポーツドリンク」。そこで改めて500〜1000人を対象に調査を開始した。「ポカリスエットやアクエリアスをいつ飲みますか?」。この問いには、確かに約80％が「スポーツ中やスポーツ後」と答えた。

ところが、その後「すべての清涼飲料について、いつ、どこで、何と一緒に飲みましたか?」という〝日記調査〟で実態を詳しく調べてみると、スポーツドリンクを「スポーツ中や後に飲んだ」という人はたったの17〜18％程度。残りは「お風呂上がり」「二日酔いの時」「職場、学校に到着して喉が渇いた時」……。それはそうだ。大体、社会人は普段スポーツはあまりしない。学生だって、スポーツしている人もいるが、していない人も結構多い。その結果を見て北川はこうつぶやいた。

「これって要するに、スポーツドリンクじゃないじゃん……!」

それまで「スポーツ時に飲むドリンク」と信じていたものは実は、「生活時、喉が渇いた時に飲むドリンク」だったのだ。スポドリチームが日夜研究を重ねていたのは、ユーザーのニーズを的確に捉えているものではなかった。北川たちがそれまでやってきたことは間違っていたのだ。すでに〝本格的スポーツドリンク〟の試作品はできていた。が、ニーズとブレた商品であることを知った以上、そのまま出すわけにはいかない。

「やっぱりやめよう。もう1年頑張ろう。仕切りなおし！」

そう決定したのは、97年末のスポドリチームの飲み会。その日は東京・赤坂で朝の4時まで飲んだ。

開発すべきはスポーツドリンクではないなら、一体何なんだろう？　北川たちは、20年間スポーツドリンクと呼ばれるカテゴリーで王者に君臨し続けるポカリスエットを研究し直すことから始めることにした。チーム名も「K1チーム」に改名。K＝健康・機能性、1＝一番目に新しいカテゴリーの商品を出す！という意味だった。そうはいってもなかなかピンとくるものは出てこない。あーでもない、こーでもない。ライバル商品研究をただひたすら続けていたのが98年だった。

ところが、開発3年目の99年のある日。42歳のコピーライターがふとこんなことを言った。

「競争相手のユーザーが不満に思っているところを埋めようとしてるけど、20年間も飲まれてるってことは満足しているんじゃない？　ならば強い一部分をうまく顕在化させて、いっそう強くすればいいんじゃないの？」

地道に重ねてきたポカリスエットの研究で、ユーザーは三つのイメージを持っていることがわかっていた。①スポーツ、汗、暑い、②風邪の時に飲んだ、病院で買う、救急箱のよう、③（塩の味がするため）海。①は、すでに「アクエリアス」が参入している。ならば、われわれが行くべきは「救急箱」か「海」か？　製薬会社（大塚製薬）の商品よりもさらにメディカルな部分を強調したら、かなり強力な商品になるのではないか？　ならばやっぱり「救急箱」なんじゃないか？

「救急箱」という糸口を見つけ、K1チームの開発は一気に加速した。

現代人の食生活は乱れている。ならば足りないもの、カルシウム、ビタミン、食物繊維を補給

マーケットデータ

飲料業界全体が横ばいでも機能性飲料は堅調に推移

清涼飲料業界は、長引く不況の影響もあり総市場はここ数年横ばい。そうしたなかで、機能性飲料は主要ブランドを合計した2001年1～5月の累計で前年比106%と増加し、健闘した。なかでも、総数はまだまだ圧倒的な強さを誇るポカリスエットが伸び率で前年を割った一方、「ダカラ」は269%で機能性飲料全体の牽引役となった。

主要機能性飲料2001年1月～5月累計

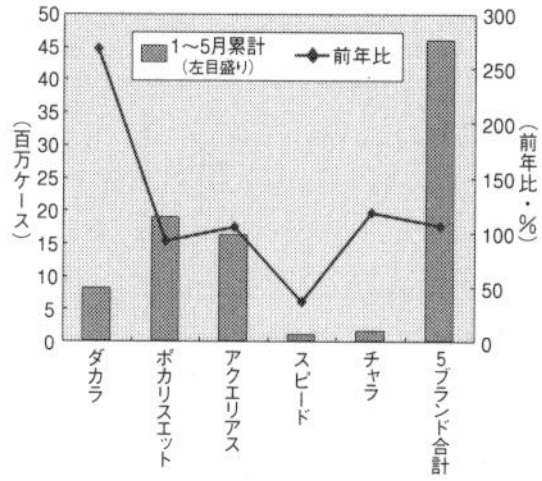

する。だが、同じくらい問題なのは栄養を「摂り過ぎている」ことだった。ならば余分に摂っている脂肪、塩分、カロリーを「引き算」する。また、こうした飲料が飲まれるのは、精神的、肉体的に疲れている時。癒してほしいと思う。看護婦さんに優しく「大丈夫ですか?」と言われたい。だからパッケージは、白地に赤いハートの赤十字色。飲み口もトロッと滑らかに。そう、それはターゲットにした男性が疲れた時に、包み込まれたいと思うようなイメージで……。

こうして誕生したのが、「ダカラ」だ。北川が開発に携わってから、時に他の商品開発を手掛けながら、4年の月日が経っていた。

▼間違いだった!?

「ダカラ」完成までの最後の1カ月、北川は土日、祝日もなく働きつづけた。ところが、ようやく発売する段階になって、同時期に発売されるライバル商品を知った北川は真っ青になった。キリンビバレッジの「スピード」、アサヒ飲料の「スイッチ」。それらはなんと、北川たちが捨て去った「本格的スポーツドリンク」をコンセプトに謳った商品だったのだ。あの方向転換は間違いだったのか……? 完成品の「ダカラ」を見つめながら、北川の自信は一気に失われていった。

そして、あれから1年後。当時発売された新商品でコンビニエンスストアの棚に定位置を確保したのはほかでもなく「ダカラ」だった。今ではコンビニの1週間の販売数で、あのポカリスエットを抜くことさえ珍しくなくなっている。

ポカリスエットを初めて抜いた時、北川は「おぉっ!」と思わず声を上げた。そうだ。あの時、97年末、夜の赤坂の決断は間違っていなかったのだ。

(山出暁子)

「健康エコナクッキングオイル」（花王）

脂をとる油が「健康油」市場を作る

1999年1月、花王は新商品の記者発表を行った。商品名は「健康エコナクッキングオイル」。炒め物、揚げ物、サラダと何にでも使える食用油である。広報担当者は、普段はこうした新商品の発表には興味を示さないようなマスコミ関係者にも積極的に声をかけた。なぜなら、これまで以上に期待をかけた商品だったからだ。

発表後、一般の消費者だけではなく、関連企業やレストラン、さらに大学の研究者や医師など、さまざまな分野からの予想以上の反響に、広報担当者は驚きながら対応に追われた。

血中コレステロールを下げる新商品も（右）

▼100億円を達成

食用油の市場は、推定1000億円弱と言われる。だが、折からの健康ブームで油を使った食事を控える人が増え、市場は年々、縮小傾向にあった。健康エコナは、その健康ブームを逆手に

安川拓次氏

取った。油を摂っても、一般の食用油に比べ食後の血中中性脂肪を半分に抑え、内臓脂肪や皮下脂肪を減少させることに成功したのである。

健康エコナは通常の食用油に比べ、価格がグラムあたり約4~5倍と高いにもかかわらず、99年2月の発売後、順調に売り上げを伸ばし、2000年度には100億円を達成した（99年度分含む、出荷ベース）。10億円売れればヒット商品と言われる食品業界で、単なる食用油ではない「健康油という新しい市場をつくり出した」（業界関係者）。

体脂肪をつきにくくする理由は、ジアシルグリセロールという主成分にある。通常の油の主成分はトリアシルグリセロールという中性脂肪で、体内の脂肪細胞内に蓄えられエネルギーとして使われるが、増えすぎると動脈硬化の原因になると言われている。

脂肪とは、グリセリンと脂肪酸が結合したものの総称で、トリアシルグリセロールはグリセリン骨格に脂肪酸が3本ついてアルファベットのEの形をしているが、ジアシルグリセロールは2本しかなくEの真ん中が欠けた形をしている（上2本だけの形もある）。どちらも消化酵素で分解され小腸に吸収されるが、トリアシルグリセロールはEの真ん中を残したまま小腸に吸収され、その後、再び真ん中の脂肪酸に寄り添うように3本が集まって中性脂肪に再合成され、内臓や皮下に蓄積される。これに対し、ジアシルグリセロールは分解された後は再合成されず、燃焼して水や炭酸ガスになるため、脂肪になりにくいというわけだ。

通常、パーム油やオリーブ油などにも、少量だがこのジアシルグリセロールは含まれている。花王は酵素技術を応用し、天然植物油から高濃度のジアシルグリセロールを製造する技術を開発し、健康エコナはジアシルグリセロールを主成分として80%まで高めた。

「ものになるか、ならないか。最後の挑戦のようなものだった」。花王ヘルスケア第一研究所所長の安川拓次(46)は、当時を振り返る。油の酵素処理の際に副生するジアシルグリセロールの研究が始まったのが85年。商品となって実を結ぶ99年まで、15年近い年月が流れていたからである。

▼とんでもない発想

79年の入社以来、家庭用食品の研究を続けていた安川だが、「当初の着眼は、消化されやすい、胃に優しい油という発想」で、脂肪酸が1本外れているゆえにその可能性を持つジアシルグリセロールの栄養生理学的な研究を始めたという。

まず、胃の弱い社員を集め、胃がもたれないという効果が確認された。さらに詳しく調べるためマウスで実験したが、思うような結果はなかなか得られなかった。ところが、あきらめないで実験を続けるうちに、飼料に通常の油を使ったマウスと、ジアシルグリセロールを含んだ油を使ったマウスでは、後者のほうがスリムになるという結果が出たのである。

そこで安川は95年、本格的に人での臨床試験を始め、自らも生活の中でジアシルグリセロールを含んだ油を料理に使い続けた。半年後、毎年上がり続けていた肥満度や血中中性脂肪などの値が低下した。ただ、ジアシルグリセロールは、専業の油メーカーから見れば副産物でしかなく、ジアシルグリセロールを良用油にするということはとんでもない発想だった。が、安川は決めていた。

「これに賭けよう」

その後の実験は順調に進み、98年5月、健康エコナは厚生省(当時)から食用油として初めて、

マーケットデータ
取りたいのは おなかの脂

食用油の市場規模は、健康ブームの中、特に中年層が油を控えるなど年々、縮小傾向にある（図）。労働厚生省の「平成11年　国民栄養調査結果」によると、高脂血（中性脂肪やコレステロールが高い）の人の割合は、男性は40歳代で59.6%、女性では50歳代で62.5%ともっとも高くなっている。

食用油市場規模（推定）

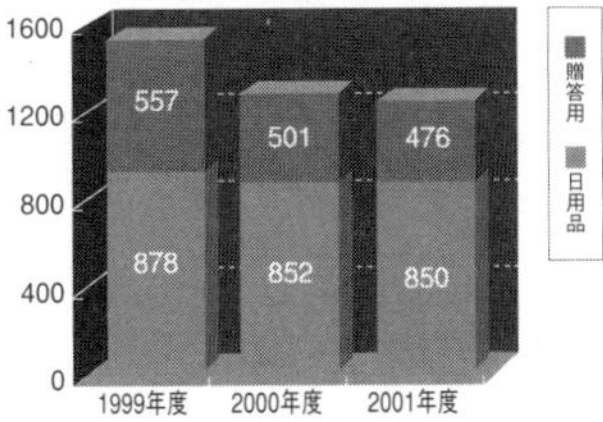

（注）売値ベース。2001年度は見込み。花王調べ

特定保健用食品の認可を受けるまでにこぎつけた。だが、難点がまだあった。ジアシルグリセロールを合成するのにコストがかかる。つまり、見た目は普通の食用油と何ら変わらないのに、どうしても値段が高くならざるを得ない。社内的には、「これでは購入意欲を高めることは難しい」などと、評価は必ずしも芳しいものではなかった。

でも、くじけなかった。安川や研究員は研究室から飛び出した。自ら医師や栄養士などを訪問し、彼らの信頼が消費者の信頼につながる、と啓蒙活動を行った。この熱意が社内に伝わり、プロジェクトが具体的に立ち上がり、一緒にやる仲間もできた。折からの健康ブームも追い風になった。

もともとエコナという名前は、1928年に生まれている。業務用油脂メーカーとして花王は製菓・製パン業界に業務用ショートニング「エコナ」を発売。エコナとは、“edible coconut oil of NAGASE”（＝長瀬商会の食用ヤシ油。長瀬は花王の創始者の名前）の略で、90年に食品事業部が発足したのを機に、本格的に家庭用食用油業界に参入した。炒め油、揚げ油、天ぷら粉――エコナはいろいろな商品名に付けられてきた。その伝統を引き継ぎ、さらに新たな歴史を記したのが「健康エコナクッキングオイル」と言える。

発売の翌3月。販売店などを集めた販売店会の会場に、説明要員を務める安川の姿があった。

「かつては商品について、どんな取り組みが行われてそれぞれがどういう役割をしたのかが語り継がれていくことはなかったけれど、こうしたプロジェクトが立ち上がったことで、健康エコナの成功体験は語り継がれている」

当時、プロジェクトに参加した広報センター社会・文化室長の嶋田実名子はこう語る。

（南　敦子）

「Ag^+（デオドラントパウダースプレー）」（資生堂）

男が臭いを嗅ぎあって生まれた

資生堂のデオドラントパウダースプレー「Ag^+（エージープラス）」は、2001年2月21日に発売され、わずか5カ月後の7月中旬に、出荷数量は400万個を突破した。資生堂の年間出荷計画280万個をはるかに上回り、100万個でヒット商品と言われる化粧品業界でわずか数カ月のあいだに大ヒット商品にのし上がった。

Ag^+には、銀含有ゼオライトが配合されている。これはシナネンゼオミック（当時、シナネンの一事業部）が開発した無機系殺菌剤で、米FDA（食品医薬品局）からも安全性や効果を認められ、幅広い分野で使われている。殺菌効果の高い銀イオン（Ag^+）を白色の粉末で包み込み安定化した物質が、腋の下のイヤな臭いを発生する原因となる「常在菌」の働きを阻害する。

デオドラントパウダースプレーは、制汗、消臭、殺菌の三つが揃って高い効果を発揮するが、パウダースプレーの殺菌剤には主に有機性物質が使われ、殺菌力が持続しないという問題点があ

本格的な
デオドラントパウダースプレー
として認知

（右から）五明秀之氏、中根俊彦氏

った。だが、Ag⁺は無機系殺菌剤である銀含有ゼオライトの働きにより24時間の菌の抑制が可能になり、腋臭など本格的な腋の下の臭いにも対応できる画期的な商品となったのである。

▼2人で始まった実験

1990年8月、粉末の開発に携わっていた資生堂基盤研究センター基剤開発研究所主任研究員、中根俊彦（43）に、隣の席に座っていた女性の先輩が「こんなものがある」と抗菌剤の書籍に関する案内を手渡してくれた。それを見て中根は驚いた。無機粉末に抗菌機能を持たせられるのか？

さっそくシナネンゼオミックに問い合わせたところ、東京・晴海で開かれる「粉体工業展」に出展するという。偶然にも向かい合わせで資生堂も出展しており、ここで中根は銀含有ゼオライトのサンプルをもらった。

研究所に戻って、さっそく中根は同製品開発センター微生物研究室主事、五明秀之（42）にそのサンプルを渡して効果を調べてもらった。五明は無機粉末の抗菌力に関する研究をしたこともあったため、効果がありそうだと直感。ろ紙に菌株を乗せて、どの菌に効果があるのか実験を行ったところ、やはり人間の体に存在する菌にも効果がありそうだという結果が出た。

だが、周りは誰も相手にしてくれなかった。

そこで2人はまず、自分たちの体で「確認」を始めた。片方の腋には銀含有ゼオライトを、もう片方には何もつけず、時には日課でもあったジョギングで、時には気温40度、湿度75％に設定した部屋でエアロバイクをこいで汗をかいた。そのあと、お互い腋の臭いをかぎあい、その差を

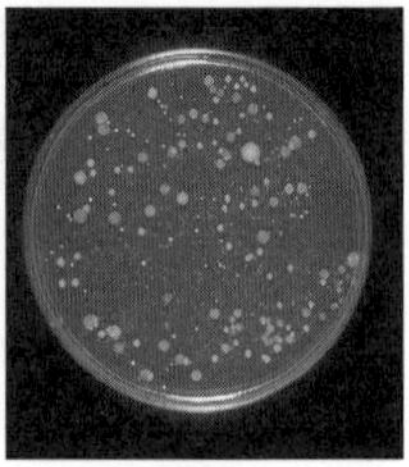

適用前

適用６時間後

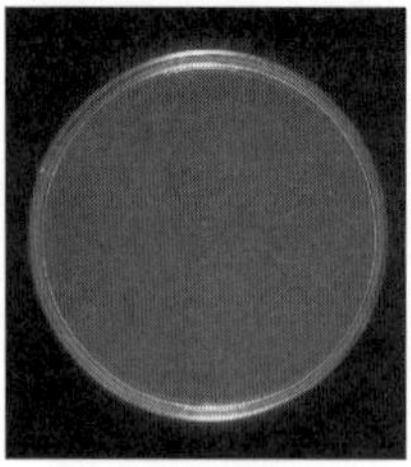

適用24時間後

確認した。効果は歴然としていた。今度はさらに上司や同僚を巻き込んで実験を行った。

臨床試験を行うには１０００万円単位の資金が必要だ。だが、見込みや裏付けがなければ簡単にはやらせてもらえない。化粧品会社といえば美白や老化に関する商品が大きな市場であり、資生堂でもデオドラントスプレーの商品を発売してきてはいたが、美白や老化の分野に比べれば細々とした市場であった。中根は研究所長に相談、「他社からトップを奪う商品になりうる」と訴え、多人数での臨床試験をやらせてほしいと頼みこんだ。「なんとか商品にしたいという思いが強かった」。

ＯＫが出た。

中根と五明を含めて４人がアメリカに飛んで臨床試験を行った。この結果、薬事開発の許可が下りた。すでに5年が過ぎていた。

▼「開発費を回収できるのか」

今度は薬事申請に向けての試験である。腋臭の評価に関するガイドラインが厳しく制定されているアメリカで、訓練を受けた専門家１６０人による本格的な実験を行った。銀含有ゼオライトと有機系殺菌剤であるトリクロサン配合製剤を片方ずつ腋につけて、腋臭、殺菌の効果の比較を行った結果、明らかに前者のほうに効果が見られることがわかった。

当初の開発スケジュールのなかにはなかった試験をする必要が出てきたため、開発投資と商品化後の利益のバランスから、開発が可能かどうか判断を求められたこともあった。

「効果があるのはわかる。だが、開発費を回収できるのか」

研究部門のトップは厳しく指摘してきた。

「開発を諦めなければならないのか」

中根はさすがにその時考えたが、経営数字に詳しい社内の人間を見つけて相談するなど、根気強く努力を続けた。

開発は続行されることになった。97年12月25日のクリスマス。役所の受付が最後のこの日、中根は厚生省（当時）に薬事申請の書類を提出した。

シナネンゼオミック営業部長の平沼進（45）は「正直なところ、途中で投げ出すんじゃないかと思った」と笑う。開発の可能性に疑問が出たこともあったという。だが、平沼は「絶対、大丈夫だから」と社内を説得した。それでも、確信を持つに至ったのは薬事申請をしたときだった。「これは本気だ」と。

中根も五明も、もともとこの銀含有ゼオライトを専門に研究しているわけではなかったから、終業後や休日を使ってゼオライトの研究をした。「苦にならなかったし、おもしろいから土日も出勤できた」（五明）。

10年。

「ハードルを一つ越えるとまた一つ障害物が出てくるような感じだった」と五明。中根は「夢中でやってきたなぁ。でも、周りに多くの人がいたからできたことで、一人でできる仕事でも、お金があるからできることでもなかった」と振り返る。

資生堂のデオドラントパウダースプレーを中心としたボディー商品売り上げは、前年比150％まで成長している。

（南　敦子）

マーケットデータ

猛暑の夏こそ清潔に

制汗剤市場の中でも特に腋臭が強い人などへの効果を訴求している「機能型制汗剤市場」は、1999年度が8.7億円、2000年度は33億円に拡大。01年度は約100億円を見込む。

世の中「キレイ好き」が増え、特に腋臭が強いわけではないがエチケットとして使う人も増えている。最近は、主流だったレモンやフローラル系の香りは影を潜め、無臭や石鹸など自然な香りに人気が集中しているという。

機能型制汗剤市場の規模

1999年度	8.7億円
2000年度	33億円
2001年度	100億円

（注）2001年度は見込み

「バイオライト」（林原生物化学研究所・ヤマギワ）

目にやさしい光
バイオライトとは何か

林原は、岡山市のほぼ中央を南に流れる旭川のほとりで1883年に創業した。水飴作りが始まりである。以来、酵素・微生物とバイオテクノロジーの分野へと事業内容を発展させ、〝生命〟を原点に林原グループとしてさまざまな関連企業を抱えるまでになった。その一つ、微生物・酵素技術などをベースにしたバイオテクノロジーの研究開発を行う林原生物化学研究所には、世界中から研究者などが頻繁に訪れる。

「目にいい光とは何か」

ある日、グループ代表の林原健は、息子の仮性近視（目を近づけて本を読んだりしたために一時的に起こる近視状態）をきっかけに「目にいい光」について考え、それを研究するよう研究員に命じた。1985年のことだった。さっそく、この〝プロジェクト〟のために研究員たちが集められた。片手の指の数にも満たない人数。しかも、彼らは電気器具の専門家ではなかった。

常識を打ち破ってロングセラーに

（右から）加藤和久氏、松尾宏明氏

▼それは太陽光の観察から

目にやさしい光とは「日の出30分後の太陽光」だという。チラツキのない一定の光である。しかし、一般の蛍光灯や白熱灯には光のチラツキが、実はある。交流電源であるがゆえであり、それが目を疲労させる原因になっている。

林原の命で集められた彼らは「自然の光の再現」をテーマに太陽光に目をつけ、日の出から日没まで日々、瀬戸内海に面した浜辺で観測を続けた。そして、日の出から30分後の光は紫外線が少なく、目にやさしいという結果にたどりついた。しかし、交流ではこの光をつくりえない。それなら直流にしたらどうか。

これは、一つの挑戦だった。交流を直流にすること自体は、それほど難しいことではない。だが、朝の太陽光に近い特性にするためには通常１００ボルトの電圧を１１６ボルトまで上げなければならず、普通の回路ではスイッチを入れた瞬間に電球が切れるおそれがあった。

プロジェクトチームは電圧を高くしても電球の切れない「バイオ電子回路」の開発に成功したが、企画案を持ってメーカーを訪ねると、「あえて直流にして、さらに電球に負担をかけるものは照明ではない」とつっぱねられた。電気代も安く電球の寿命も長持ちする、経済的な蛍光灯作りが電機業界の常識だったからだ。製造してもいいというメーカーがようやくあったかと思えば、「名前は出さない」という条件だったりした。〝常識〟にこだわるメーカーのかたくなな姿勢がそう言わせたのかもしれない。

なんとか、大手メーカーとの契約にこぎつけた。87年のことである。改良を重ね初期モデルの

各種スタンドによるチラツキの比較

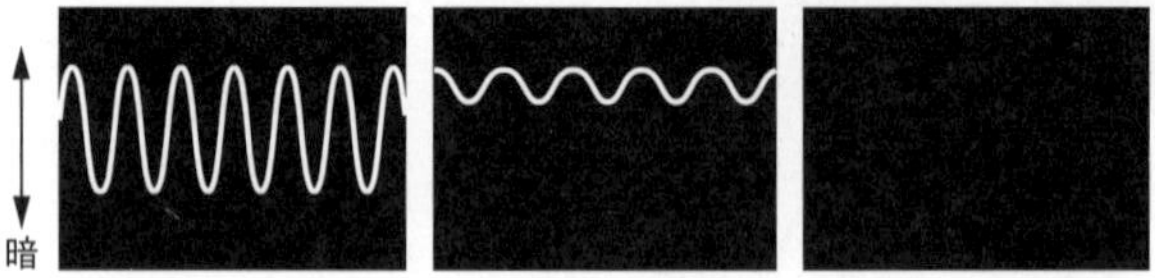

発売に至ったが、やはり値段は普通のものより少し高めになった。販売は「目にいい照明スタンドだから本屋で、という単純な理由から、大手出版社の販路を通じて全国の書店の店頭に置いてもらった。価格面でも一般電器店では取り扱ってもらえなかった」と、林原グループH＋Bライフサイエンス企画開発部ジェネラルマネージャーの松尾宏明（43）は当時を振り返って苦笑いする。照明の売り方としては妙な形だが、この直流点灯方式に注目した企業が、照明とインテリア関連商品を扱うヤマギワである。

▼ヤマギワのアイデアを足して

ヤマギワは林原生物化学研究所と89年、国内での総代理店契約を結んだ。90年にはシリーズ２代目となる「バイオライト－プロ」を共同開発し、発売した。初代バイオライトは40ワットの白熱電球使用で、50時間も使えば交換しなければならないという欠点があった。太陽の光に近づけるために上げた電圧により消耗が激しく、電球の寿命が極端に縮んだのだ。この点を改良し、60ワット電球を使用し寿命を５００時間にまで延ばした。91年には３代目の「タイプ60」を発売。バイオライトは順調に売れた。

「プロ」が発売されたとき、ヤマギワインターナショナル技術部部長代理の加藤和久（50）は、「３万９８００円なんて、ずいぶん値段の高い照明器具だ」と思った。その加藤が94年、バイオライトの企画・デザイン担当に就任する。共同開発とはいっても、ヤマギワがデザインまで担当するのは初めての試みだった。

そのころ、ヤマギワはノルウェーのアームライトメーカーとして世界で権威を誇るＪ・ヤコブ

マーケットデータ
現代人は子供から大人まで目を酷使

右のグラフは、バイオライトとICインバータ蛍光灯、一般白熱灯の下での読書30分ごとの眼疲労度を比較したもの。2時間後、一般白熱灯はバイオライトの約2.3倍、ICインバータ蛍光灯は約4倍、目が疲労していることになる。文部科学省の『学校保健統計調査報告書』によると、裸眼視力1.0未満の幼稚園児童の割合は1990年の18.6%から2000年には24.0%に。特に高校生は同55.8%から00年には63.3%に増加。パソコンにテレビゲーム、目を酷使しているのは大人だけではないようだ。

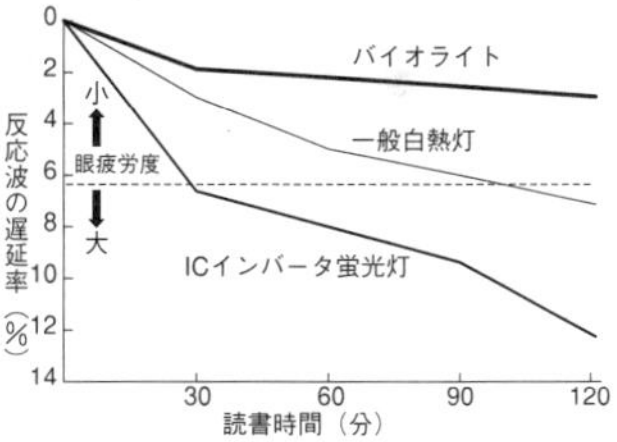

（出所）林原生物化学研究所
（注）視神経の疲労による反応波の遅れを利用して測定

セン社と販売総代理店契約を結んだばかりだった。ヤマギワは、ヤコブセン社のアームをバイオライトに使うことを考えた。名前はヤコブセン社のブランド名「LUXO（ラクソ）」から「バイオライトラクソ」と命名した。「ヤマギワと林原のいいところが合体した」（加藤）。

96年には新商品「エクセル」を発売。エクセルは、「プロ」をベースにシェード部分の可動性を高め、用途や状況に合わせ2段階の調光機能で照度を選択できるようにした。調光した場合は、電圧が90ボルトに下がるが直流であることは変わらない一方、電球の寿命が延びる。また、反射鏡を自然に机の横から照射する設計にし、紙面やモニター画面のてかりを防いだ。エクセルはシリーズの中でも最大のヒット商品となった。

「実は、バイオライトの担当になったことはプレッシャーだった」と、加藤は打ち明ける。「ヤマギワでデザインを担当するのは自分が初めて。ヤマギワが担当したから売れなくなったと言われることになるかもしれないと思った」からである。

バイオライトシリーズは2万6800〜3万9800円（普通の照明スタンドは数千円からある）と高額であるにもかかわらず、累計販売台数は30万6000台（2001年9月現在）を超え、同一シリーズの照明スタンドとしては異例のロングセラー商品となった。当初は照明器具ではないとまで揶揄された「非常識な考え方」（松尾）が生まれたのは、電機メーカーではないからこその発想だったと言える。「いろいろと欠点はあったが補うだけの自信もあった」と松尾。集中力を高め、ストレスを和らげるなどの性能も実証されている。

次期発売予定の新モデルの開発も着々と進んでいる。

（南　敦子）

「甜茶」（サントリー）

花粉症患者急増
飲んで治すお茶

「甜茶《てんちゃ》」をご存じだろうか。ここ数年、スギ花粉症シーズンになると注目されている、鼻アレルギー症状を改善するといわれるお茶である。味に渋みと甘みがあるのが特徴のこの甜茶、もともと中国南部の桂林奥地で収穫され、健康に良いお茶として愛飲されていた。しかも、以前は国外への持ち出しが禁止されていたほど、貴重なものだったという。

このお茶を日本で初めて商品化したのが、サントリーだった。

「サントリーはウーロン茶を発売しており、もともと中国茶との関係が深かった。そんな縁から、貴重な甜茶を入手することが可能だったんです」と、サントリー食品事業本部健康食品事業部課長の新免芳史（41）は話す。

サントリー健康科学研究所が甜茶の研究を始めたのは、今から十数年前、1980年代後半のことだった。が、甜茶は初めからアレルギー対策のお茶として商品開発されたものではなかった。

鼻アレルギーに漢方薬並みの効果を謳う

紺谷昌仙氏

▼鼻アレルギーに効果が

当時は空前の人工甘味料開発ブームだった。サントリーでも甘味料の開発が行われていた。しかし、商品化できるようなものが完成せずに行き詰まっていた。このときに、注目されたのが、甜茶の〝甘み〟であり、ここから本格的に甜茶の研究が進められることになった。ところが思いがけず、方向転換をすることになる。

「わが社の研究の柱は三つあります。一つは抗酸化、二つ目は腸の健康、三つ目は免疫。この三つ目の免疫の研究で鼻アレルギーに効果のある素材をスクリーニングした結果、甜茶に含まれる有効成分の甜茶ポリフェノールが挙がってきたんです」と、食品事業本部健康食品事業部の紺谷昌仙（35）は、甜茶とアレルギーが結びついたときのことを振り返る。

その後、病院の協力を得てアレルギーを持つ患者に甜茶の効果を試験してみると、6〜7割の確率で症状が改善した、という結果が出てきた。この結果を知った紺谷は「すごいものが出てきたな」と大きな衝撃を受けた。というのも、アレルギー症状を持ち、困っている人が多いにもかかわらず、抗アレルギーの素材というのがなかなか見つかっていなかったからだった。「これは絶対商品化しなければ」と新免も紺谷も固く心に誓った。

一口に甜茶といっても、バラ科、アカネ科、ユキノシタ科、ブナ科の4種類がある。サントリーの研究でアレルギーに効果があったのはバラ科だけだった。また、バラ科であっても、あくまでも有効成分は葉に含まれており、茎などは使えなかった。しかも、「栽培ができない。なぜか野生でないと有効成分が十分に得られない植物なんです。天候や季節にも左右される。野生であり、採取する時期を特定して茶葉を摘まなくては有効なものにならないわけです。それを特定するのが難関でした」（新免）。

また、お茶を飲むときは、火にかけて煮出さずに、カップにティーバッグを入れ熱湯を注いで飲むのが最も手軽である。この甜茶も手軽に飲めるよう、ティーバッグで商品化することになったのだが、煮出すことなく、カップに熱湯を注ぐだけで十分な有効成分を出すには茶葉と時間がどのくらい必要か。最もよい飲みごろを突き止めるための実験が繰り返し行われた。

そして研究が始められて4年が経過した94年、ついにティーバッグでおいしく飲め、しかも鼻アレルギーに効果がある、という甜茶が完成した。その年、サントリー健康科学研究所は甜茶の効能を、通年性の鼻アレルギーに漢方薬並みの効果が得られるとして日本アレルギー学会で発表し、大きな反響を呼んだ。甜茶の発売は95年2月に決まった。

▼まがいものに苦しめられ

発売の年となった95年。思わぬ追い風が吹いた。前年夏の猛暑を受け、95年春先のスギ花粉飛散量が一気に増加し、スギ花粉症を発症する人が急激に増えたのだ。それまで甜茶は「花粉症に効果がある」とは謳っていなかったが、同じアレルギー症状を緩和するお茶として、一躍注目を集めることとなったのである。ここで一気に甜茶の知名度は高まった。

だが、注目が高まっただけに、追随する企業も出てきた。96年には、健康食品を手掛ける多くの企業が続々と甜茶に参入した。本来なら競合が増えることは、市場の拡大と活性化につながり、喜ぶべきことでもあるはずだ。ところが、甜茶はそうはいかなかった。なぜか。サントリーの研究によれば鼻アレルギーに効果を発揮するのは、バラ科甜茶のみである。しかし、追随商品のなかには、バラ科以外のものも多く含まれていた。

当然、それらはいくら飲んでも効果は出てこない。「そうした商品が氾濫した結果、『甜茶を飲んでも花粉症は改善しない』という印象を消費者に与えてしまった」(紺谷)。

せっかく長い間研究を重ねてきた自信作が、いわゆる「まがいもの」によって消されていくのはかなわなかった。さらに追い打ちをかけたのが、花粉の飛散量。96年から99年にかけては、95年ほどの大量の花粉が飛ばなかったため、花粉症関連商品の注目度が下がっていった。

だが、一部のユーザーから「甜茶の効果を体感している」という声を聞いていた紺谷は、「一時のブームで終わらせるわけにはいかない」と強く感じていた。研究チームのメンバーも皆、同じ気持ちだった。

そこで、甜茶の効果をもう一度見直してもらうため、消費者団体に向けて、バラ科を使った甜茶のみ、抗アレルギー効果があることを説明するなど地道な方法から始めることにした。また、販売方法も通信販売を加え、消費者と直接コミュニケーションが取れるための体制を整えた。

そうした努力を続けながら迎えた2002年1月。再び甜茶が脚光を浴びた。ある情報番組に、花粉症対策として甜茶が取り上げられた途端、放送の翌日から問い合わせが殺到し、品切れ状態を起こすまでの爆発的ヒットとなったのだ。

それまで、甜茶に入れられていたアンケートのはがきが返ってくるのは1日1～2枚程度だったが、02年の春は1日100枚をゆうに超える日が続いた。そのはがきの山を見て、紺谷はもう一度気を引き締めた。「ブームでは終わらせない」。

(山出暁子)

マーケットデータ
春だけじゃない！花粉は１年中飛んでいる

春のスギ花粉症に悩まされ、ようやく一段落したと思っていたら最近また「ハクション」と始まった人もいるだろう。風邪かな、と思ったら大間違い。花粉症の原因はスギだけではない。程度の差はあれ、花粉症を引き起こす花粉は１年中飛んでいるのだ。

花粉症の原因となる植物の花粉飛散時期

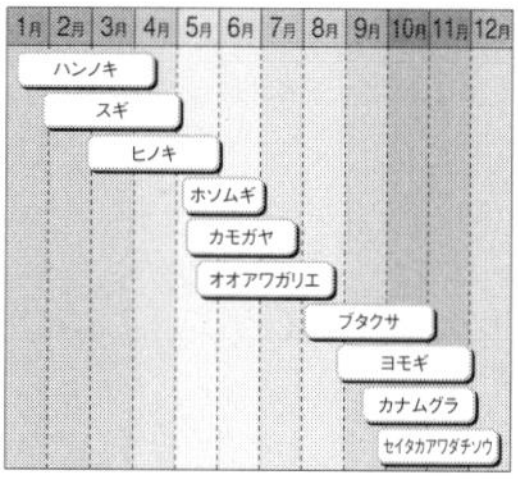

「ジェットターン」（三洋電機）

「排気」にこだわった掃除機とは

一般家庭で掃除機が使われるようになってきたのは、昭和30年代前半のこと。そして、登場後約20年で、普及率は100％近くに達した。きれい好きという、日本人の国民性があったからかもしれない。ただ、早く家庭に定着したわりには、構造は当時からあまり変わっていないという声もある。

確かに、洗濯機などの機能は様々に進化したが、掃除機は、本体があって、モーターがあって、ホースとブラシがついて、と劇的な変化は少なかった。掃除機の耐久年数（一般的に7～8年で買い替え）が短いからなのだろうが、それは逆に言えば、常に需要に恵まれているということ。消費者に何とか買い替えさせようと、あの手この手を打たざるをえない洗濯機や冷蔵庫のような開発を、掃除機はしないで済んできたのだ。

「掃除機は四十数年の歴史のなかで、三十七、八年は、吸引力の競争ばっかりしてたんです

たった２割のニーズに注目した

日向幸一氏

わ」。三洋電機ホーム・アライアンスカンパニー営業統括部家事・健康商品販売企画部部長の日向幸一（50）は言う。三洋電機の掃除機の開発チームでも、長い間、吸い込み率を上げることが第一目標だった。開発課題というと、決まってモーターの研究だった。各社とも、同じだ。新商品として出てくる掃除機のセールスポイントの多くが吸引力、ということからもうなずける。実際に、吸引力はぐんぐん上がってきた。

ところが、1995年頃、日向の耳に「お年寄りから、使いにくいという声が上がっている」という情報が入るようになった。吸引力が強いために、じゅうたんなどを掃除すると、強く吸って動かなくなってしまい、疲れる。こう、言うのだ。

「吸引力競争の限界か」。日向は、こう思い始めた。吸引力は維持しながらも、本体を小型化して、もっと使いやすいものが求められるようになる。ほかの開発担当者も、そう思っていた。

▼オンリーワンをつくれ

開発チームは、まず500人の消費者にアンケートをし、掃除機に求めるものは何か、意見を聞いてみた。すると、相変わらず、吸引力を求める声が多かったものの、小型軽量化や静音、そして清潔排気という意見が約2割を占めた。この結果を見て、日向が考えたのは、「すべての意見を満たそうとする商品をつくれば、他社と似通ってしまう」ということだった。

その頃、三洋電機では、当時の近藤定男社長の下、「他社とは違う、オンリーワンの商品をつくれ」が開発方針となっていた。日向は、もっと特徴のある、独自の商品でなければいけない、と考えていた。消費者から上がった意見のなかで、100％問題をクリアできる項目はどれか。

そこに焦点を絞ってみた。吸引力？　どのくらいなら100％満足してもらえるのか？　小型軽量？　どのくらい小さくすればOKなのか？　そうした、漠然とした基準しかないものを除いていき、選んでいった項目のなかに、「清潔排気」があった。「排気を出さない商品を作ることは可能だ」。明快なテーマだった。

そこで、「排気」だけに絞って、もう一度消費者に聞いてみることにした。「掃除機から出る排気は汚いと思いますか」「排気によってホコリが飛散していると思いますか」――7割ほどの人が「イエス」と答えた。「よし、これでいこう」。開発チームの方針が決まった。

▼できません!?

プロジェクトが開始され、しばらくたったある日。日向のところに、技術担当者が神妙な面持ちでやって来た。そして、言った。

「排気をゼロにはできない」

掃除機は空気を吸うときにゴミを一緒に吸う。排気させず、空気を循環させると、吸い込む強さと吹き付ける強さが一緒になり、結果、全くゴミを吸い取れなくなってしまう。当初、図面上では確かにできると思ったが、実際つくってみるとそんな結果になったという。日向は思わず叫んだ。「なんで最初からわからなかったんか！　今になって何を言うとんのかい！」。

多くの白物家電は通常、1年サイクルでモデルチェンジをする。この掃除機の開発期間も当初1年の予定だった。が、とても予定どおり発売できそうにない。吸い込みを可能にするには、排気を何％くらい出せばいいのか、リターンさせることでモーターの熱がこもるから、それはどう

マーケットデータ

やっぱり吸引力は掃除機の命

三洋電機が主婦343人に掃除機に求める改善点を挙げてもらった調査によると、やはり「吸引力」という答えが根強い。だが、小型軽量、静音に対するニーズが年々高まっているという。今後の商品開発では、これらが主役となっていきそうだ。

クリーナー改善要望項目

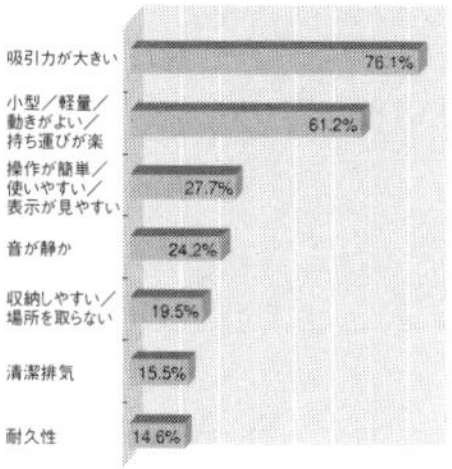

すればいいのか――。これまでにない商品をつくりたい、と開発担当者の誰もが思っていたが、それゆえ、何の基準もなく、先が見えず、あてのない旅に出ているような空気が開発チームに漂っていた。日向と技術担当者の間にも、見えない壁のようなものができていた。それは時に、喧嘩にもなった。「排気にこだわるのはやめるべきか」。

そんな意見さえ出始めたとき、事業部長から指示が出た。「オンリーワンをつくるんだ。2年かかってもいいから、やり遂げろ」。通常なら方向転換させられるケースだった。「こういう上司だったのは、ツイている」。日向はやり遂げよう、と決意した。技術者ともじっくり話し合いをして和解し、開発メンバーとは夜に飲み屋で腹を割った話し合いもし、排気にこだわった商品開発を続けることになった。

「消費者は、排気の出る勢いで、ホコリが巻き上がらないことも強く求めている。ならば、数%の排気が出てもいいから、ホコリを巻き上げない構造を」という着地点を見つけ、開発を続けた。開発開始から2年。99年、ついに、他社にはない、「排気」にあくまでこだわった新商品「ジェットターン」が誕生した。

「開発当時は、月に2、3回会議をやっていたけれど、技術者ととっくみあいにならないか、ほんとにヒヤヒヤだったよ。掃除機一つでも、モーター担当者、ホース担当者、それぞれ職人がいて、彼らはすごい情熱をもってやっている」(日向)。

消費者にも受け入れられた。99年9月の発売から3年間で70万台を売った。日向は言う。「過去の遺産で生きていくのはイヤだからね。今度は、嫌いな家事労働のワースト3に掃除が入らないようになるような、そんな新商品を出したいね」。次の目標に、こう目を輝かせた。(山出暁子)

美貌

「天使のブラ」（トリンプ・インターナショナル）
「White & White　プライムライオン」（ライオン）
「イニシオ　ボディクリエイター」（資生堂）
「清肌晶」（コーセー）

「天使のブラ」（トリンプ・インターナショナル）

「優子」が天使になった日

「最初は社内でも、『天使なんて』という反応があった」

トリンプ・インターナショナル・ジャパン顧問の武者忠子は笑った。

１９９４年春、トリンプは「天使のブラ」を発売。この春夏シーズンだけで前年度トータルと同じ35万枚が売れた。

女性の胸の形を整えるためのワイヤー入りブラは、市場の80％を占めるほどの支持を得ていた。ところが、それほど支持されている一方で、ワイヤーが肌にあたって痛い、ワイヤーの跡が残る、という女性の大きな不満はなかなか解消されなかった。

「ワイヤーが入っていても痛くないブラジャーがあったら」

天使のブラは、カップの内側にあったワイヤーをカップの外側に付けるアウトサイドワイヤーを採用し、肌との間のソフトパッドがクッションの役割をすることで、女性たちの〝切望〟を叶

爆発的な人気を誇る

戸所由美子氏

えた商品だった。

▼嫌われた「優子」

実は、このアウトサイドワイヤーのブラは、これ以前の92年に誕生している。商品名は「優子」である。

トリンプが前年、首都圏在住の20～40歳代の女性１００人ほどに行った調査によると、ワイヤーブラ愛用者で、着用中に痛み、苦しさなどを感じる人は、「よくある」「たまにある」を合わせて90％以上に上った。

ワイヤーの質を変えることも考えたが、軟らかくすると保形性がなくなってしまう。そこでワイヤーの位置を外に変え、さらに肌にあたる部分にはソフトな肌ざわりの超極細糸を使用した。

93年には「優子」の流れを汲んで、好みや体型に合わせて3種類から選べる「㊝（まるゆう）3姉妹」、そしてパッドを使用したり、バストを中心部に向かって寄せて持ち上げる技術を加えた「ソフトアップるブラ」などを投入した。ところが、いくら画期的な商品であろうとも、思い通りには売れなかった。

一方、同じ時期、女性用下着大手のワコールは「グッドアップブラ」を発売。その名の通り、「寄せて上げる」という明快なコンセプトで、発売の92年から3年間で約８００万枚売れた。

機能・デザインとも他社に比べて優れているという自負はある。だからこそもっと女性を引きつけるような名前はないか。社内にはいらだちも見えてきていた。ネーミングの検討が始まった。

「天使はどうか」

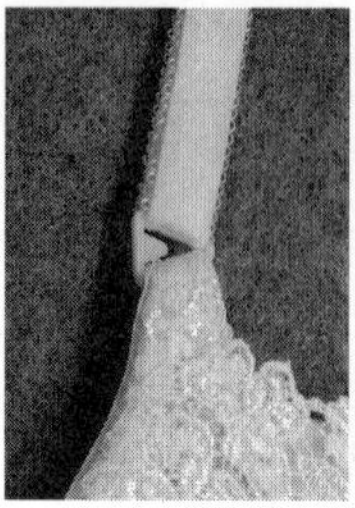
小さな工夫で女性の悩みを解決した「デルタマジック」

そのころ米国では天使ブームが起きていた。天使というネーミングにいぶかる人もいた。だが、天使のブラは生まれた。「優子」が天使になった日だった。

▼進化し続けるブラ

その後、天使のブラは、改良を加えながらトリンプの一大ブランドとして大きく成長している。誕生の翌95年春、「天使のブラ」シリーズの新商品として取り外し可能な厚手のパッドを挿入する「ウルトラアップ」を、秋冬シーズンには「スーパーウルトラアップ」を投入。それまで日本の女性の間には、パッドを挿入してまで胸を大きく見せることに対する抵抗があった。だがすでに、イギリスで「ワンダーブラ」が、アメリカで「ウルトラブラ」なるパッドの取り外し可能な、胸を大きく見せるブラが大流行していた。そこで天使のブラ「ウルトラアップ」を試験的に発売したところ、すぐに欠品となり増産につぐ増産となった。本格的に発売して、通年で142万枚と爆発的にヒットになった。

「ここまで売れるとは思わなかった」と、マーケティング本部プロダクトマネジメント部商品企画一課課長の戸所由美子は言う。

これほど売れたのは、女性のファッション観が変化し、バストを豊かに見せることに対する抵抗がなくなったからだろう。

98年の「アップ&クリック」は胸の谷間の寄せ具合を3段階調節できる機能を持つブラで、「視覚と聴覚に訴えた」(戸所)結果、78万6000人の女性が購入した。視覚とは、胸の谷間。聴覚とは、1段階寄せるごとの「カチッ、カチッ」という小気味いい音である。リラックスしたいときには、調整しやすいようにフロントにある調整器具をカチッと一回押せば、緩まる。谷間をつくりたいときはカチッ、カチッ、カチッと寄せる。

この調整器具「エンジェルクリック」の完成まで、4年を要した。両サイドから同じ距離で寄せないと、胸の形は同じにならない。加えて、洗濯や両脇から引っ張られる力にも耐え、しかもはっきりカチッと音がする。こんな〝部品〟をつくることができるのだろうか……。不安は消えなかった。

せっかくのメーカーの試作品が、あまりに大きすぎたこともあった。一度は立ち消えになったこともあった。「ムリだろうと半信半疑」（戸所）になりながらも続け、4年の月日が流れたとき、ある部品メーカーのエンジェルクリックが完成した。

同じ秋には、肩ひものずれを防ぐデルタマジック（前頁写真）も開発。肩ひもに対する不満はワイヤーの痛みに次いで多い。見れば小さな部分だが、この角度40度の小さな三角形が肩ひものずれ落ちに驚くべき効果を発揮する。だが、試作品にそんなにコストをかけられるわけではない。彫金屋に頼むと一つ5000円ほどの手間賃がかかるため、商品企画課の男性社員は、奥さんからもらった古いブラに変形させたクリップなどをつけて試作品を作製した。

天使のブラシリーズは、一つのブランドに改良を重ねてきた「業界では珍しい商品」（業界関係者）になる。通常は、春夏と秋冬の2シーズンに分けられ、そのたびに商品名を変えるからである。

普通に生活していれば、人々の表に出ることもなく、改良のしようもないように見える下着。だが、快適さが加わり、確実に進化を遂げている。（南　敦子）

マーケットデータ
「胸を造る」のは当たり前に

ワコール、トリンプから、寄せて上げて積極的に谷間をつくるブラジャーが発売されて以降、今や胸の形を造り出す「造形ブラ」が主流。ガードル、ボディースーツなど、いわゆるファンデーションと呼ばれる下着の中で、ブラジャーほど世の女性が購入しているものはない。胸の大きさは、やはり永遠のテーマなのか？

ブラジャー販売実績

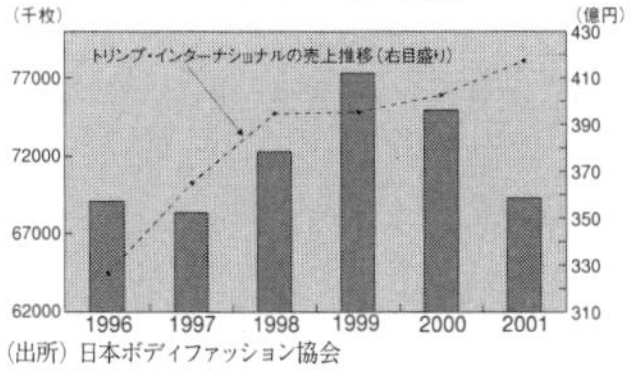

（出所）日本ボディファッション協会
（注）協会加盟社の販売実績

「White & White プライムライオン」（ライオン）

伝統ブランドへの挑戦

新たな市場を拡大

「芸能人は歯が命」――。俳優の東幹久と高岡早紀が白い歯をキラキラさせてこう叫ぶＣＭで「フッーの人も芸能人のように白い歯になれるんだ」と人々の憧れを喚起した、サンギの美白歯磨き剤「アパガード」が大ブレークしたのは１９９６年だった。

この年、美白歯磨き剤の市場は金額ベースで47億円から１５３億円と前年比３倍まで伸びたが、以後、２０００年には42億円まで縮小する。

ところが、01年に入って市場は再び拡大した。それを牽引したのがライオン「Ｗｈｉｔｅ＆Ｗｈｉｔｅ　プライムライオン」である。

プライムライオンは、「くすみをはがしてつるんと白い歯」をパッケージに謳っている。人の歯が黄色くくすんで見えるのは、歯の表面を覆う薄いタンパク質の膜に、食べ物やタバコ、コーヒー、紅茶、赤ワインなどの着色物質や磨き残しの汚れが沈着するから。そこで、研磨剤で「落

黒崎勉氏

とす」従来製品とは異なり、くすみ成分を「浮かし」て「はがす」ことに着目したのがプライムライオンだった。01年3月の発売以来、6月末時点で計画の2倍である750万本をすでに出荷した。

▼浮かしてはがす

「これまでにない、効果が目に見える美白歯磨き剤でなければだめだ」
前の部署で新規商品を担当していた黒崎勉（40）がマーケティング本部オーラルケア事業推進部に来たのは99年8月だった。

プライムライオンの基礎となる研究は、アパガードがブレークした96年からすでに研究開発本部オーラルケア研究所が「自主テーマ」という形で進めていた。美白ブームが下火になったのは、一般の歯磨き剤と比べて通常1000円以上と高額の割には効果が見られない点に消費者の不満が高まったからと推測した。だが一方で、20～50代の女性を対象とした調査では、75％の人がもっと歯を白くしたいと考えていることも明らかになっていた。

ちょうどこのころ、アメリカで美白歯磨き剤の市場が年30％の伸び率で成長していた。成長の要因の一つは、化学的なメカニズム。ライオンの研究者はこの点に着目し、ピロリン酸ナトリウムの化学的な作用と粒状シリカの物理的な作用の併用によってくすみをクリアにするメカニズムを開発した。ピロリン酸ナトリウムは歯の表面のエナメル質との親和性が非常に高いため、歯とくすみ膜の間に入り込み、くすみ膜を浮かす働きが大きい。いくら効果の高い研磨剤を使っても、磨き方によって磨き残しができてしまう。しかし、ピロリン酸ナトリウムは、使うことでくすみに染みこんでくすみと歯の結合を弱める。さらに、浮かしたくすみ膜を「はがす」粒状シリカを加えることで、「化学的にくすみの膜をはがす」(黒﨑)ことに成功した。研究員たちは、社員に協力してもらいモデル実験に取りかかった。

商品化の提案がなされたのが00年7月。この半年前からパッケージやネーミングについて議論がされ始めた。

まず、パッケージで謳っている「くすみ」と「つるん」。コアターゲットとする20～30代の女性には、くすみといえばすでに化粧品でなじみがあり、透明感のない白さということが感覚でわかっていることから、歯の沈着色素を「くすみ」と表現。また、くすみを浮かしてはがしたあとの歯のつるりとした感じを、ゆで卵をむいたあとの「つるん」というイメージに重ねた。味は従来製品では抑え目だった清涼感を出し、香味もしっかり残すため、「ニアウォーター」をコンセプトに、フルーティーなミント風味にした。

▼伝統とプレッシャーの狭間

だが一方で、ある議論が起こった。ライオンは歯磨き剤で「デンター」「エチケット」「ＰＣクリニカ」そして「ホワイト&ホワイト」という四つのロングセラーブランドを持っている。それぞれに異なる機能を持っており、美白機能の歯磨き剤は従来からホワイト&ホワイトブランドで一貫して発売してきていた。

今回もホワイト&ホワイトから出すことがほぼ決まっていたのだが、「せっかくの新製品を歴史を持つブランドから発売することに、開発に携わった者たちの間で迷いと不安があったことも

マーケットデータ
ビジネスマンもやっぱり歯が命？

ライオンが2001年4月、30～40代の東京とニューヨークで働くビジネスマン、それぞれ50人に行った調査がある。これによると、白い歯はビジネス上のメリットになるという認識は、それぞれ60%、71%と大きな差はなかった。が、自分の歯の色に自信があるか、との問いに対して、東京のビジネスマンで自信があると答えたのはわずか4%。一方、ニューヨーカーは63%と差が開いた。

歯磨き剤の「美白」分野の構成比（金額ベース）

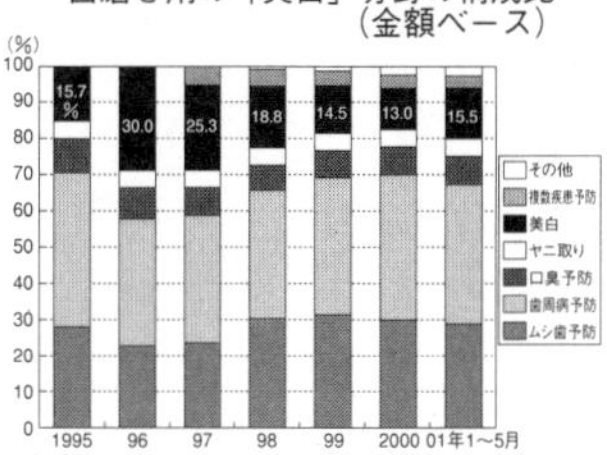

（出所）ライオン調べ

確かだった」と黒﨑は振り返る。ホワイト&ホワイトというブランドに対するアンケートで、同ブランドは認知度95%という高さを誇っており、「なじみがあるから」「値段が手ごろだから」といったイメージが、新商品を押し潰してしまうことも考えられたからだ。

また、ホワイト&ホワイトは、70年に誕生して以来、「財産として責任を感じる」（黒﨑）大きな長寿ブランドでもある。「この商品が当たらなかったらホワイト&ホワイトブランドそのものに傷をつけてしまうことになりかねない」。そうしたプレッシャーのなか、あえてホワイト&ホワイトブランドに新しい価値を付けるために、サブネームを「プライムライオン」とした。

パッケージも「プライムライオン」と「White & White」のどちらを大きく表記するか、議論が戦わされた。結局、White & Whiteと同様の大きさで「プライムライオン」を表記、White & Whiteも赤地白抜きと銀地白抜きを使用、銀地はWhite & Whiteでは初めての試みとなった。各支店で実施したバイヤーを集めた新商品説明会でも、くすみの除去力を比較する実験を実演したことで商品の差別性が認知され、バイヤーの評価も高くなった。

黒﨑は各店回りの店頭で、おばあちゃんがプライムライオンを手に取ったのを見てうれしさを感じた。今、黒﨑は「成熟化したブランドも、十分活性化できる」と満足感を感じている。というのも、プライムライオンの好調な売れ行きを見て、他社も新商品で続々と美白歯磨き剤市場に参入しているからだ。

「立ち上がりは上々だったが、定着させるための本番はこれから」。新たな挑戦が始まっている。

（南　敦子）

「イニシオ　ボディクリエイター」（資生堂）

「香りで痩せる」スリミング剤

「なあ、針谷。脂肪の研究をしてくれないか。お前がリーダーになってやっていいし、若いのも2、3人つけるからさ」。上司の突然の依頼に、資生堂ライフサイエンス研究センター皮膚科学研究所主事の針谷毅（40）は思わず、「えっ⁉」と声を上げてしまった。脂肪の研究というのは、身体に塗って痩身効果が得られるスリミング剤をつくるための研究だ。それまで針谷は皮膚科学研究のプロジェクトで敏感肌などを研究していたが、脂肪などまったく研究したことがないし、興味もなかった。

「まあ、若手もつけてくれるって言うし、やってみるか」。針谷は、引き受けることにした。

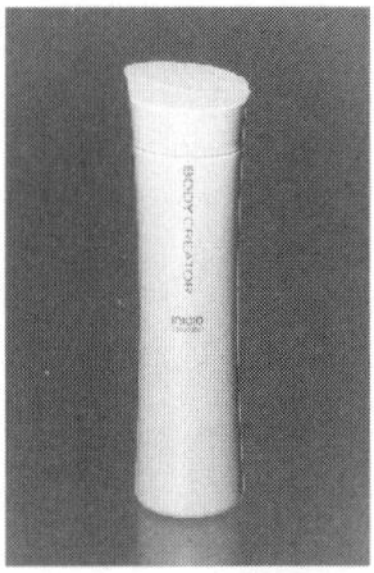

スリミングの新理論

▼「香りで痩せる」

スリミング剤では1990年代半ばに、仏クリスチャン・ディオール社が発売した「スベル

（右から）土師信一郎氏、針谷毅氏

ト」が爆発的ブームとなった。これは、ジェルを塗ることで脂肪を分解し、引き締め効果が得られる、というもの。その後、国内企業からも同じ理論を用いたスリミング剤が続々登場した。もちろん資生堂からもスリミング剤は発売されていたが、針谷は「どうせやるなら、今までになかったものを作りたい。まずは他社の研究からだ」――そう思って、百貨店に行き、海外・国内企業問わず、スリミング剤を買い集めた。各社の売り場をまわりながら、販売員のお姉さんに「それはどういう理論上、そうなるんですか?」と普通のお客とは思えない質問を次から次へと浴びせ掛けた。なるほど、他社製品の理論はいろいろと分かってきた。だが、やはりみな同じようなものばかりだった。

そんなある日。肥満の研究をしているのだから、日本肥満学会へ行ってみよう、と針谷は足を運んだ。すると、そこで中性脂肪を「燃焼」させるタンパク質、UCP（uncoupling protein：脱共役タンパク質）の存在を知った。人が痩せるためには、中性脂肪が「分解」されて遊離脂肪酸となり、さらに、その遊離脂肪酸が「燃焼」されてエネルギーとして消費されることが必要だという。しかも分解されても燃焼されなければ、再び中性脂肪へ合成され、皮下脂肪細胞に貯蔵されてしまうというのだ。これまでのスリミング剤で着目されていたのは、あくまでも分解。燃焼までさせるには、運動などが必要と考えられていたが、このUCPはなんと燃焼までさせてしまうという。

「おぉ！　これは……！」。ただ、そのとき一つだけ不安があった。その理論がマウスの実験段階の結果であり、ヒトではまだ立証されていなかったことだった。ところが、何というタイミングであろうか。その直後、科学雑誌『Nature』でヒトへも効果があったことが発表されたのだ。

研究を進めていくうち、UCPの発現を増大させるためには、生理活性物質の「ノルアドレナリン」の分泌を促すことが効果的だということがわかってきた。このノルアドレナリンは、人間の交感神経が活性化されるときに分泌されるもの。さらに、カフェインを加えることで、より相乗的にUCPの発現が増加することもわかってきた。ならば、まず交感神経を活性化させられればいいわけだ。「香り」なんかいいかもな……。針谷はぼんやりとそう思っていた。そんな時に、ちょうど香料の研究所に行く機会があった。昼休みに同期の女性研員者と顔を合わせた。

「針谷さん、今どんな研究してるの?」「いや、それがさー、何故か肥満の研究してるんだよね」「私は香りで痩せられるような効果が見つからないかなーと思ってるんだけど」「えー! そうなのー!? 交感神経を活性化させる香りがあれば、それも可能だよ!」

そんな会話がきっかけとなり、針谷は香料研究のチームと一緒に研究を進めることになった。研究開発部製品開発センター・香料開発室副主任研究員の土師信一郎(45)は、もともと、香りが人の気分だけではなく、実際に身体に直接影響することに興味があった。そんなことから「香りで痩せるか。それは可能性があるかも」。そう思って針谷に協力することにした。

まず、交感神経を活性化させる香りはどんなものがあるか探してみた。その結果、40~50種類の香りを選び出すことができた。だが、大変なのはそれからだった。どの香りがどの程度交感神経を活性化させるのか、それを測らなければならない。ヒトの交感神経の1日のリズムは決まっている。そのため、測定に協力してもらう人は、1人につき1日1回しか測定することができない。夏の暑い日にわざわざ遠い研究所まで来てもらっても、来るまでにバテてしまって、結局測定ができなかった、などというケースもあった。測定の方法を確立するためだけにも1年間を要

マーケットデータ
夏までに何とかしなきゃ！

近年は、ただ単に細いだけではなく、メリハリのあるボディーに憧れを抱く女性が増えているという。さらに、肌を露出するファッションが注目されているため、その願望は年々高まっている。そんな女性心理に支えられ、ボディーケア化粧品市場は拡大の一途だ。

ボディーの悩み

1位	お腹の脂肪が多い	55%
2位	太ももが太い	45%
3位	シミ・そばかすがある	39%
4位	ウエストが太い	37%

（資生堂調べ、サンプル数2564人）

した。常時3人が測定のために張り付いて毎日研究を続けた。

▼スリミングの新理論

一方、針谷は、このプロジェクトが始まる際に「若いのを2、3人つけるから」と言われたものの、その部下たちが頻繁に異動。時には自分以外に研究者があと1人になってしまったこともあった。ホルモンを測る大きな機械に1人で向かいながら「この実験の話を投げかける相手が欲しいなあ……」と、凝った肩を揉みほぐしながら思う夜も多かった。

しかしついに、その日が来た。香りの研究チームがグレープフルーツ、ペッパー、フェンネル（セリ科の植物）、エストラゴン（キク科の植物）、四つの香りが交感神経を活性化させることを突き止めたのだ。その後、このスリミング剤の開発担当者が一堂に会し、針谷の研究していたUCPの研究と香りの研究結果を合わせ、一つの図に書き表した。新しいスリミングの理論が出来上がった。この図が完成したとき、その場にいた研究員はみな「おぉ！」と声を上げた。針谷が脂肪の研究を始めてから3年たった、2001年初夏のことだった。

この理論を基に、スリミング剤であるボディー用乳液が作られた。香りは土師たちの発見した4種類の香料をブレンドさせた柑橘系のもの。乳液を身体の気になるところにすり込みながら香りを嗅ぐことで効果がある、という商品になった。針谷はこの試作品を2カ月間使ってみた。すると、体重にして2キロ、20%台だった体脂肪率も10%台へ減少した。

自分たちが世界で初めて確立した理論が商品となって店頭に並んだのは02年4月21日。購入した人は必ず満足してくれる、と針谷も土師も確信していた。

（山出暁子）

「清肌晶」（コーセー）

「固形の洗顔石鹸は売れない」のジンクスを破った

「固形の洗顔石鹸を作りましょう。きっと売れます」

1997年、正月明け早々の企画会議で商品開発部の牧島伸彦（37）は、そう提案したが、反対意見に押されていた。これまで「洗顔用固形石鹸は売れない」というのが業界では常識だったからである。固形石鹸は、お風呂場に置いておくと融けるなど、劣化しやすかったため、洗顔フォームなどのチューブ式が主流になっていた。実際、コーセーも一時、洗顔用の固形石鹸を発売したが、売れなかった。牧島の提案に、「何をいまさら」の声が大勢を占めた。

▼「固形」へのこだわり

固形石鹸が日本に初めて登場したのは16世紀頃。渡来したポルトガル船やスペイン船によって伝えられ、南蛮貿易に携わった豪商だけが高級な石鹸を入手できたらしい。洗顔石鹸が庶民のも

「黒いのに白くなる」

（右から）牧島伸彦氏、岡戸道子氏

のになったのは明治20年代頃で、その後1世紀近く「固形時代」が続いたが、70年頃になると、皮膚を保護する機能を兼ね備えたフォーム（クリームタイプ）の洗顔料に人気が移っていった。

そんな時、牧島は通販で固形石鹸が売れ始めていることを耳にした。

固形石鹸時代を知っている年代の人たちにとっては、昔懐かしさもあっただろうが、若い人たちにとっては、固形タイプの洗顔石鹸は新鮮だった。

その年の2月下旬に企画会議が再び開かれた。

「ストレス社会と言われるなかで女性は『肌を守るいい石鹸』を求めています。ＵＶ（紫外線）ケアはもちろん、『美白』を謳った商品が売れているのです。また、自然の成分を求める消費者が増えています」と、牧島は力説した。

その頃、コーセーの収益の柱を担っていたのが85年に販売を開始した化粧水「雪肌精」。年間３００万本を売り上げ、リピート率は70％以上に上っていた。「新商品は売れ筋を食ってはいけないが、売れているものの波に乗ることも不可欠」というマーケティング戦略もあった。そこで、雪肌精のシリーズとして売り出すことも提案した。

だが、同僚たちはまたも難色を示す。牧島は「今までの石鹸ではないんです。保湿効果を保つため、自然の成分を使った新しい石鹸なんです」と繰り返し力説した。

「やりましょう」

同じ開発グループのなかでは最も経験豊富な岡戸道子（49）から声が上がった。

岡戸の発言を機に、流れが変わった。「さほど期待はしていないけど、前の石鹸よりは売れるかもしれないな」。企画が通った。

早速、技術、研究部門とともに開発を始めた。製法は「枠練り」製法でいくことにした。石鹸には枠練り（ゼリー状の石鹸成分を冷やして固めて乾燥する製法）と「機械練り」（ペースト状の石鹸成分を機械で練って、型打ちする製法）の2種類がある。スキンケア性を高めるためには、水分を含まない機械練り製法ではダメだ。石鹸成分に水溶性の保湿成分をたっぷり含ませなければならない。だが、そうすると、石鹸成分の割合が少なくなり、泡立ちが悪くなってしまう。石鹸成分と水分のバランスを保たせなければならなかった。また、さっぱり感としっとり感を出すために、過脂肪酸を加えた。過脂肪酸の量を増やすとしっとり感が、減らすとさっぱりとした洗い心地となる。この両方の特性を一つの石鹸に共存させたかった。

石鹸本来の使用性を高めることも大事だったが、メラニンなどを含んだ古い角質を洗い流すうえ、保湿成分として、陳皮（チンピ）エキス、母菊（ハハギク）エキス、当帰（トウキ）エキスやハトムギエキスを、また、日焼け後のほてりなどをクールダウンさせるために「グリチルリチン酸K2」などを入れた。これら生薬を入れることで、石鹸自体の色が黒くなる。岡戸は、「敬遠されるかしら」と一瞬思った。しかし、モノのよさを強調するためには、「自然」のイメージということで、結局、黒色を生かすことにした。また、水分をたっぷりと含んでいるため、原形は寒天状になっている。これらを熟成させるために約80日間要した。大量生産式ではなく、丹念な製品作りを強調したかった。

そして、97年5月。試作品が出来上がった。商品名は「清肌晶」。「清らかな肌になれる塊」という意味を込めた。社内で男女問わず幅広くモニターを募り、使用感や環境テストなどをしてもらった。女性社員からは「泡が柔らかい。肌もなんとなく柔らかくなった」「洗った後、つっぱ

スキンケア商品出荷実績

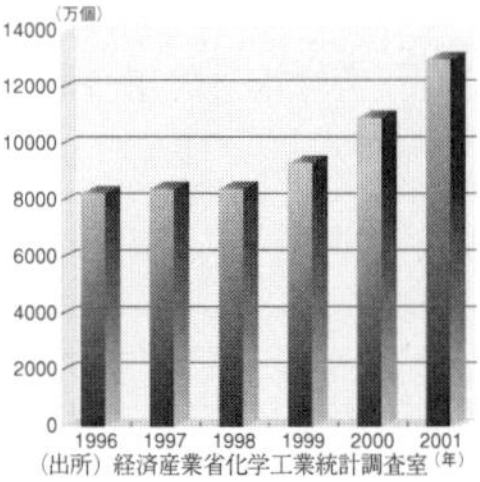

（出所）経済産業省化学工業統計調査室

マーケットデータ

やっぱり、素肌をきれいにしたい

「どうせきれいになるんだったら、素顔から」そんな女性が増えているため、紫外線によるシミやそばかす、日焼けなどのもととなるメラニンを取ると謳ったスキンケア製品は今や数知れない。「美白効果」を強調した製品が1999年に一斉に発売され、スキンケア製品の売り上げが急伸した。

らない。つるつるしている」という声が上がった。男性社員も、「洗顔後、油のギトギト感がつっぱることなくとれた」と好反応。かみそりまけや肌が弱い男性も大丈夫だったという声が多かった。「きっと売れないだろう」と酷評された商品が社内全体で認められる製品となったのである。牧島、岡戸はほっとした。企画会議から9カ月たった97年秋のことだ。

▼月産200万個

そして、98年5月16日。いよいよ店頭に並んだ。百貨店はもちろん、スーパーやドラッグストアなど全国の1万店で発売を開始した（価格2000円、ケースなし1800円）。発売当初の計画では、売り上げ目標は年間20万個。だが、発売開始直後に、各地で品切れが続出。初日でなんと、約15万個の売り上げ。1カ月もしないうちに、当初目標を軽々とクリアした。

急いで製品を店に補給しなければならなかった。だが、追加生産するにも、製造工程で80日間かかる。品切れ期間が1カ月半続いた。50万個の追加生産も、消費者の需要に追いつかなかった。入荷すると同時にまとめ買いする客も出た。

このヒットで、化粧品業界では最も権威のある賞として知られる「マリ・クレール　ボーテ大賞」（85年、仏ファッション誌『マリ・クレール』が創設）の「読者賞」を受賞した。2年目の99年、ピーク時で月産200万個まで達した。

「利益が上がる程度には売れるだろうと思っていたが……」と、牧島は当時を振り返る。「固形石鹸」は、いまでは目玉商品だ。ジンクスを破った牧島の顔には自信が溢れていた。

（野本寿子）

手軽

「そばめし」（ニチロ）
「無洗米」（東洋精米機製作所）
「ごはんがススムくん」（味の素）
「O-bento（オーベントー）」（日本レストランエンタプライズ）

「そばめし」（ニチロ）

ニッチ狙いが生んだ意外な大ヒット

「そばめし？　そばとめしって一体なんなんだ」

ニチロの冷食チルド食品部長代理兼商品開発課長の時岡高志（50）がそばめしのことを初めて聞いたとき、それが何かわからなかった。

確かにこのそばめし、時岡が疑問に思ったように、主に神戸の長田区や兵庫区で食べられていた「地元の名物」にすぎなかった。それを商品化、やきそばとご飯を独特のソースで混ぜたニチロの「そばめし」は、ひと月1万箱（1箱＝24パック）売れればヒットと言われる冷凍食品の市場で、1999年9月の発売以降、平均6万箱の出荷を誇っている。

こんなヒット商品に大化けするとは、時岡は予想もしていなかった。

▼冷やかな反応

神戸名物が全国的商品に

時岡高志氏

99年3月。宮城県の石巻工場で、恒例の〝合宿〟が開かれていた。集まっていたのは、時岡をはじめとする開発担当者7人のほか、販売、そして工場などから総勢20人あまり。ニチロでは、新商品のアイデアを一般社員からも公募しており、集まったアイデアは、3月と9月の新商品シーズンに向けて半年前に開かれるこの合宿で弁当用などカテゴリー別に提案・発表された後、開発担当者たちが本社に持ち帰って吟味を重ねる。合宿はつまり、全国のニチロの工場や研修センターで2日間かけて行われる、新商品開発の検討会である。

「そばめしを提案したい」。大阪支社から出席していた販売担当の谷和憲（30）が提案したとき、時岡の頭に浮かんだのが冒頭の疑問だった。

実はそばめしは、「飯めん」という名前で94年春に開発担当チームから企画として一度挙がったことがあったが、「購入意欲がわかない」という市場調査の結果が出たため、ボツとなっていた。この年、ちょうど谷が入社。そばめし発売の期待も、ついに実現しなかった。

谷は神戸で生まれ育った。「弁当用に比べ、冷凍米飯は変わりばえしない。おもしろい感覚のものを出したい」と担当役員に食い下がった。

「最初は無視していた」という役員も、谷のこの熱意に根負けしてついに、「どうしてもというなら、まずやってみろ」と口にした。

時岡は、合宿でそばめしの商品化が決まる前年の98年4月に商品開発担当となった。それまでは、入社以来23年半を営業マンとして駆け回っていた。

時岡はもちろんそばめしを知らないし、前回の担当者も商品開発部門にいない。そこで合宿後の4月、試作品をつくるため、大阪の谷と何度かやりとりをしたあと、時岡は神戸へ飛んだ。そばとめしの取り合わせに、どろっとした独特のソースの味。そばめしを扱っている店を回れるだけ回り、実物を食べ、「おもしろい食べ物だなぁ」と感じた。

発売前の流通関係者を対象とした新商品プレゼンテーションでも、「大手バイヤーの反応は冷ややかだった」（時岡）。関西で限定発売から始めることが決まっており、東京では参考出品ということもあったのだろう。が、時岡は気にしなかった。

そして9月1日の日曜日、いよいよそばめしが発売された。

冷凍食品メーカーは大小合わせて25社に及び、各社、春・秋の2シーズン合わせて10～15アイテムを投入するため、新商品は全社通年で250アイテムに上る。しかし、スーパーなどの棚で実際、消費者が目にするのは100アイテムほどにすぎない。1シーズンであえなく消えてなくなる商品が当然のように存在するから、「売れなかったらコストがかさむだけ。包装資材も少しずつ発注した」（時岡）。

ところが、先陣を切って限定発売した関西で、そばめしは口コミであっという間に広まり、2カ月後、「買いたくても売っていない」という5分おきにかかってくる客からの苦情に、担当者はてんてこ舞いの状況となった。谷はサンプルを持って走り回っていた。「ようやく発売にこぎつけたのだから」という思いが谷を走らせた。時岡も、うれしい悲鳴を上げていた。

翌年6月、そばめしは東京を含む全国で発売された。関西での予想外のヒットの裏で「関東で売れるかどうか」、時岡には不安な気持ちも多少あったが、順調に売れ始め、2ライン増強したはずの製造ラインが追いつかなくなり、12月、一度目の販売休止となった。

年が明けて2001年1月下旬。この時期、冷凍食品は売れない。だが、そばめしは違った。

2月に入ると再び、関東以北で販売休止の状況に。そして3月、再開された。

この間、他社がキムチ味のそばめしを出したとき時岡は「全然、味が違う。競合しない」と相手にしなかったが、「どろソース」の同じ味を出してきたときには焦った。休止しているあいだに売り場の棚は、他社製品で占められてしまった。急きょ、ニチロは5月に九里浜工場のラインをさらに一つ増やし、棚を奪い返した。

ニチロはお弁当などに使われるフライ系などの商品に強いが、米飯などスナック系の分野に弱いと言われる。成長性の高い冷凍米飯には15年前から参入し、エビピラフや焼きおにぎりを発売、焼き豚チャーハンなどのロングセラー商品も生み出してきた。山形県に主食事業を手掛ける工場も稼動させたが、「この1～2年は伸び悩んでいた」（時岡）。その中でのヒット商品だった。

▼ニッチ市場で勝つ

もともとそばめしは、昭和30年代から神戸のお好み焼き屋等で食べられていたという。時岡が神戸を訪れたときは、焼き鳥屋で酒を飲んで最後にそばめしで終わる、そんな食べ方もされていた。そばめしは、こういった庶民の味なのである。

そばめしに次ぐ第2弾がすでに全国で、第3弾が東北以北で発売中である。これらもやはり、そばめしと同様、地域名物のご飯もの。弱いといわれてきた市場で快進撃を続ける。

「大手と競争しても勝てない。だが、ニッチの市場でなら負けない」。時岡の顔には自信があふれていた。

（南　敦子）

マーケットデータ
世界で増える冷凍食品

日本の冷凍食品市場は、徐々に拡大しつつある。1995年には一人当たり年間消費量が15.2キロだったのが2000年は17.7キロに。女性の社会進出や冷凍食品の質の向上に伴い、消費者が増えている。

世界の主要国別で見る一人当たりの年間消費量は、やはりアメリカが00年で71.1キロで、日本の約4倍。スウェーデン、ノルウェーの北欧2カ国が上位に食い込んでいることは興味深い。

主要国別国民一人当たりの年間消費量

	1995年	96年	97年	98年	99年	2000年
アメリカ	57.5	62.4	63.6	64.3	69.3	71.1
デンマーク	50.2	50.3	—	—	—	—
イギリス	44.2	43.8	45.6	45.9	45.6	47.6
スウェーデン	34.9	37.8	37.8	41.3	42.8	44.6
ノルウェー	27.6	29.7	37.2	38.8	39.9	42.1
ドイツ	23.8	24.7	26.0	27.0	30.6	32.8
フランス	29.8	30.0	30.0	30.0	30.0	30.0
フィンランド	15.0	16.6	22.1	24.7	25.1	25.4
オランダ	17.9	19.0	19.8	—	19.8	19.4
日本	15.2	16.1	16.7	17.4	17.7	17.7
イタリア	9.8	10.2	10.4	10.8	11.6	11.7

（出所）日本冷凍食品協会
（注）—は未発表　単位：kg

「無洗米」（東洋精米機製作所）

「永遠の夢」を叶えた男の25年

「永遠の夢」――。

石の混じっていない米と、洗わないで済む米を実現することは、米の世界でそう言われていた。

だが、この永遠と言われた夢を二つとも叶えた男がいる。

東洋精米機製作所（和歌山市）社長の雑賀慶二（67）である。

１９５６年、婚約中の妻と訪れた紀淡海峡は、青く美しかった。それからちょうど20年後、同じ場所を訪れた雑賀は、船上から、あのときと同じはずの海を見て衝撃を受けた。あれほど美しかった海峡は、わずか20年の間に生活排水による汚染が進み、黄土色に変わっていた。

家庭から流れ出る排水のうち、もっとも量が多いのは米のとぎ汁だという。とぎ汁に含まれる、高い栄養素であるリンやチッソは下水処理場で分解・処理されないまま海に流れると、赤潮、アオコなどの発生原因のひとつになる。雑賀は、このとぎ汁に注目した。

手軽にご飯が炊ける

雑賀慶二氏

もともと父は精米機器の販売業者だった。といっても全部で2、3人、間口3間ほどの小さな個人店舗だった。61年、26歳のとき、雑賀はまず一つ目の夢と言われていた、米の中から石を取り除く機械を完成、発表した。

今では想像できないが、当時は米の中に石が混じり、「石を噛まずに食事を終えることはなかった」(雑賀)。米屋もガラス板の上に米をばらまき、下から裸電球を照らして色の透明度で米と石を選別していたほどだ。

雑賀は、米と石の表面のつややかさの違いによる摩擦原理を利用して、この石取り機を製作した。このときの特許料で雑賀技術研究所を設立。会社は法人化され東洋精米機製作所となり、社員も30人ほどに増えた。

▼ヒントは身近なところに

紀淡海峡から戻った雑賀は、さっそく無洗米の研究を開始した。最初に思いついたのは、水洗いしたあとに乾燥させる方法である。米粒に水が染み込まないうちに乾燥を済ませれば、粒のひび割れも起きないし、味も劣化しない。すぐにできたが、リンやチッソを分解できず、それらを含んだ処理水が海に流れることになる。海を汚さないために研究している無洗米のはずなのに、これでは意味がない。

「とぎ汁の出ない無洗米でなければ」

再挑戦が始まった。

米の表面は、蜂の巣のように六角形のセルになっていて、そこにヌカが詰まっている。そのセ

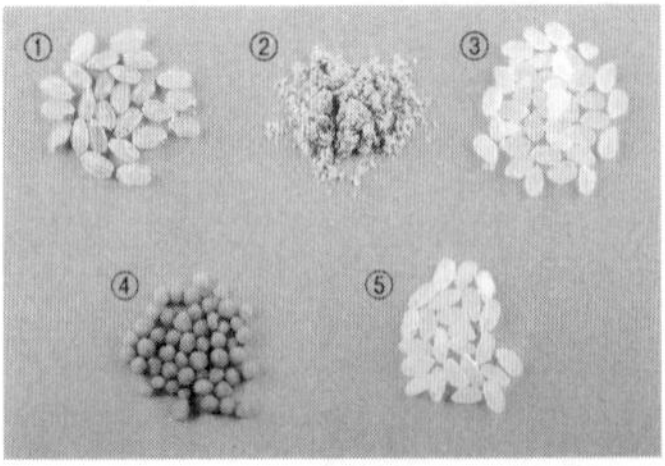

①玄米②水洗いで取れるヌカ③精米
④精米から取れる肌ヌカ⑤無洗米

ルはあまりにも小さく、水にある程度溶けるが完全に取ることはできない。そばにあったガムテープに米粒をこすりつけると、ある程度ヌカを引き出せた。だが衛生上、実際問題としてガムテープを使うわけにはいかない。

ふと、あるとき、服にべっとりくっついたチューインガムに、同じチューインガムをくっつけたときのことを思い出した。

「椅子に座ったときにお尻にどうやらガムをくっつけたらしくて。これがなかなか取れなかったが、同じ種類のガムをくっつけたら、きれいにはがれた」

水で洗い流せるヌカはパサパサしているが、その下の肌ヌカと呼ばれる粘性を持つ部分が残る。この肌ヌカが温度が上がると粘性を増すことに注目し、粘性を増したヌカでヌカを取り出すことを考えついたのだ。

ただ、これは机上の理論であり、そのための機械を完成させなければならない。100日かけて製作した機械でも2時間でダメだとわかることもあった。ある米の種類ではできても、別の種類の米ではできないこともあった。味の問題など、クリアしなければならない課題も多かった。何度も失敗して、細かな部分で改良を重ねた。

91年。ついにBG（ブラングラインド＝ヌカを削る）製法を開発、とぎ汁の一切出ない無洗米が完成した。

▼四半世紀の時間の流れ

無洗米は普通の米より割高だが、首都圏や大都市を中心とした仕事や子どもを持つ若い母親、

マーケットデータ
増える「自分で米を洗わない」人々

2000年度の無洗米の生産トン数は、前年比52%と急激に伸びている。2000年10月に「米とぎ器」を発売した松下電器産業によると、「炊飯時に面倒だと思う作業は」という調査で「米とぎ作業」と答えた人が4割を占めた。「米とぎ器」の購入層の半数以上が50～60代である。

無洗米生産トン数

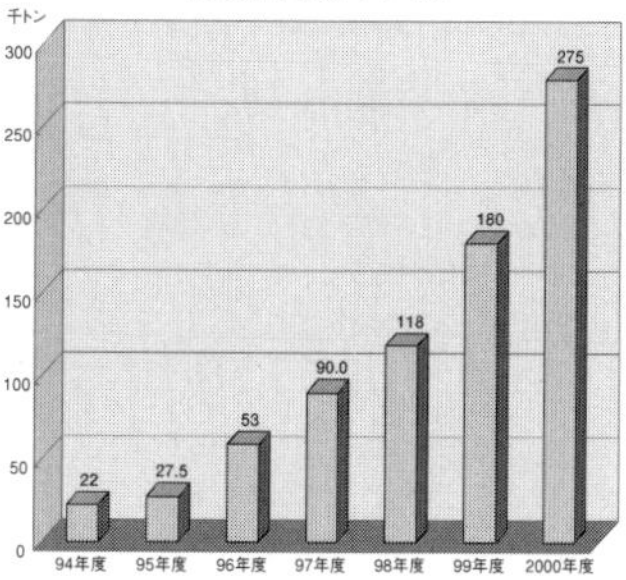

そして40代以降のベテランお母さんらがよく買っていくという。子育てを終えた彼女たちは、自分の時間を楽しむべく家事に割く時間を省略し、その分、趣味を楽しむのである。

いまでは「ほっかほっか亭」をはじめとするお弁当屋や、扱い量の半分が無洗米になっている生協も多くなり、イトーヨーカ堂やジャスコなどの大手スーパーなどでも扱うようになった。

はじめは、雑賀が申請した特許を見てつくられた粗悪な品質の無洗米も売り出されていた。無洗米には基準がなかったからだ。質の悪い無洗米を食べたために、無洗米なんてもう食べたくないという人も増えた。

基準づくりのため、協会設立が検討された。中心となった全国無洗米協会専務理事の岸永三(55)は言う。

「フリージャーナリストとして無洗米を取材して、なぜ便利でおいしい、環境にいい無洗米のPRをしないんだと言ったんだ」

岸らは手弁当で協会設立に尽力、2000年11月、全国無洗米協会が設立された。

協会では、それまでバラバラだった無洗米の基準とマークを統一。安全面、品質面、環境面の検査項目をクリアしたものだけが、認証マークをつけることができるようにした。テレビCMも流し、無洗米の認知度を高めていった。

雑賀が紀淡海峡で黄土色に変わった海を目にしてから、すでに25年がたっている。全国に広まる無洗米に、雑賀は目を細めている。

(南　敦子)

「ごはんがススムくん」（味の素）

覆した常識

「♪ごはんがごはんがススムくん」

一度聞いたらつい口ずさんでしまうような音楽にのって、ご飯をほおばっていた子供がくるりと首を回すと、まゆの太いおやじの形相をしたコワい顔に変わっている――。味の素が、そんなインパクトのある「ごはんがススムくん」のコマーシャルを開始した１９９９年４月、味の素の消費者相談室の電話が鳴り続けた。「こんなコマーシャル、子供が怖がる」という苦情が殺到したのだ。

　だが、やさしい顔の別バージョンを用意していたのにもかかわらず、あえてコワいバージョンを放送したのは、理由があった。

▼すべてが同時進行で

お母さんのひと言からネーミングが決まった

（右から）原口智氏、天羽賢次氏

99年2月に発売された「ススムくん」は、卵を3個だけ加えればできるなどの簡便性と1品あたりのコストの安さが受けて、99年度20億円の売り上げ目標は、2度の上方修正を重ね最終的に55億円となった。しかも、98年度205億円だった味の素の惣菜中華調味料の売り上げをカニバリ（共食い）せず、99年度は246億円とした。

ターゲットは、子供を持つお母さんである。子供向けの食品というと、親は子供の健康を考えて薄い味付けを望む。だが、子供はハンバーグなど濃い味付けの食べ物が大好きだし、ご飯もたくさん食べる。だったら子供にご飯をたくさん食べてもらえるおかずメニューをつくろう、というのが「ススムくん」のコンセプトである。

味の素には、78年に発売された本格中華調味料ブランド「Ｃｏｏｋ Ｄｏ」があったが、年間の世帯購入率は35％と行き詰まっていた。その一方で「中華の素」全体で見る世帯購入率は70％にも及んでいる。ならばこの35％の差に可能性があるのではないか――。

例えば、韓国やインドネシアなどの〝アジアの素〟はどうだろうか、という意見も出された。だが、食品第3部家庭用グループ長の天羽《あもう》賢次（42）には、どうしてもこれらは時期尚早で売れる気がしなかった。

天羽は、担当者だけが商品のアイデアを出し合う方法に限界を感じた。また、自分たちは「開発のコーディネーターでしかない。バトンタッチで商品を伝えていくうちに、ズレが生まれる」（天羽）。やり方を変えよう。こうして、全国5支社から各1～2人の営業、広告、味付けなどの各担当者総勢30人ほどが一堂に集められた。この30人が侃侃諤諤の議論を交わした会議で、「惣菜メニュー」という新領域、「ごはんがススムくん」というネーミング、パッケージ、広告の内容について、すべてが同時に決められた。98年の夏の終わりのことだった。

味の素では新商品を開発する場合、まずコンセプトができて、味、ネーミング、パッケージなどが決まり、広告製作、と各部署を経て商品がつくられていく。「Ｃｏｏｋ　Ｄｏ」ならば「消費者調査を重ねて理論武装して落とす」（天羽）。これが伝統的なやり方だった。だから30人が一堂に集まってしかもすべて同時に、営業など開発担当者以外の意見を聞くなんていうことは、天羽いわく「まさにコペルニクス的転回」だった。

メニューアイテムについて、天羽たちは最初、目新しいものを提案した。注目を浴びるものが認知されるだろうと思ったからだ。が、営業からは逆に、かに玉などなじみのある定番商品を出して、まず定着させるほうがいいという意見が出た。「彼らは日々、店頭を歩いてどんなものが売れるのかわかっている」。天羽たちは納得した。すでにこんなメニューだろうと伝えていた開発部門には、通常、４カ月かかる開発を１カ月でつくらなくてはならないという無理が生じたが、この意見を取り入れたことが結果的に成功につながった。

ちょっと変わったネーミングは、同グループの原口智《さとる》（33）が忘れられなかった言葉からつけたものだ。98年夏のグループインタビューで、子供を持つあるお母さんが言った。「中華素材を出すと、子供のご飯がすすむ」。それならば、と商品そのものをストレートに表現する名前にした。

広告代理店も味の素では初めて電通関西支社に依頼した。「新しい試みをしたい」と原口が伝えると、コンペで三つの作品を競わせることになった。その一つが実際に放送された、強烈なあのＣＭだった。

「却下されるかと思った」（原口）。その名前も広告も、「いいんじゃない」という上司の一言

マーケットデータ
さらに簡便な「惣菜調味料」で市場開拓

手軽においしくおかずがつくれる――。働く親が増えた社会を反映して合わせ調味料市場は拡大している。味の素が「中華の素」とする市場を、さらにメニューコスト（調味料に加える肉や野菜など1品あたりのコスト）800円とする「本格中華」、同300円ほどの「惣菜中華」に分けると、前者は一時期伸び悩んだが、後者は順調に市場規模を広げている。

「中華の素」市場規模推移

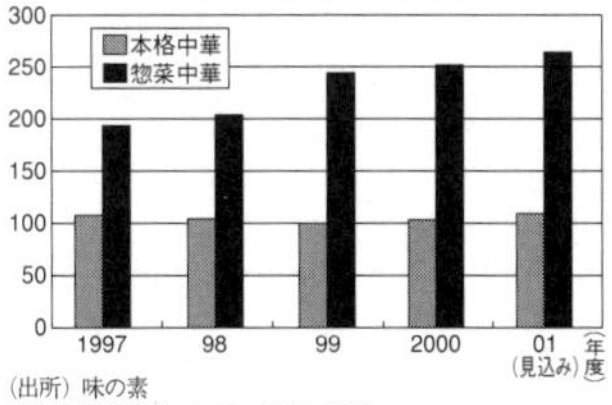

(出所) 味の素
(注) 消費者購入ベース、単位：億円

でOKとなった。原口は言う。「1年で80%のブランド認知をとるように言われて、正直、かなり厳しいと思った」。広告の投資額も〝前例〟と比べれば少なかった。が、1年後には80%以上の認知度を得ていた。

「ススムくん」は、関東中心に購入されている「Cook Do」に対して、関西市場でも売り上げを伸ばし、全国規模の商品に成長している。今でも会議は、やはり営業などと一緒に30人ほどで行われており、「ごま味噌焼ビーフン」や「チリ玉」などの新アイテムにも、営業からのアイデアが取り入れられている。今は中華中心の14アイテムだが、和洋中にこだわらないアイテムを増やしている。

▼後発だからこそ、の挑戦

「ススムくん」のコワいバージョンのCMに対する苦情がある程度まで達した後、やさしいバージョンに差し替えた。だが、差し替えたあと今度は、なぜ変えてしまったんですか、といった問い合わせが引きも切らなかった。「よくも悪くも、こんなに問い合わせが多かったのは初めてだった」と天羽と原口。コワいバージョンを最初に放送することを選択したのは、新規に参入するなら新しいことをしなくては、と思ったから。「中華の合わせ調味料の市場は、先に永谷園さんや丸美屋さんなどが市場を作り上げていて、自分たちは後発。戦いが厳しい市場に参入する覚悟が、新しい試みを積極的にさせた」と原口は言う。

2001年8月、「Cook Do」ブランドから新シリーズ「Cook Do Korea!」第1弾が発売された。この開発には「ススムくん」のやり方が反映されている。（南 敦子）

「O-bento（オーベントー）」（日本レストランエンタプライズ）

ここまできた米国米の駅弁

「駅弁は冷たくてまずい、しかも高い」。日本レストランエンタプライズ（NRE）には、消費者のそんな声が以前から届いていた。それでも、駅構内という狭い空間ではほかに選択肢もない。だから、高くても売れてきた。しかし、最近ではコンビニエンスストアやファストフード店なども駅構内に出来始め、客が車中で食べるものは、駅弁とはかぎらなくなっている。そうした背景と比例して駅弁全体の販売量も年々減少傾向。このままでは、駅弁は衰退する一方だ。なんとかしなければ……。NREの商品開発チームは頭を悩ませていた。

もちろん、これまでも、減っていく販売数量をただ指をくわえて見ていたわけではない。商品の質にこだわることは、もともと経営理念の一つであり、品質向上には常に取り組んできた。原材料の仕入れから、製造、そして店舗で販売するまでを自社で行い、品質管理がしやすいようにしてきた。「弁当が冷たい」という消費者の声を受け、温かい状態で食べられる弁当の開発もし

駅弁業界の革命児

てきた。最近では調理時間を分単位まで細かく表示し、消費者に品質に対する理解を深めてもらえるよう、情報開示にも努めている。これは業界ではかなり画期的なことだった。だが、こうした企業努力は続けているものの、目に見える成果はなかなか上がってこなかった。

商品メニュー開発部次長の小林基行（36）も、努力はしているものの、まだまだ消費者の多様化するニーズに応えきれていない、と感じていた。応えられるような新商品にするには、キーワードを何にするか。

「そうした議論を続けていたとき、減農薬や有機にこだわった食材を使うのはどうだろうか、という案が出てきたんです」（小林）。

消費者アンケートでも、健康志向が強まっているのは明らかだった。これならいけるかもしれない。さらに、高いと言われる価格をもっと低く抑えなければならない。そこで「弁当革命」と称して、安心して食べられる最高の食材を世界に求め、世界一のお弁当を作ろうというコンセプトが打ち出された。第一弾として有機素材を使った弁当「Ｏ-ｂｅｎｔｏ（オーベントー）」作りへの取り組みが始まった。１９９８年のことだった。

小林基行氏

▼弁当の基本は米

弁当の基本はやはり米。ならば、有機米を前面に打ち出した商品にしたい。そうした方針が固まり、まず国産有機米の調査が始まった。ところが、日本国内で有機米と呼べるものを確保するのは想像以上に大変だった。精米ベースで年間18トンほどしか集められない。「オーベントー」に必要な有機米の量は年間３００トンだった。だが、タイミングよく、その少し前に米国カリフォルニアの有機米大手ランドバーグ社との出合いがあった。ランドバーグ社では、カリフォルニア米の「あきたこまち」を生産しており、品質も開発チームが納得できるレベルのものだった。そこで、ランドバーグ社と交渉してみた。すると、ランドバーグ社なら十分な有機米を、しかも一カ所で供給できるという。

「必要な量と品質。その両者を考え合わせて、アメリカからの輸入という手段を選んだ。最初からカリフォルニア米ありき、だったわけではないんです」(小林)。

弁当作りは最初から最後まで自社でやる。そうした企業文化に加え、コストや品質管理面から、現地に工場を建て、完成した商品を冷凍させて輸入することになった。だが、NREはJRのグループ会社であり、本体を含めて海外で現地法人を作ること自体が初めて。弁当作りはもちろん、まず会社の作り方から始めなければならなかった。

▼「片手で作業しないで」

99年、米国カリフォルニア州フェアフィールド市に現地法人NRE World Bento. Incを設立し、工場は2001年5月に完成した。

「オーベントー」のメニューはとりあえず、「鶏ごぼう照焼き弁当」「牛すき焼き風弁当」「鮭ちらし弁当」の3種類だけにした。だが、米国にも弁当のようなものはあるとはいえ、日本のように日常的に目にするものではない。現地の従業員のなかには弁当というものがどういうものかよくわかっていない人もいた。盛り付け方が上手くない。レシピ通りに作ってくれない。日本からシェフが直接出向き、みっちり指導しなければならなかった。

マーケットデータ
東京駅・弁当売れ筋ベスト10

年齢を問わず、純和風のお弁当が高い支持を得ている。幕の内はおかずが多く、バランスの良さが人気の理由。深川めしは、味はもちろん、列車の中で食べるときに便利な容器のもちやすさなども選ばれる理由だとか。

2001年8月

	商品名	売価
1位	幕の内	850円
2位	釜めし	880円
3位	深川めし	830円
4位	鳥めし弁当	780円
5位	江戸前穴子	880円
6位	かつ弁	650円
7位	吹き寄せ弁当〜沙羅	1300円
8位	Hキティランチボックス	1200円
9位	幸福弁当	1300円
10位	ウルトラマンランチボックス	850円

（出所）日本レストランエンタプライズ調べ

「日本の弁当工場なら、みな両手で作業しているでしょう？　でもあちらの人は片手でやっていたりする。〝それでは効率が悪い。両手を使って下さい〟と、そこから指導しなければならなかった」（小林）。

6月には発売前のサンプル品が入ってきた。ところが、実際に小林が手にしてみると、まだ解凍しきれていないものや、逆に温めすぎて、中の具材がこげてしまっているものなどがあった。「問題は現地工場だけではなかった。弁当が日本に入ってきてから、どうやって冷凍の商品をマイナス20℃に保つか、どうやって解凍するか、などの問題もたくさんあった」。太平洋をまたいで行う事業は、小林の想像以上に苦労も、アクシデントも多かった。

そうした問題を一つひとつクリアしながら、7月17日、いよいよ発売の時を迎えた。

前日から社長以下、東京駅近くのホテルに泊まり込み、当日は社員総動員で早朝から各店舗の「オーベントー」の売れ行きを見守った。高揚感に包まれながら小林が見たものは、珍しそうに「オーベントー」を手にする多くの人たちの姿だった。反応は上々だ。品切れになった店舗もあった。マスコミも大勢詰め掛け、米CNNも取材に来た。

一方で、外国米を使用していることから、政治家や農協からはもちろん、一般の消費者からの抗議の電話もあった。NREは抗議に対して、この弁当を受け入れるか否かは消費者が判断すること、と回答した。

発売2カ月で「オーベントー」は、1日5000食を販売。「最初は珍しさがあった。本当の勝負はこれから」（小林）。目標は1日1万食の販売である。

（山出暁子）

便利

「遠心力乾いちゃう洗濯機」（松下電器産業）
「感じる霧ヶ峰」（三菱電機）
「D：ink（消しゴムで消せるボールペン）」（パイロット）
「かけまくり」（東洋工芸）

「遠心力乾いちゃう洗濯機」(松下電器産業)

中華鍋でひらめいた世界初

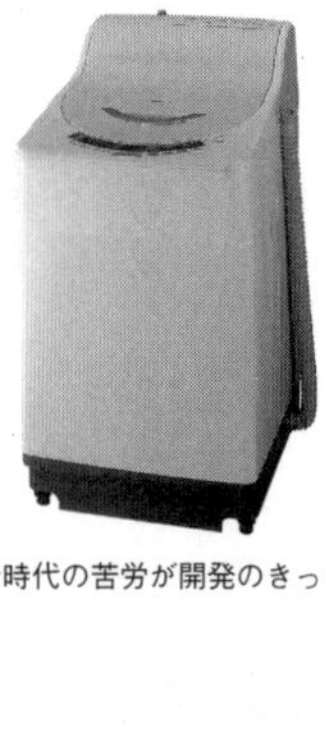
独身時代の苦労が開発のきっかけに

松下電器産業電化・住設社洗濯機事業部技術グループ主任技師の松田栄治(42)は、独身生活が長かった。この一人の技術者の独身時代が長かったことが、世界初の〝縦型・乾燥洗濯機〟の誕生につながった。

▼主流のドラム式

独身時代、松田は洗濯の大変さを実感していた。朝、全自動洗濯機に洗濯物を放り込み、ボタンを押して家を出る。遅くに帰ってくると、洗濯機の中には、脱水までしか終わっていない洗濯物が。疲れた体で、絡まった洗濯モノを解きながら干していく。これが乾くのにあと1日。あー、どうせなら、乾燥まで終わってくれよ。そうすれば、明日着ていけるのに……。

乾燥まで済ませてくれる洗濯機が欲しい、といつも思っていた。松田がまだ洗濯機事業部に配

松田栄治氏

属される前の電化研究所（当時）に所属していた頃、今から15年も前のことだった。

実は、乾燥まで済ませられる洗濯機自体は、昔から存在していた。「ドラム式」と呼ばれる、欧米で主流のものだ。コインランドリーで見る、正面に扉のある洗濯機である。だが、このタイプは重く、振動が大きい。しかも、手前に開く扉は狭い日本の家庭の洗面所事情にはマッチしない。そのため、松田が考える新たな乾燥洗濯機のポイントは、日本人がいつも使っている「縦型」の洗濯機に乾燥機能が付いていることだった。だが、これが難しい。洗濯終了時の洗濯機の中を想像してみるとわかりやすいが、通常洗濯が終わると衣類は絡み合っている。その状態から乾燥に切り替えても、きちんと効率よく乾かない。しかも、いろいろな素材があるため、それを均等に乾かすことも難しい。技術的にクリアできない課題があまりにも多く、開発を始めてみたものの、思うように進まなかった。失敗してやめ、またやってみてはやめ……の繰り返しだった。

その後、事業部が、縦型ではなく、ドラム式の商品化を決めた。このプロジェクトに参加することになった松田は、一時「縦型」を断念。縦型のことが心の片隅に残りつつ、ドラム式の開発に励んだ。結果、日本で初の「ドラム式乾燥洗濯機」の商品化に成功した。ドラム式を生み出しても、松田は「縦型」への思いを捨てきれなかった。幸いにも、松田が担当から外れている間も、他の技術者によって引き継がれながら、「縦型」への挑戦の火は消されていなかった。

そして、1997年、仕事を持つ女性が増えたこと等々、乾燥洗濯機ニーズの急速な高まりを受けて、日本人のライフスタイルに合った縦型の乾燥洗濯機をいよいよ商品化することが社内で決定した。そこから、松田の乾燥洗濯機との格闘の日々が改めて始まった。しかも今度は、商品化が決定していた。何が何でも作らなければならなかった。

ちょうどその頃、松田は美代子夫人と結婚。新婚早々、家にモニター用に洗濯機を2台置き、洗濯をし続けていた。一日中、グルグル回る洗濯機を見つめ、うーむ、と考える日々。あまりにも長く洗濯機のそばにいたため、美代子夫人に「そんなに一生懸命洗濯機作って、どうするの？」と言われたこともあったが松田は、何かを発見する面白さを感じていた。とはいっても、えーい、もうやめてしまえ！と思うこともしょっちゅうだった。

▼中華鍋がヒント

それでも、とうとうブレイクスルーの時はきた。98年に発売された「遠心力洗濯機」の登場が、それまでどうしてもクリアできなかった問題を解決させたのである。

洗濯機の底には、衣類の位置を変えるためパルセーターと呼ばれる薄い円盤が付いている。従来の洗濯機はこのパルセーターが衣類をかき回すことによって洗っていたが、結果、絡み合ってしまっていた。「遠心力洗濯機」は、衣類をかき混ぜるのではなく、洗濯槽を回転させて、水流を上から滝のように流し、衣類の中を通過させながら洗うので、洗濯後、衣類が絡まっていない状態になる。これなら乾燥もさせやすい。

さらに、ここでまた、松田の独身時代の経験が大きなヒントをくれた。外食中心の生活だった当時、中華料理屋のカウンターで、店主がチャーハンを炒める姿をぼんやり眺めていた。中華鍋が煽られるたび、中のお米はハラリと舞い上がり、パラパラッと均等に鍋に落ちていく。そんな動作が繰り返されること数分。満遍なく火が通り、チャーハンは炒め上がった。満遍なく、火が通る……。この鍋の動作を乾燥機に応用すれば、満遍なく「乾き上がる」だろうなあ……。そん

マーケットデータ

需要は２年で約15倍

ライフスタイルの変化により、洗濯時刻もまちまちになっている。松下電器産業の調べでは、仕事を持つ主婦の７割が「洗濯は夜にする」と答えている。また、乾燥機は必要だと思う人は７割もいるものの、普及率は２割程度であり、置き場所がない、価格が高いなどの理由が購入の阻害要因になっているという。

乾燥機能付き洗濯機需要見込み

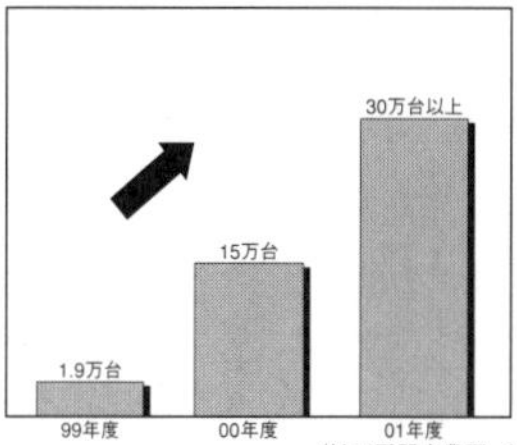

（松下電器産業調べ）

なことを思っていた。ある時、実験室でいつものように洗濯機を覗いていて、その光景をフッと思い出した。そうだ、中華鍋だ！

早速、それまでの円盤型だったパルセーターを、中華鍋型にして回転させ、衣類を上に飛ばしてみた。すると、絡まず上へ跳ね上がって衣類が程よく移動し、そこに熱風がうまく吹き込んでムラなく、衣類を傷めずに乾かすことに成功した。この中華鍋型パルセーターは飛び上がる、という意味の英単語から取って「フラッパー」と名づけられた。

大きな問題点はおおよそ解決されたものの、もっと乾燥時間を短くしたい、もっと綺麗に乾燥させたい……もっとより良い状態を、と求めるとキリがない。しかも、ほかに例のない商品だったため、比べようがない。「これをクリアすればいい」という基準がないことが、松田にさらなるプレッシャーを与えた。

２０００年5月には、その年の10月に発売することが正式に発表された。それから発売までの半年間、実験室の洗濯機は朝7時から夜12時まで、ずっと回りっぱなしだった。ピーク時に開発チームは約50人になっていた。

そして迎えた期日。出来上がった縦型の乾燥洗濯機を目の前にして、あまりにも張り詰めた緊張感のなかで作業を続けてきた松田は、喜びよりも、やっと開発から解放された脱力感に襲われた。本当に長かった。

それでも、15年前、洗濯物を干しながら頭の中で思い巡らせた乾燥洗濯機が、自分と多くの仲間の手によって現実のものとなった喜びはひとしおだった。世界初の縦型乾燥洗濯機。洗濯機の歴史のなかで、松田が一つの大きな流れを作ったことは間違いない。

（山出暁子）

「感じる霧ヶ峰」（三菱電機）

エアコンも掃除したいと女性は思う

三菱電機静岡製作所では、営業、マーケティング、設計担当者の約10人からなる開発チームが、例年どおり企画会議を開いていた。１９９９年末のことだった。

設計を担当したルームエアコン製造部技術課長の鈴木聡（38）はそこで、頭を悩ませていた。ユーザーから送られてくる愛用者カードのアンケートを元にして「どこが不満なのか?」を一番のポイントに考えるのだが、あとは、他社がどんな手を打ってくるのか？　インパクトのある商品にするにはどうしたらいいのか？　コストはどうなる……？

▼差別化できるか

そもそも、エアコンの背負った運命は過酷なものである。同じ家電でも、冷蔵庫やテレビは、日常的に人々の関心の高い商品だ。新機能、新技術が追加されれば飛びつく消費者も多く、買い

掃除を業者に頼むと数万円かかることも

鈴木聡氏

替えのサイクルも比較的早い。一方のエアコンといえば、基本的には、暑いときに涼しくなれば良い。暖房機能もついているとはいえ、冬は暖房専門器具に主役の座を奪われる。しかも、部屋の片隅で目立たない作りの方が好まれる。

そうしたハンディを課されたエアコンではあるが、売り場では当然、他社製品よりも「いかに目立つか」が大事になってくるのだった。

「掃除ができる」――開発担当者からみれば、新商品の〝売り〟にするにはインパクトが小さい、と思われた。これまで何度も案としては登場していたものの、あくまでもいくつか挙がったなかの一つにすぎなかった。

設計士の鈴木が考えても、素人がエアコンの中を掃除することは、あまり簡単なこととは思えなかった。まず、中で回転しているファンを掃除するのは非常に危ない。また、風向きを変える吹き出し口は駆動部であるため、電気的にほかの部分にリンクしているが、ここで万一手が触れてしまったら危険だ。

そうした懸念もあり「掃除ができる」はアイデアとしては良いが、実際のエアコンの構造に考えを落とし込んでいくことは非常に難しいと思っていた。

ところが、2000年のエアコン業界に一つの出来事が起こった。「エアコン用洗浄スプレー」が1000万本を売り上げる大ヒットとなったのである。鈴木ら開発チームも消費者がエアコンの掃除に関心が高いことを改めて認識させられた。

このときから「掃除ができる」は、新商品の主役に躍り出たのである。

エアコン洗浄用スプレーは、エアコンとともに売り場に並べられていたものの、エアコンメーカーとはまったく関係のないところで考案されたため、エアコンにとっては問題だらけだった。電気製品に水が掛けられてしまうと壊れてしまうおそれがある、エアコンで発生する水を抜くホースが詰まってしまう、強いアルカリ性の洗剤はプラスティックを劣化させる……。

これではいけない。メーカーの視点でユーザーに安全に掃除をしてもらうにはどうすればよいか。鈴木をはじめ、設計担当者は図面で数十個もの案を出した。

あまり簡単に、部品がポロンととれてもいけない。簡単に、かつ安全に外せるようにするにはどうしたらいいのか？　最終的には吹き出し口を両側に開き、フィルターを外して中のファンまで掃除できる構造のものが試作品となって上がってきた。

▼わかりやすさがウケる

試作品が出来上がった後の00年4月、設計のリーダーとして開発に携わってきた鈴木は、突如、営業部に配属になった。ずっと技術者の視点で新商品を見ていたが、それからは自分が企画した商品をどうやってカタログに載せるか、CMはどうするか等、より消費者に近いところで考えることになった。その後、再び設計に戻ったが、この半年間の営業経験が技術者の鈴木にとって貴重なものになった。

あるとき、数十人の主婦を集め、新商品を実際に試してもらった。それまで、技術者として鈴木は、中にあるファンが洗えることが一番のポイントだと思っていた。

だが、主婦たちは、吹き出し口が左右に開くこと、その掃除のしやすさに最も注目した。中のファンなど「あら、こんなもの入っていたの？」くらいの反応だった。このとき開発者とユーザ

マーケットデータ
エアコン販売巻き返し

業界団体の日本冷凍空調工業会の調べによると、家庭用エアコンの販売台数は1996冷凍年度（95年10月～96年9月）をピークに減少傾向にあったが、猛暑の影響で2000年には4年ぶりに前年を上回った。一方で、世帯普及率は右肩上がりで、98年には80％を超えた。メーカーは買い替え需要を狙い「空気清浄」や「省エネ」など付加価値の高い機種開発をする傾向にある。

家庭用エアコン国内出荷台数と世帯普及率

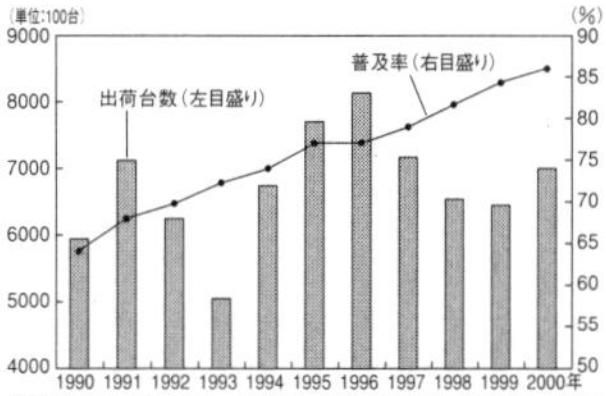

（日本冷凍空調工業会、内閣府・家計消費動向調査をもとに編集部で作成）

ーの視点の違いをつくづく感じた。

技術者は開発へ強い思い入れがあるため、時にユーザーのニーズと視点がずれてしまうことがあるのだ。

また、フィルターを取り外したり、吹き出し口を両側に開けるなど、その特徴がわかりやすく消費者に伝わるため、内覧会でも好評だった。「掃除ができる」以外にも、このエアコンには省エネや、床・壁の温度を自動的に測って快適な温度をコントロールするなど優れた機能がついている。にもかかわらず、目に見えない「快適」という点は評価されにくい。技術者としては目に見えない快適さを実現することがどれだけ大変なことかがよくわかるが、ユーザーには結局、伝わりにくいものなのだ。

調査をするうち、特に女性の反応の良さが目についた。企画会議では「インパクトが小さいのではないか」と言われていた「掃除ができる」ことは、家庭のサイフを握る主婦にとっては圧倒的なインパクトとして受け入れられた。男性の多い社内で話し合われた企画会議では、とても得られなかった反応だった。

「感じる霧ヶ峰」発売を間近に控えたある日。ほかの商品PRのVTR作成に立ち会った鈴木は出演したタレントにこんなことを言われた。「掃除できるエアコンがあればいいのに。そうしたら絶対買うわ」。

「まもなく発表される……」――出かかった言葉を飲み込んだ。商品発表の直前で秘密にしておかねばならなかった。が、このとき、鈴木は心のなかで新商品のヒットを確信した。

（山出暁子）

「D-ink（消しゴムで消せるボールペン）」（パイロット）

パイロットがかなえた文具界の夢

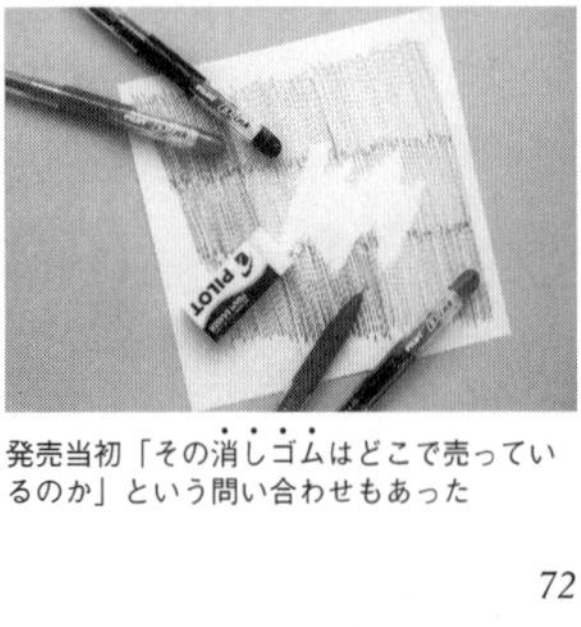
発売当初「その消しゴムはどこで売っているのか」という問い合わせもあった

「この書き込み、邪魔だなあ……」

パイロットインキ第1開発部部長代理、鬼頭勤（51）がペンで書いた文字を消したい、と思ったのは、仕事で必要になった英語を久しぶりに勉強しているときだった。最初はテキストに単語の意味や発音を書き込んでいったが、覚えていくうちにそれが邪魔になってきたのだ。

テキストの書き込みが消えたら、勉強する学生さんにも喜んでもらえるだろうなあ。そう考えた鬼頭は「消しゴムで消せるペン」というテーマに取り組んでみることにした。

4年前、鬼頭がまだ文具ではなく、化粧品や化学業界とのかかわりが深い、香りの付いた便箋などを扱う部署にいたときのことだった。そこでは、香りのカプセルなど大きな粒子を扱っていた。紙というのは一見表面が平らに見えるが、顕微鏡などでよく見ると、繊維が入り組んで穴や凹凸がある。その隙間に粒子が入り込めば紙に定着するのだが、香りの大きな粒子はなかなか隙

（右から）寺西威氏、鬼頭勤氏、松永昭弘氏

間に入っていかない。そして、手で軽くこする程度で簡単に取れてしまう。
それまで、鬼頭はいかに紙から香りの粒子を離さずに定着させるか、を研究していた。だが、「消せるペン」を作りたい、と思ったとき、これまで悩まされてきた、紙から簡単に取れてしまう大きな粒子の性質が使えるのではないか、と閃いた。筆記具の技術者なら、誰もがこの性質は知っている。でも、それを消せるペンに応用して商品化した人はいない。これはいけるかも。鬼頭は、独りで研究を始めた。

▼10ミクロンの粒子

研究を始めてから半年ほどたった頃、鬼頭は現在の部署である筆記具の開発部に配属された。鬼頭の上司となった第1開発部部長、寺西威（59）はその研究を知り、「これなら夢が実現できるかもしれない」と大きな期待を寄せた。開発のメンバーも集められ、商品化へ向けた本格的な研究体制がとられていった。

鬼頭はまず、粒子の受け手である紙の研究から始めた。ある特定の紙だけに対応できる粒子では仕方ないからだ。さらに、紙の繊維の隙間に染み込まない大きな粒子、といっても、実際に使われる細いペン先からスムーズに出るものでなければ意味がない。どこまで小さくしたら繊維の隙間に入り込んで消しゴムで消せなくなるのか、どのくらいの大きさなら細いペン先でもスムーズに通ることができるのか。その両方をクリアできる粒子を探すために、段階的に10種類以上の粒子を並べ、一つ一つ試していった。

とはいえ、その粒子は簡単に手に入らなかった。しかも、研究の初期段階では内容を外部に知られてしまうようなことはできない。おのずと、10種類以上の粒子を自分で作らなければならなかった。検証の結果、10ミクロンが最適だということを突き止めた。ここまでたどりつくのに、2年もの月日を要した。

10ミクロンという粒子の大きさを突き止めた鬼頭だったが、すぐに次の問題が目の前に立ちはだかった。

確かに、それは消しゴムで消せることができた。だが、同時に、消しゴムと同じようなやわらかさである指がこすれても、消えてしまうのだ。これには鬼頭も頭を抱えた。世の中に出回っているあらゆる接着剤を取り寄せ、インクに噛ませてみた。しかし、しっかりつけば手でも取れにくいが、消しゴムでも取れにくくなってしまう。消しゴムと人差し指を突き合わせてじーっと見つめ、なんとかならんかなあ、と悩む日々が続いた。同じようにこすっているんだから、同じように取れるのは当たり前。ものすごく矛盾したことをやろうとしているんじゃないか……。そんなふうに思うようになっていったが、研究を始めてからすでに2年。いまさら引き返すことのできない時期だった。

ところがあるとき、鬼頭は思った。既存の接着剤でどうにかしようとするから無理なんだ。接着剤を新しく作ればできるのではないか。そこで、専門メーカーの協力を得て、新たな接着剤の開発に取り組んだ。鬼頭の読みは当たった。それまで矛盾ではないか、と思ったことをかなえてくれる接着剤ができたのだ。接着剤のことばかりを考えて丸1年たっていた。

▼19本目の試作品

マーケットデータ

ボールペンはゲルインキ主流時代へ

文具市場は、パソコン等の普及により手で文字を書く人が減ったため売り上げが伸び悩んでいるような印象があるが、意外に堅調。特にゲルインキボールペンの人気に押し上げられ、ボールペンが好調に推移している。だが、その影響を受けているのがマーキングペン。カラフルな色が次々に発売されるゲルインキボールペンに押され、減少が続いている。

ボールペン・マーキングペンの販売数量（輸出含む）

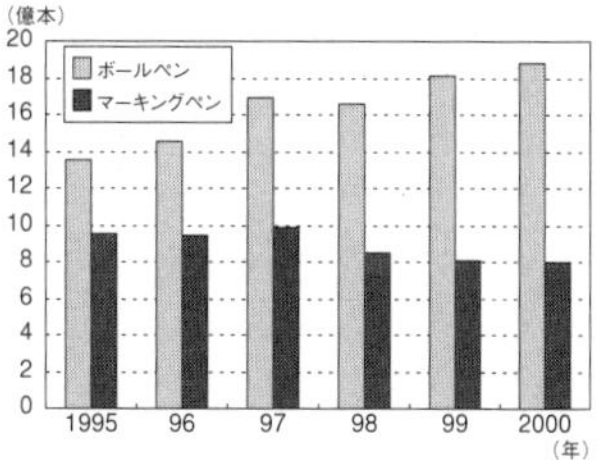

こうして消しゴムできれいに消せるインクはできあがったものの、ここで終わりではなかった。消せるインクとしての条件をクリアし、初めて試作品を手にした寺西は、ペンとしての書き味の悪さに唖然とした。「こんなの、ぜんぜんダメだ」。文房具の部署に配属されて間もない鬼頭は、ペンとしての書き味の良さまで計算することは難しかったのだ。

すでに研究を始めてから3年がたっていた。その年はパイロット創業50周年という記念すべき年であり、営業担当の文具事業部ではこの画期的なボールペンを大々的に売り出すプランを立てていた。だが部長の松永昭弘（57）は、品質に多少問題があっても50周年に文具業界の夢であったこの商品を出したい、という思いと、消せるというだけで書き味の悪いものを市場に出すことはできない、という思いの間で揺れていた。結局、50周年に間に合わなくて、別の品質の良いものを発売するという方針が固まった。

社内の期待とプレッシャーを一身に背負った鬼頭は、開発から4年目、1カ月に約2本のペースで試作品を作り続けた。寺西は試作品を見て、口には出さなかったが「さすがにこれは無理かも、あきらめるしかないのか……」と考えたこともあったという。そんな寺西から鬼頭は無言で試作品を返されることもあった。そして、粘り続け、あきらめずに作った19本目の試作品。鬼頭はようやく、寺西も納得できる品質の書き味を作り出すことに成功した。

こうしてできた、「D-ink」は発売から8カ月で2000万本を売る大ヒット商品となった。寺西は「あらゆる層に受けた」と予想以上の大反響に驚く。

「消しゴムで消せるボールペン」という長い間の業界の夢を現実のものにした鬼頭。だが、その喜びに浸る間もなく、頭の中は、すでに次の研究のことでいっぱいだ。

（山出暁子）

「かけまくり」（東洋工芸）

画鋲の大きさで8キロまで耐える

「ヒントは、小さい頃によく遊んだ松葉遊びだった」

奈良の時代からあると言われる松葉でとる相撲。V字の松の葉の二つの辺がぶつかる点を絡ませて、互いに引っ張り合い、どちらが先に切れるかを競う遊びである。

東洋工芸開発部主査の高田哲男（55）は松の葉の形に思いをめぐらせた時、突然、突破口が開けた気がした。石膏ボード用の高保持力画鋲「かけまくり」誕生の瞬間だった。

石膏ボードは木質材料に代わる建築材料として、日本の建築物のほぼ8割で内装材として使われている。

火に強く、気密性・断熱性に優れていることや、音を通しにくいといった長所を持つ一方で、1800センチ×900センチのボード約1枚に一升瓶約1本分の水を含むため、素材が軟らかい。そのため、少しでも重いものを掛けるとすぐ落ちてしまうという短所があった。

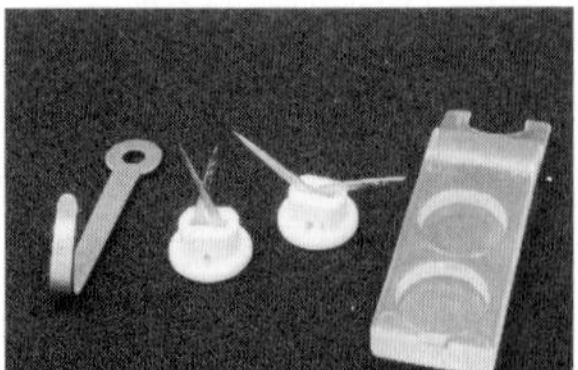

小さく手軽だが、重量級

（右から）佐野誠氏、清水昭敏氏、高田哲男氏

固定具を取り付けようと思ったら、手で壁や天井をたたいて石膏ボードを強化する下地の有無を確認しなくてはならないが、この作業は素人では難しい。仮にあったとしても、望む場所ではないこともある。また、固定具を取り付けても、ドリルで大きな穴を開けて石膏ボードの裏表から固定するため、取り外した場合、跡が目立つ。

誰でも簡単に取り付けでき、壁からすぐ落ちず、取り外した跡も目立たない固定具はないか――。これを解消したのが、「かけまくり」だ。

「かけまくり」は、画鋲の大きさとほとんど変わらない。だが、その威力は画鋲の8倍。付属品のフックと組み合わせれば、安全荷重は一つ3～8キロにもなる。もちろん、取り付け作業は指で押し込むだけ。抜くのも簡単で、抜き取った穴の跡は1・5ミリと小さい。

賃貸住宅でも使用できるため、若い女性など幅広い層に受け入れられ、2001年11月に発売されて以降、ある店では2カ月で6000パックを販売するヒット商品となった。初年度5億円の売り上げを見込んでいる。

▼「2本の針」

〝強さ〟の秘密は「2本の針」とフックの穴の関係にある。2本の針の頭部には平行ピンを通して固定せず、開閉できるようにした。この針をフックなどを通して石膏ボードに押し込むと、穴に触れながら針が左右に開き、そのまま壁の中で固定される。針が最大に開くのは押し込んでフックと完全に接触したとき。だから、フックを引き抜こうとすると、針が開こうとする力が働き、抜けにくくなるのである。

「『かけまくり』は夢の商品だった」。社長の清水昭敏（67）は言う。

東洋工芸は1958年に設立、主にオフィスやホテル宴会場、家庭向けの金属パイプ椅子の製造・販売を事業としてきた。しかし、アジア製の低価格家具が市場に出るようになり、東洋工芸もコストダウンを進める一方、創業理念である「生活文化」に基づいた新規事業を模索する。

そこで、亡き創業者の夫の後を継いで会長にある佐藤圭子は99年、監査役の同窓であり、日本軽金属を退職していた清水を顧問として招き、翌年、清水は社長に就任、新規事業の開拓に本格的に取り組んだ。

清水は日軽金時代、新しく設立された生活文化事業部でアイスクリームの製造機「どんびえ」を生み出した人物でもある。当時、日軽金はアルミ事業以外の新しい切り口の商品を生活文化事業部でやっていこうと考えていた。清水は「どんびえの次の目玉商品」として、普及が見込まれながらも課題が山積していた石膏ボードに目をつけ、固定具の開発を技術者に依頼した。それが高田だった。

「これまでデザイン中心の仕事で、そんなことは経験したことがないからできない」

はじめ、高田はそう言って断った。が、6カ月後、試作品ができていた。

「本当か」。清水は驚いた。それが、石膏ボード用の固定具「マジッククロス8（エイト）」であり、当時、シリーズ展開もする商品に育った。

その後、清水は日軽金を退職。東洋工芸社長に就任した清水は、新規事業第1弾として、日本人でイタリアを拠点に活動する著名デザイナーと契約、高付加価値を持った椅子のシリーズ「T's コレクション」を発売した。

マーケットデータ

アメリカ、北欧ではほぼ100%の石膏ボード利用率

石膏ボードは20世紀前半に工業的に生産されるようになり、日本では1950年代前半に製造が開始された。毒性が少ないため、広く使われるようになっている。石膏には約21%の結晶水が安定した形で含まれているため、火災時に石膏ボードが高温にさらされると結晶が熱分解し、水蒸気となる。

アメリカや北欧ではほぼ100%の建築物に普及している。

石膏ボード生産と建築工事の推移

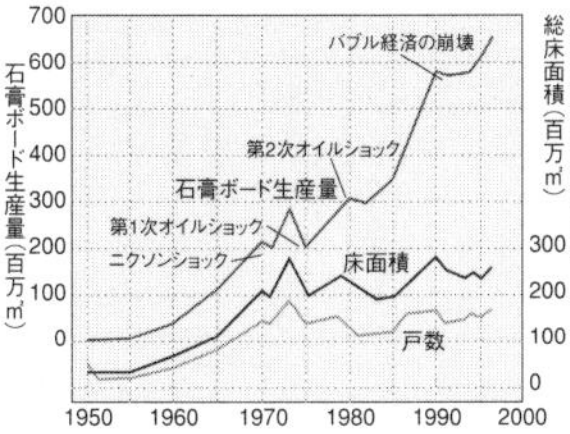

（出所）建材統計年報

新規事業第2弾に彼の力が必要だと考えた清水は、「日用品分野の開発に優れている」高田に再び声をかけた。富山でデザインの仕事に携わっていた高田は快諾した。それは「椅子のデザインができると思ったから」（高田）だ。

00年3月、「勇んで来た」高田を待ち受けていたのはしかし、またもや石膏ボードの固定具開発だった。マジッククロス8をさらに進化させたもの。それが高田に課された課題だった。

高田には温めていたアイデアがあった。それが、松の葉にヒントを得た「かけまくり」の原案だった。「高田がアイデアを持ち出したとき、大丈夫だと思った」。清水は振り返る。

00年12月、「かけまくり」の開発が始まった。

▼アメリカでも発売

アメリカでは、内装材のほぼ100%に石膏ボードが使われ、壁に額縁を飾る風景がよく見られる。東洋工芸は7月から、このアメリカと、カナダという巨大な市場にも攻勢をかける。その先導役が、専務の佐野誠（62）である。

佐野も日軽金出身で、「どんびえ」をアメリカで売りまくった人物。この経験を買われて米系企業や現地日本法人に勤務したあと、「あと半年でストックオプションがもらえるはずだった」（佐野）のに、清水に請われて来た。「もう一度、自分の可能性に賭けてみたかった」（佐野）。佐野は再びアメリカで「かけまくり」を売る夢に賭けている。

「これも縁なんでしょうな」。清水は言う。

再び同じ場所に集まった3人の男が、新しい商品の開発に挑む。

（南　敦子）

安価

「発泡酒」（キリンビール　アサヒビール　サッポロビール　サントリー）
「シャンプー（美容院）」（田谷）
「Ｚｏｆｆ（メガネ販売）」（インターメスティック）
「無印良品」（良品計画）
「ザ＠スーパー スーツ ストア（紳士服販売）」（オンリー）

「発泡酒」（キリンビール　アサヒビール　サッポロビール　サントリー）

ビール代理戦争泡吹く先……

2002年は130円代の価格帯が登場

サントリーは１９９４年10月、麦芽比率65％の「ホップス」を発売した。ビールの麦芽比率は通常67％以上と定められており、67％未満になると酒税が低くなり「発泡酒」と呼ばれる。この課税格差を利用したホップスは、３５０ミリリットル１８０円とビールより45円も安かった。

この時、スーパーや酒屋の店頭には円高差益を利用した輸入ビールが増加する一方で、ディスカウンターが興隆し、消費者のあいだには「安いビール」が定着しつつあった。

サントリーは当時、ビールシェア６％と苦戦を強いられていた。「ビールの値下げも検討したが、小さな会社がコストで勝負するのは無理だった」。サントリービール事業部課長の石井靖幸（39）は振り返る。「サントリー全体の事業の大きさから考えると、ビール市場では存在していないような小さい自分たちが、まるでトヨタであるかのような錯覚をもってしまうこともある」（石井）。自分たちはそんな〝弱小〟メーカーだという発想から、発泡酒は生まれたのだ。

石井靖幸氏

野瀬裕之氏

サントリーを追って95年4月には、サッポロビールが麦芽比率25％未満の「ドラフティー」を160円で発売した。これも売れた。ところがその年12月、大蔵省（当時）が酒税増税を96年10月から施行することを発表した。従来同率だった67％未満50％以上と50％未満25％以上の税率を、前者をビールと同じ税率に上げ、後者を据え置き、さらに25％未満の税率も引き上げることにしたのだ。つまり、サントリー、サッポロ両方を狙った税率の引き上げだ。

「ホップスの存在理由は何か」。会議でたびたび石井たちは討論した。激しさを増した討論の結論は「安くてうまいから飲まれるんだ」。うまくて安いからではない。価格こそが消費者とのコミュニケーションなのだ。石井たちは25％未満の新発泡酒づくりに取りかかった。

需要最盛期前の5月（96年）には発売したい。残された時間はあまりにも少ない。「若造が」（石井）技術陣にはかなりの無理を言ったが、石井たちを助けたのは、20年に及ぶ技術の蓄積だった。糖の組成をビールと同じにする糖化スターチの開発に成功した。業界初の試みだったが、液状の原料を糖化する設備が必要だ。それを待っていたら発売に間に合わない。「できない」。石井は何度も生産の現場からこう言われた。だが、あきらめなかった。何度もダメだと言われては別の提案をして実現したのが、食糧用のタンクローリーを代用して糖化スターチを運ぶことだった。ドラフティーより安い150円にこだわった「スーパーホップス」は、予定通り5月発売にこぎつけた。

サッポロのドラフティーは、現在の主流となる麦芽比率25％未満で初めて発売された発泡酒だった。当時、「発泡酒って何？　というのが消費者の反応だった」と商品開発部商品開発グループリーダーの野瀬裕之（38）は言う。発泡酒はビールもどきと酷評もされたが、企業経営面では

（右から）高久直也氏、和田徹氏

開発の幅が広がるなどの意味を持っていた。そして発泡酒市場の転機となったのが、98年に登場するサッポロの「ブロイ」とキリンビールの「淡麗」だった。

▼ラガー食ってもいい

「ラガー、一番搾りを食ってもいい。本格的な発泡酒で市場の構造そのものを変えたい」

キリンが発泡酒発売を公表した97年。キリン・シーグラムからキリンのマーケティング部商品開発研究所に出向してきた新商品開発グループチームリーダー和田徹（40）は、上司とこう話し合った。

発泡酒開発のプロジェクトは95年から始まっていたが、どちらかと言えばビールの大黒柱であるラガー、一番搾りとカニバリ（共食い）しない若々しいブランドをつくろうとしていた。だが、キリンの発泡酒なのだから、ビールの「上」でも「下」でもなく、プライドを持って飲んでもらえる品質のものをつくりたい——それが和田の願いだった。

まず、味だ。麦芽比率25％未満では味がどうしても水っぽくなってしまう。そこで、大麦でうまみを出して水っぽさを解消しようとした。硬い大麦には粉砕設備が必要だ。大量に使うものを品質を保ちながら粉砕できるのか。技術陣の答えは「ノー」だった。だが、トップダウンの決断で、短期間で設備を整えることが可能になった。普段は下から突き上げていくのに、このときはまったく逆。パッケージを選ぶときも、シャープで若く洗練され、新しいキリンをイメージしたものが社内での評価が高かった。が、和田はあえて評価が低かった「古くさい」ものにした。「堂々と安心して飲めるパッケージにしよう」としたのだ。ネーミングは、もともとあたためていた「淡麗」に、法人登記されている「麒麟麦酒」の「麒麟」を使った。淡麗とは、豊醇とともに中国料理の味を表すもの。コク、うまみがあるがしつこくない味を表す「豊醇」に対し、「淡麗」はさっぱり、かつすっきりしているが、水っぽくない。淡麗という言葉を使ったのは、これまでの発泡酒とは違うという自信ゆえだった。

淡麗の登場は、発泡酒はカジュアルな飲み物という価値観とは正反対の「ビールの匂いをぷんぷんさせた、ビール的価値観を伴ったものだった」とサントリーの石井は述懐する。キリンの参入で、石井はホップスをそのまま続けていくには無理があると判断し、発泡酒市場で辛口、刺激感を持つ〝ドライ〟の発売に踏み切った。ビール感を発泡酒に求めるユーザーを想定して中身はすでに完成されていた。99年6月に発売された「マグナムドライ」だった。

2000年10月、参入しないと言い続けていたアサヒビールがついに参入を発表。キリンのマーケティング部商品担当の高久直也(28)は、「ついに出てくるのか」と思った。ただ、検討を重ねてきた淡麗のリニューアルプランを遂行することでアサヒに対抗できる、という自信があった。01年1月のリニューアルは上々のスタートとなった。

倉地俊典氏

▼〝最後〟の開発物語

アサヒの倉地俊典(36)が、マーケティング部ビール商品開発課プロデューサーとして異動してきたのは99年1月だった。「スーパードライ」は絶好調。そんなとき上司に「発泡酒の市場を冷静に見る人間が一人ぐらいいてもいいだろう」と言われ、発泡酒担当に〝任命〟された。

「閑職に回されたのだろうか……」

経営トップは発泡酒は出さないと公言していた。どんなに準備をしても、日の目を見ることも

山下博司氏

村本高史氏

ないかもしれない。そんなゴールの見えない不安。ヒマな日が続いた。

しかし00年5月、事態は急転する。毎年この時期、同じ都市で同じような質問項目で行っていた消費者への調査で「発泡酒にはビールと違う存在価値がある」とする消費者の声が多く聞かれたのだ。倉地は作業のスピードをアップした。

研究開発本部酒類研究所ビール開発部主任の山下博司（28）も、発泡酒は成果の出にくい仕事だと思った。発泡酒は「太くなったり細くなったりして」（山下）研究が続けられ、過去の研究資料だけが山下の目の前に積み重ねられていた。希望した部署ではあったが、荷が重かった。

倉地と山下はケンカしたことがあった。99年春のことだ。倉地は山下に「もっと早くうまいものができないかなぁ」と尋ねた。山下はこれを聞いて「そんなことはできない」と怒った。その後、山下から長いメールが送られてきた。そこには「技術者である自分ができないと言ってはいけない。自分ができないと言ったら前に進まないから」とあった。

また、こんなこともあった。いわゆる文系の倉地と理系の山下は、まったく異なる環境で育っている。営業仲間ではわかり合える味覚を表現する言葉も、山下はわからないと反論した。2人は、お互いの仕事場からの中間である千葉・柏で、東京・浅草で、時には新橋で、銀座で酒を飲んだ。「このあいだの店の刺身より、こっちのほうがとろっとした味でおいしいよね」と倉地が尋ねると、山下は「僕は脂ぎってておいしくないと思う」と答える。言いたいことを言い合う回数を重ねるうちに、お互いの言葉の感覚を理解できるようになっていった。

99年7月27日、「本生」のプロトタイプが完成した。山下は、発泡酒の独特の匂いと味を大麦エキスを使うことで解消。30日には「もっといい感じ」（山下）になり、1本だけ詰めるとすぐ

マーケットデータ

市場４割
ビールを超えられるか？

発売当初、「ビールもどき」などと酷評された発泡酒だが、今では堂々と一つの市場を形成するまでになり、ビール＋発泡酒市場の約４割を占める。富士経済の調べによると、発泡酒が家庭で飲まれている割合は、チューハイの97.1％に次いで95.6％。ちなみにビールは64.2％である（すべて2000年見込み）。ギフトや業務用でどこまで食い込めるかが今後の市場拡大のカギを握る。

発泡酒構成比推移

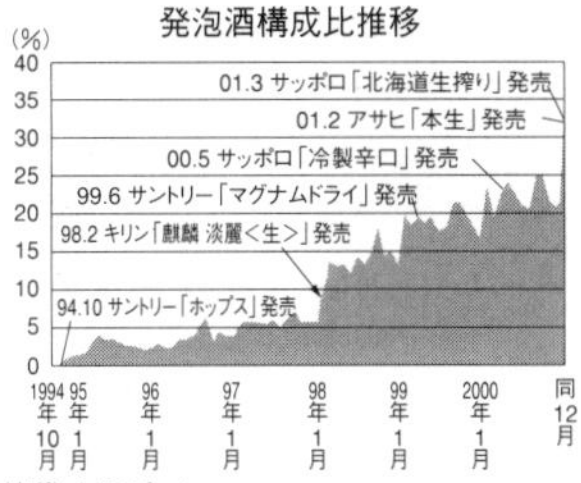

（出所）キリンビール

に上司に持っていった。上司も「すごいのができたな。いけるよ」と言ってくれた。

01年2月21日の記念すべき「本生」発売の日、倉地は本社で待機していた。山下は茨城で営業と一緒に駆け回っていた。積んでいるそばからケースごと運んでいく客がいる。うれしかった。山下は倉地に電話をかけた。「倉地さん、浅草で飲みましょうよ」。終業のベルが鳴った5時半、倉地は社を飛び出した。いつもの寿司屋でこれまでのことを語りあって時間がたったとき、山下がふと「倉地さんと仕事ができてよかった」と言った。倉地は、あふれ出しそうになる涙をこらえるのが精いっぱいだった。

一方、アサヒに遅れること1カ月。01年3月に新商品「北海道生搾り」を発売することになるサッポロの野瀬とマーケティング本部の村本高史（36）は、味覚、ネーミング、パッケージデザインが決まった時点で「これは売れるな」という予感のようなものを感じていた。生搾りは「本格的な生をつくりたい」と、99年から試行錯誤を重ねていたもので、ライブ感覚を重視したCMも受け、野瀬の期待通り、サッポロ最速のペースで1000万ケースを上回っている。

同じ3月。新婦と高砂でうれしそうに笑うアサヒの山下の姿があった。乾杯は、もちろん「本生」。店頭では手に入りにくい状態だったが、式場関係者が集めてくれた。2次会も営業の同期が駆け回って「本生」を集めてくれた。一生で最高の日だった。

発泡酒の誕生から7年。黎明期から、消費者が本格的な味わいを求めた転換期。そして99年から00年のマグナムドライ、サッポロ「冷製辛口」の年を経て、現在、「ビールの代理戦争」（石井）、つまり「第3世代の〝生〟戦争」（野瀬）が繰り広げられている。酒税の増税問題が再燃する可能性も高く、発泡酒をめぐる過酷な戦いは続く。　（南　敦子）

「シャンプー（美容院）」（田谷）

行列のできる美容院デフレ作戦

今から5年ほど前。美容院業界最大手、田谷の社長、田谷哲哉（60）は、ニューヨークへ行った際、こんな話を耳にした。

平日は数十万円するアルマーニのスーツを着て仕事をしているウォール街のビジネスマンが、「休日の服装は、ジャケットとシャツとズボンと靴が全部合わせて100ドル」「僕なんか80ドルだよ」と、言い合っている。いかに安く、上手に買い物をしたかを競っているというのだ。さらにその後、ヨーロッパから「H＆M（Hennes & Mauritz）」という安くてファッション性の高いブランドがニューヨーク5番街に進出し、行列ができて大騒ぎになっていた。こんなことは、日本にはない現象だな、と田谷が思っていた矢先、国内でも「ユニクロ」が彗星の如く登場、社会現象となるほど話題になった。

それまでの田谷は、パリやニューヨークの高級サロンと提携した店舗をつくるなど、〝質〟を

平日でも行列ができる

田谷哲哉氏

追求してきた。だが、「H&M」や「ユニクロ」に行列をつくる人々の勢いを見るにつけ、これからユーザーが求めるものは「安いこと」かもしれないと思った。ならば、低価格の美容院をつくれば、ユーザーのニーズに応えられるのではないか？ それが田谷が「シャンプー」をつくるきっかけだった。美容院を低価格にするにはどうするか。これまでユーザーには高い技術とサービスで「デザイン」を販売してきた。だが、なかにはそれほどの技術を必要としない「伸びたところだけをちょっと切ってほしい」という要望もある。そうした要望には、高い技術は必要ないため、キャリアの浅い技術者でも対応できる。それで人的コストを抑えられる。「今後はそうした『利便性』を追求することで、早くて安いサービスを提供していこう」。田谷はこれまで手掛けた経験のない「早さと安さ」をキーワードにした店舗の開発を考えた。

さっそく田谷は、社内でその案を発表した。ところが、反応は想像以上に冷たいものだった。これまで、〝世界一の美容室を目指す〟など、質を重視してきた企業だっただけに「なぜ、低価格路線をうちがやる必要があるんですか」という反発の声が上がった。それでも田谷はいいと思った。皆が反対をする分、それはきっと新しいものなのだろう。やろう、と決めた。

▼カットは7分で

まず考えたのは、ただの「安売り」と「低価格」は違う、ということだ。安売りは、企業努力をせず、単なるプライスダウンをいう。低価格は、無駄を省いて企業努力をし、ユーザーにも喜ばれ、企業側にも利益が出ることだ、と思った。

美容院は何を変えればよいのか。時間だった。

徹底的にムダを省いた店内

そこで普段の作業をビデオに撮った。すると、無駄に思える動きがいくつも出てきた。例えば、今は「カリスマ美容師」と呼ばれる人もおり、「格好良く仕事をしたい」と思う気持ちが美容師には強い。そのため、ハサミの使い方などでも格好良く見える動きをつくるために、無駄になっていることが多々あることに気付いた。「美容師がお客様の髪を2度、3度と触ってようやく切ることがある。そういう動きは格好は良いが、客観的にビデオで見ると『なぜ同じことを何度もやるの？』と思える。一度で切ってしまえるなら、その方が時間は短縮できる」（田谷）。また、小さなハサミで細かく切るより、大きなハサミで一気に切った方が早い。

サービスでも省けそうなものがあった。ヘッドマッサージや会話。ヘアカットに関する会話はもちろん省くことはできないが、「今日は良いお天気ですね」など、他愛のない会話はしない方が作業は早く進む。ほかにも、シャンプー、パーマなどすべてビデオに撮って見ながら検証し、これはいらない、これも、これも、と無駄な動作はすべて省いた。すると、ヘアカットは3～7分で済む計算になった。

次は、オペレーションだ。予約を取らず、指名制を敷かないことにした。予約を取り指名制にすると、美容師に忙しい人とそうでない人が出てくるため効率が悪くなる。また、万一、予約をキャンセルされれば、さらにコストが上がってしまうからだ。

また、美容師にも特別な訓練をさせることにした。1分間に何回はさみの開閉ができるか、ブラッシングができるかを測る。できるだけ速く手を動かし、時間を短縮させるためだった。

店舗づくりもシンプルにした。余計なドアを取り付けず、床のタイル、鏡、椅子などでコストダウンを図った。通常は1店舗の出店で7000万～7500万円掛かるが、3000万～35

00万円で済むようにした。

▼行列のできる店

　こうして、徹底的に合理性を追求した店舗「シャンプー」が完成した。料金はカット1800円。「通常、5000～6000円の料金で、3～4カ月のサイクルで来店される方が多いですが、それを1カ月に換算すればだいたい2000円。1800円なら毎月でも来られる価格です。それと、9が私のラッキーナンバーなので、1+8=9で1800円。ちょっとゲンを担いでるんですよ」(田谷)。

　1号店は1998年、福岡県中間市にオープンした。その後、順調に出店数を増やしていき、2000年4月にオープンした東京・銀座店では、女性を中心に毎日行列ができるほどの人気となり、注目度が一気に上がった(01年9月現在、31店舗)。田谷の狙いどおり、早いこと、安いことがユーザーのニーズと合致したのだ。

　当初、美容師のなかには、ほかの店舗から「デザイン性のない『シャンプー』には行きたくない」と言う人もいた。だが今では、「忙しい『シャンプー』で腱鞘炎を経験してみたい」という美容師まで出てきたり、ユーザーの反応が良い「シャンプー」担当を望む営業も増えた。社外での注目度も高く、田谷自身、「シャンプー」への取材を週に数本受けている。

　「ファッションでも、ヴィトンやエルメスのバッグを持ちながらユニクロのジーンズを履いている人がいる。美容業界も用途によって使い分ける2極分化が進むだろう」

デフレによる一過性のものでは終わらない、と田谷はあくまで強気だ。

（山出暁子）

マーケットデータ

男も美容院に行く時代

　業界最大手の田谷では、男性顧客の比率が年々高まっている。これは美容業界全体でも見られる傾向で、床屋さんではなく美容院に行く男性が増えているという。最近、男性人気タレントのヘアデザインが美容院発であることが多い、男性の美容雑誌が増えている、などが増加の理由のようだ。

田谷の年代別入客比率の推移

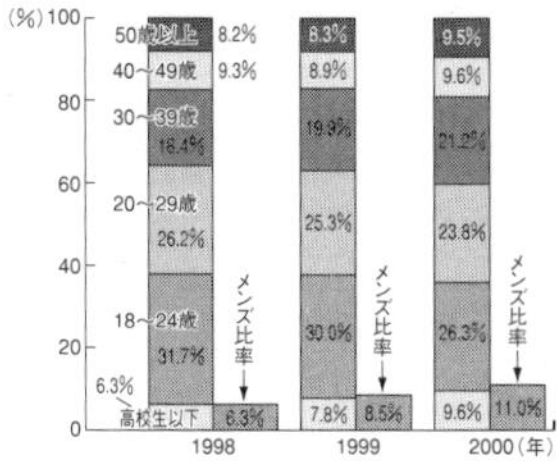

「Ｚｏｆｆ（メガネ販売）」（インターメスティック）

一つ「5000円」メガネの価格破壊ブランド

「10万本の在庫を、すべて自社でまかなうのですか」

２０００年秋、東京都千代田区にあるインターメスティック社内では、新しいメガネブランド「Ｚｏｆｆ（ゾフ）」の物流戦略をめぐって、議論が戦わされていた。ゾフでは、１店舗でさばけるメガネの量を、ひと月当たり１５００本と見込んでいた。しかも立ち上げ当初の店舗は、東京・下北沢店ひとつしかない。ファッション性の高いメガネは、すぐに陳腐化してしまう。商売人の常識では、10万本もの在庫を抱えることは、まず考えられない。スタッフの心配をよそに、社長の上野照博（60）は言った。

「大量に仕入れなければ、５０００円で売れない」

▼同じ轍は踏むまい

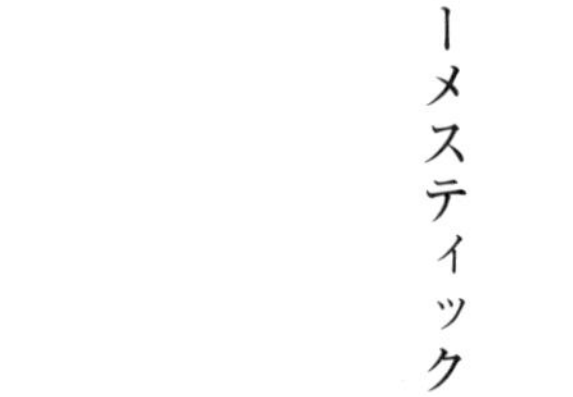

手軽な値段がウケた

ゾフは、フレームとレンズをセットにして、1本5000円、7000円、9000円、という格安のスリープライス・メガネを生産、販売している。これまでのディスカウントショップですら、レンズ込みでは2万円を切るのがやっとだというから、ゾフの提示する価格が、いかに安かったかがわかる。社長の上野は、大学を卒業すると紳士服のレナウンニシキ（現ダーバン）に入社した。5年間の修業のあと、家業の上野衣料を手伝い、1989年には「ポロクラブジャパン」を設立し、同名のブランドを貸与するライセンスビジネスを展開した。「もっとメガネが気軽に買えてもいいはず」。アパレルの世界に身を置いてきた上野は、ファッションや気分に合わせてメガネもかけ替えたいと思う顧客の需要を感じていた。

さっそく93年、東北地方を中心に、量販店内のテナントとしてディスカウントメガネチェーン「ガリレオクラブ」を始めた。メガネや酒類のディスカウントショップが全国に広まり始めていた時期だったため、時流に乗るかと思われた。しかし「地方では集客が少なく、薄利多売方式が思ったほど効果を出さなかった」。結局、98年には、縮小を決めざるをえなかった。それでも「もっと手軽なメガネを提供したい」との思いは、変わらなかった。

上野照博氏

日本でのメガネ一式の平均単価は、3万円前後だ。日本のメガネ業界は、レンズメーカー、フレームメーカー、卸売商、小売商などに分かれている。多数介在する中間業者が各々マージンを上乗せするため、消費者の手元に届くころには価格が膨れ上がる。しかも時計や宝飾品と並んで高級品のイメージが浸透しているメガネは、粗利が7割でも売れる。

「ガリレオクラブのときには、何とか他店よりも安い値段、2万円を切る価格を提示した。それでも『これは安い』とお客さんを唸らせるほどの値段ではなかった」

粗利を極限まで削れば、もっと低価格が打ち出せた。しかし、業界の慣習が高い壁になった。メーカーは「ブランドの価値が下がる」と、安売りに反対した。ロードサイドのディスカウントショップにしても、ブランド商品を扱っている限り、事情は変わらない。「安価なプラスチックや金属でできているのに、なぜ、メガネは高くなくてはいけないのか」。

上野のジレンマに、フレームメーカーに勤める知人がヒントを与えた。「中国で生産すれば、安いメガネが作れるはずだ」。確かに、製造から販売まで中国で一貫して自社で行えば、どこからも制約を受けない。だが、メガネ業界に多数の業者が介在するのには、それなりにわけがある。不良在庫のリスクを分散する、というメリットがあるからだ。低価格と経営上のリスク回避。二律背反する選択肢のはざまで、上野は決断した。

「全部のリスクを自社で負う以外に、低価格メガネは作れない」

奇しくもたどり着いた答えは、ユニクロと同じ製造小売り（SPA）の形態だった。

▼メガネの常識を破れ

00年、60歳になった上野は、これまでモノ作りにかかわったことがなかった。ところが、上野に共感する業界人のアドバイスに従い、早速、中国に飛んだ。高い値段で売っている日本や欧米のメーカーも、中国で製造しているとわかった。それでも念には念を入れ、デザイナーや技術者を同行させ、工場の生産品質を吟味した。自信を深めた上野は、中国での生産にゴーサインを出した。00年の秋口には、製品第1号が上野のもとに到着した。だが、倉庫に日増しに増えていく在庫を見つめながら「果たして、すべてさばけるのだろうか」との不安もよぎった。

マーケットデータ

低価格が進むメガネ小売市場

低下傾向にあったメガネの購買人口は、1998年には1779万人になったが、2000年には1872万人にまで回復した。ところがメガネ小売市場の規模はといえば、94年から、00年まで6000億円弱を上下している。94年に3万1835円だったメガネ一式の平均単価が、00年には3万301円まで低下してきている影響が大きいようだ。

メガネ人口と市場規模の推移

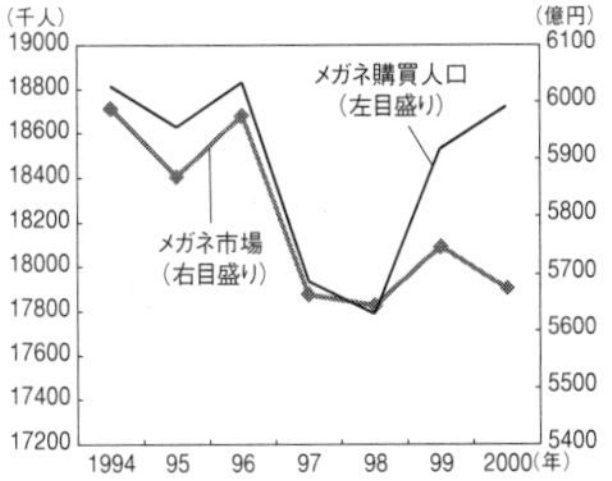

(出所) サクスィード「眼鏡白書 2001-2002」

ちょうどそのころ、韓国のメガネ業界から朗報が飛び込んできた。地方から価格破壊が始まり、日本円でかつて2万~3万円していたメガネが、1万円を切る値段で普及し始めた。ディスカウントメガネが市場の4割を占める勢いだという。日本のメガネ業界と同様の構造をもつ韓国の変化に、「消費者は、渇望している」と上野は確信した。

営業戦略では、徹底したコスト削減が図られた。都心の一等地は高すぎる、と判断。残っていたガリレオクラブの下北沢店を、ゾフの第1号店に選んだ。広告も、下北沢店の周辺に配られる新聞に、折り込み広告を入れるだけにした。

メガネの〝高級〟イメージを払拭しなければならないとして、上野は、店舗のデザインから店員のユニフォームまで、カジュアルを意識した。価格設定も「壊してしまったら、すぐ買い替えれるように」と、衝動買いできる範囲の5000円に設定した。

01年2月のオープン当日。下北沢店の前には、行列ができた。評判は、口コミで広まり、ひと月に1000万円と予想していた売り上げも、2月の売り上げが2500万円で、3月は5000万円と、予想外の好成績を上げた。現在は池袋と表参道にも出店し、3店舗合わせて、月に1億4000万円を稼ぎ出す。マスコミにも取り上げられ、他のメガネチェーンもゾフと同様のコンセプトで追随するようになった。

「韓国では、価格破壊で市場規模が2・5倍に膨らんだ。現在6000億円程度の日本市場も、将来は1兆円を超えるだろう」

02年には国内の店舗を30にまで増やし、3年後には、年商100億円を目指すという。

(平田紀之)

「無印良品」（良品計画）

独自性へのブランド戦略

　今から25年ほど前、スーパー各社は独自性を出すために、オリジナル商品を作って販売し始めた。それがＰＢ（プライベートブランド）だった。大手西友もＰＢ商品の開発に注力し、１９８０年に「無印良品」が生まれた。

　無印良品のコンセプトは「わけあって安い」。素材を選んで、生産し、包装するまでの間にある無駄をカットすることで価格を安く抑えることができる、ということを前面に出したＰＢだった。例えば、干し椎茸。通常、味は変わらないのに、割れたものは規格外として商品価値が失われてしまう。無印良品は、そうした干し椎茸を集め、「割れ椎茸」として安い価格で商品化した。包装も無駄を省き、商品名と商品説明が書いてあるだけ。デザインは全くなかった。当時、西友の販売部で売り場を担当していた良品計画営業本部生活雑貨部企画チームリーダーの萩原富三郎（48）は、無印良品の商品を初めて見たときのことをこう振り返る。

シンプルなデザインと手頃な価格

（右から）萩原富三郎氏、谷本展之氏

「そのころは、舶来モノこそが高級品と捉えられ、横文字のネーミングや、ロゴマークが付いていれば、それだけで付加価値の高い商品と思われる時代だった。そんなときに、横文字でもなく、ロゴもない。これで大丈夫なの？　と思った」

ところが、萩原の予想に反して消費者から聞こえる声は「安くて、おいしい」というものばかりだった。特に主婦からの評判が良かった。だが、当時はまだアイテム数も食料品と日用品を合わせて40ほどであり、各商品棚にバラバラに陳列されていただけ。スーパーの一角にある、ちょっと話題のＰＢという存在だった。

▼拡大路線

83年。アイテム数も増え、食料品・日用品に加え、衣料品なども手掛けるようになった無印良品をショップ化して出店することが決まった。しかも出店地は東京・青山。「青山といえば敷居の高そうな店がズラリと並ぶ。そんななかで、トイレットペーパーやキッチン用品を置く無印良品は大丈夫なのだろうか……」と思いながら、萩原は開店準備に加わっていた。が、そんな不安は開店１カ月でふっとんでしまった。あっという間に若者の話題となり、連日多くの人でにぎわった。萩原が青山店の成功にびっくりしているうちに、さらに驚くべきことがあった。こうした状況を見た阪神、西武両百貨店から、無印良品のショップを出店してほしいと声がかかったのだ。青山店出店から1年もたたぬうちに、百貨店の中に並ぶブランドとして認められる存在になった。

このころから無印良品は、「それまでと次元の違うものになってしまった」（萩原）。

だが、あまりに急成長してしまったＰＢの無印良品に対して、社内の体制が追いついていかなかった。青山店が成功してもなお、商品開発はバラバラであり、トータルで統括している人はいなかった。そうした問題を解決すべく、85年に無印良品事業部が創設された。ここからようやく、「無印良品」という一つのブランドが専門店ビジネスとして取り組まれるようになっていく。89年には西友から独立、無印良品は「株式会社良品計画」として独り立ちをするに至った。

無印良品のシンプルなデザインと手頃な価格の商品展開は若者を中心に支持を受け、良品計画は急成長を遂げた。大型路面店も次々に出店され、商品アイテムも1000を超えた。会社も95年に店頭公開、98年東証2部上場、そして2000年に1部上場。業績も右肩上がりで伸び続け、不況下の「勝ち組」ともてはやされた。

しかし、次々と大型店を出店するようになったころから、少しずつ何かが狂い始めていた。大型になれば、その広い面積を埋めるために商品が必要になる。広い店内を埋めるための商品開発がされるようになっていった。「このころから、一つひとつの商品へのこだわりが希薄になっていった。ブランド全体のアイデンティティを見失ってしまった」(萩原)。それでも、2ケタ成長は当たり前というマーケットのプレッシャーに押され、良品計画は拡大路線を突き進んだ。その結果、業績も急激に悪化した。

▼「わけあって安い」をもう一度

拡大を遂げるなかで見失ったものを取り戻すべく、無印良品は新たな道を模索し始めている。01年11月1日、東京・有楽町に大型旗艦店をオープン。海外にある無印良品と同じコンセプトの商品を「無地仲間」として集め、初めてセレクトショップの形態を取ることで、売り場を埋める

マーケットデータ

小売り苦戦、卸も大苦戦

景気低迷のなかで、小売業の販売総額も減少しているが、それ以上に減少幅が大きいのが卸売業である。経済環境の悪化と並んで、ここ10年ほどの間に、SPA（製造小売り）等、卸売りを介さないビジネスモデルが広がりを見せていることが一因のようだ。

卸売業・小売業の販売額推移

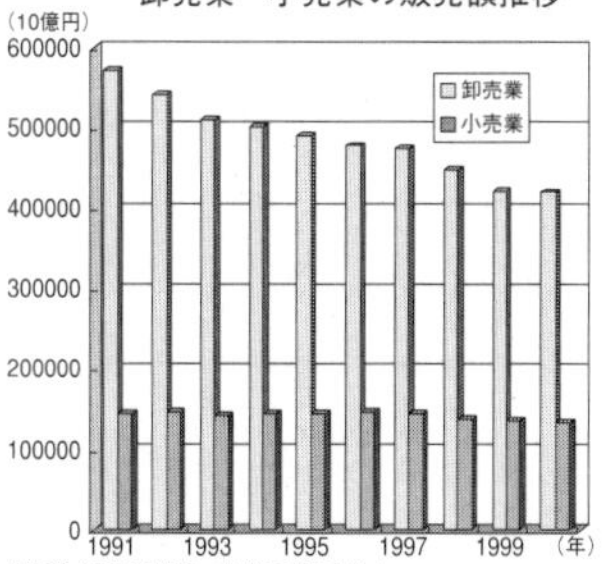

（出所）経済産業省　商業販売統計より

手法を取った。コンセプトを重視し、ただ広い店内にやみくもに商品を並べることはしなかった。また、有楽町店開店から2日間で1000枚を売り切ったセーターがある。リサイクルウールを使用したセーターだ。開発したのは、営業本部衣服・雑貨部デザイン室のデザイナー、谷本展之(28)。

2年前に入社した谷本は、実際に製作の現場に入ってみると、それまで消費者の立場から無印良品に抱いていた印象と何か違っている、と感じた。外から来た者には今、このブランドから何かが失われているかがわかったのだろう。そこで、無印良品が誕生したときのコンセプト「わけあって安い」という原点に戻って商品開発をしよう、と考えた。折しもアパレル業界全体で、環境に配慮した商品に注目が集まっていた。そこで閃いたのが、リサイクルウールのセーターだった。谷本は、工場などで余ったウールを回収して粉砕し、ペットボトル素材などを加えて毛糸を作り、デザインも極めてシンプルな、3000円台の低価格で提供できるセーターを作り出した。質は損なわずに、規格外になったものをうまく取り入れ、価格を下げる——。それはまさに、かつて西友の棚に並べられていた「割れ椎茸」と同じコンセプトで作られたものだった。

このヒットを見た萩原は言う。

「久しぶりに、無印良品らしい商品がヒットアイテムになった。ただやみくもに商品を作るのではなく、もう一度、原点に戻って商品を用意したい」

スーパーの一角から始まった無印良品は、誕生から20年の歳月を経て、再び原点に返ることで新たな道を開こうとしている。

（山出暁子）

「ザ@スーパー スーツ ストア（紳士服販売）」（オンリー）

こだわった安さと品質
ツープライススーツのルーツ

2つの価格というわかりやすさも勝因

1999年9月27日、東京都中央区日比谷――。「ザ@スーパー スーツ ストア（SSS）」の1号店で、オンリー（京都市北区）社長の中西浩一（53）が、10月1日に迫った開店準備に追われていた。

「あかん、どうしたんやろ」

オープンを前にとり行われた、取引先への新店舗のお披露目の直後、目の前の景色が幾重にも重なって見え、中西は階段に倒れ込んだ。視界の隅には、慌てて駆け寄る部下の顔が見えた。立ち上がろうとするが、力が入らない。

「オープンまであと少しやないか。わしが倒れたら店はどうなるんや」

気がつくと、中西は慈恵医大病院のベッドの上にいた。医師の診断は、脳梗塞。絶対安静。「SSS」オープンまで、あと5日だった。

中西浩一氏

▼〝看板〟で売る

中西は1946年、京都の仕立て屋に生まれた。高校卒業後、商才はすぐに発揮された。京都でも有名な仕立て屋に修業に入って5年、当時の値段にして5万円を下らなかったオーダーメードの紳士服を、売りに売ったという。「営業の仕事は、結果がすぐにわかる。それが面白かった」。自信を深めた中西はその後、70年に独立。営業とカッティングの技術を携え、京都の山科にオーダー専門店「紳士服中西」を開業した。事業が順調に拡大するにつれ、「看板を持つゆうのは、商売人の夢や。世界中のいいモノをそろえて、自分の店の看板に付加価値をつけたい思うようになった」。これまでオーダーメードにこだわってきた中西だったが76年には、洋品物販店の「オンリー」（社名も同じ）を京都の北山に開業した。

店舗経営の味をしめた中西は、事業拡大に意欲を燃やす。高度経済成長と歩調を合わせ、オンリーの店舗網は関西一円に広がっていった。

だが、90年代初頭、バブル経済が崩壊した。オンリーはそれまで、1月と7月の年2回、バーゲンを行っていた。それが90年代中ごろには、バーゲン1日に売り上げる額が6000万円にまでなり、年間売り上げのおよそ半分をバーゲンでの売り上げが占めるまでになった。

「お客さんは、バーゲンにならな服も買えんゆうことや。これは異常やで」

中西は、その原因が衣料品業界の構造にあると感じた。「20万、30万円と高すぎるスーツが、バーゲンになると10万円、5万円へと値下げされた。バーゲンでしか売れないから、今度は通常価格がどんどん値下げされた。悪循環や」。自分の店の看板に、付加価値をつける。そのことに

中西社長の人形

懸命だった中西だが、バーゲンで1日6000万円も売り上げた現実に、考えを改めた。

「売れる値段。つまりお客さんが望む値段が、適正価格っちゅうこっちゃ。通常価格をバーゲンの価格に合わせれば、黙ってても売れるはずや」。発想の転換だ。付き合いのあったイタリアの工場と交渉を重ね、イタリアの有名ブランドが使うのと同等の工場を確保した。こうしてイタリアで製造し直送するオンリー初のSPA（製造小売り）方式のツープライスショップ「インヘイル＋エクスヘイル」を、神戸市に96年9月オープンさせた。

中西は、ムダを徹底的に排除するよう努めた。スーツの生地は通常、一反で買い付ける。それを中西は、残反で購入した。これで原材料費が、およそ3分の1になった。同業者からは「オンリーさんは残反でスーツを作りはる」と揶揄されても意に介さず、イタリアの有名ブランドの半額以下の4万6000円と5万8000円を実現した。ライバル企業の社員までが買いに来るほど好評を博したが、それでも中西は、満足しなかった。

「好評だったとはいえ、セールスのボリュームが、今ひとつやった。隠れた名店ではダメや。これは世間が満足しとらんゆうことや」

誰もが喜ぶような低価格が打ち出せないだろうか、そんな思いをめぐらせていた98年、中国製の洋服が目にとまった。「10年ほど前に見たときとは比べものにならないほどいい品質だ」と感じた。「中国で作れば、2万円を切るスーツだってできるかもしれない」。行動は早い。中西は早速中国へ渡った。技術も十分な工場を手配し、SSS計画は順調に進んだ。

その1号店が日比谷だ。休日ともなれば人通りもまばらなオフィス街の日比谷に1号店を出した理由を中西は、「店舗が安く借りられたからや」とおどける一方で、「いいモノを売れば、お客

マーケットデータ

小さくなるスーツ市場のパイ

国内スーツ市場のピークは1990年代初頭の1700万着。不況による高額スーツの買い控えや、カジュアルフライデーなどの普及で2001年には、1000万着を割り込みそうな勢いだ。中西社長は、「いいスーツが安くなれば、それだけ新しい需要が生まれる」と期待する。

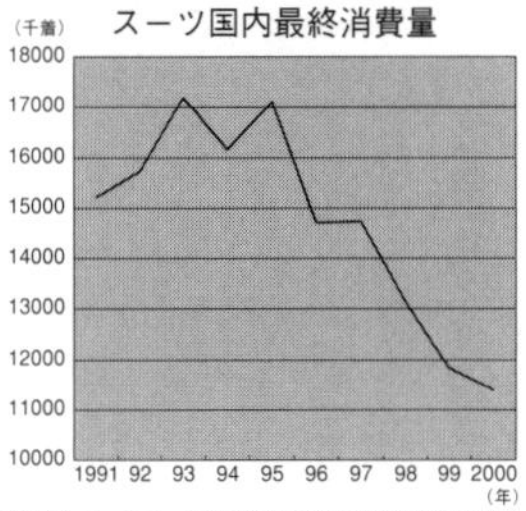

(出所) ウールマーク繊維消費量統計(2000年は推定)

さんは来てくれる。お客さんが来てくれないゆうんは、モノが悪いからや」と熱っぽく語る。

準備のため、東京にも事務所を構えた。その仮事務所で中西と生活をともにした林保行(34)は、「中西は、朝から晩まで、休む間もなく動き回っていた」と当時を振り返る。というのも中西の胸のうちには「わし以外に誰がやれるねん」との思いがあったからだ。結局、「ほどほどにしないと社長は倒れてしまう」との林らの予感は、不幸にも的中してしまったわけだ。

それでも10月1日の開店当日。事前の打ち合わせどおり、「パンツ一丁キャンペーン」が打たれた。パンツ一丁で来店した人には抽選で、スーツ一式を格安で提供するという人を食ったようなキャンペーンだった。

中西の思惑は当たった。奇抜な商法にメディアが飛びつき「タダで宣伝してくれた」からだ。最初の1カ月こそ600万円の売り上げと、振るわなかったが、雑誌などでも特集が組まれるなどして、2カ月目以降は2000万円、3000万円と売り上げが伸びた。丸2年が経過したいまでは、全国に27店舗を展開し、年商は35億円にのぼる。

▼「次は世界だ」

意識は回復していたものの、中西は病院で開店を迎えた。ベッドで部下の活躍を知り、中西は「ヒトに任せるのも、ええなあ」と、感じていた。以来、中西の仕事は大幅に部下にゆだねられている。

「暇になったぶん、いろいろ考えをめぐらせることができた。今度は世界進出でっせ」

オンリーは、2002年にもニューヨークへの出店を計画している。

(平田紀之)

新「食」

「氷結果汁」（キリンビール）
「海洋酵母のワイン」（サッポロビール）
「毎朝直送新鮮野菜」（西友・ＪＡ甘楽富岡）
「e. v.」（大塚食品）

「氷結果汁」（キリンビール）

「おいしい」は当然 それにパッケージ、ネーミング…

キリンビールマーケティング部の新商品開発グループ、佐野環（30）は、今でもはっきり覚えている。

チームリーダーの和田徹（40）が「僕らは、ビールをつくってきたこれまでのキリンビールのなかで、新しいものをつくっていこう」と話した日のことを。

▼まず、「味」

２０００年6月、ある共同開発チームが立ち上がった。メンバーは和田、古園篤（36）、佐野、芦田正和（27）の4人。和田はキリン・シーグラム、古園はキリンビバレッジ、佐野と芦田はキリンビール。和田と古園は出向して、佐野、芦田とともに「キリンビール新商品開発グループ」に所属した。

グループの力が結集された

（右から）芦田正和氏、佐野環氏、和田徹氏、古園篤氏

キリンビールはその年の1月、3地域で実験的にシーグラムとの営業統合を開始していた。9月には、グループ中期経営計画の中で、グループ力の強化と総合酒類事業を展開することを発表、年が明けた01年1月には営業統合を全国に拡大した。和田ら4人の開発チームは、こうした流れを踏まえてのものだった。

和田たちに課されたのは「新しいチューハイの開発」である。

ここ数年、嗜好の多様化を受けてビールの消費量が減少し、逆に気軽に飲めるチューハイなどの低アルコール飲料市場が拡大の一途をたどっている。とはいっても、消費者調査で探ったチューハイに対する不満は多かった。クセや雑味など味覚・品質に対する満足感が低いこと。ブランドに差を感じず、なんとなく商品を選んでいること。デザインが年配向けだという声もあった。

和田は考えた。「挙げられている不満を解決するのもいいが、品質感と味覚のしっかりしたものをつくろう。競合を気にせず、自分たちでおいしいと思うものをつくろう」と。ブランドがなかった市場にブランドをつくりたい。そんな思いもあった。

まず、「味」である。

ベースはあえて焼酎ではなく、キリン・シーグラムの御殿場工場で蒸留を重ねて雑味を少なくしたウオッカを使った。水も御殿場工場の水源である富士の伏流水を使用した。

そして果汁だ。和田たちは、田中城太（39）をはじめとするキリン・シーグラムのブレンダーたちと打ち合わせをするために、何度か御殿場まで足を運んだ。

はじめは、他のチューハイやジュースと同じように濃縮還元果汁を使って試作を繰り返した。濃縮還元果汁は、熱で水分を飛ばして濃縮した果汁で、輸送コストが安く、果汁の濃度が高いため微生物管理が楽だというメリットがある。しかし、水分を飛ばすと果汁の持つ香りやフレッシュ感も損なわれるというデメリットも持っていた。

だが、この時点ではこれがベストだ。特に田中はブレンダーとして、従来のチューハイに特有のアルコールの刺激、臭いをなくすことにこだわりながら濃縮還元果汁を使った試作を重ね、「アルコールの苦味、ひっかかりがなくなって」（田中）いいものができた。そのとき、「熱を加えずそのまま凍結させた果汁がある」という情報がキリンビバレッジからもたらされた。それが濃縮していないストレート果汁だった。00年秋のことである。

「濃縮還元果汁でつくったものとは、まったく味が異なっていた」。田中は驚いた。この〝天然クリアストレート果汁〟を使って、田中は新たに試作を続けた。

一方、「何度、テイスティングしたかわからない」（田中）中で、山積された課題の解決も必要だった。

確かに味覚はフレッシュで味もいい。だが、このストレート果汁は濃縮還元果汁と比較した輸送コストの高さなどの点から市場に出回る量が少なく、安定的な供給にはほど遠かった。果汁の保管場所、物流などインフラの整備、そして新しい設備の導入。

「本当に使うのか」。製造部門からは疑問がぶつけられた。

「市場を変えていくためには必要なんです」。和田は説得した。

新しい缶にも挑戦した。ダイヤカット缶である。ＮＡＳＡ（アメリカ航空宇宙局）の研究から生まれたもので、缶を開けた時の側面にダイヤ状の凹凸が現れる。開缶時の内容物に対する充填のダメージの研究や製造中の缶がぶつかり合ったときの凹凸に与える影響を解決、使用に至った。

マーケットデータ
上司にビールをつがれるのはイヤ

低アルコール飲料とは、一般にチューハイやカクテル、サワーなど、ビール・発泡酒を除いた度数10％未満のアルコール飲料の総称。特に2000年販売実績35万キロリットルのうち、チューハイが29万キロリットルを占め、前年比14％の伸び率だ。楽しくお酒を飲みたいと考える20～30代を中心にアルコール飲料の市場構造は変化、ビールメーカーは総合的な酒類提供が課題となっている。

20代の好きなお酒（複数回答）

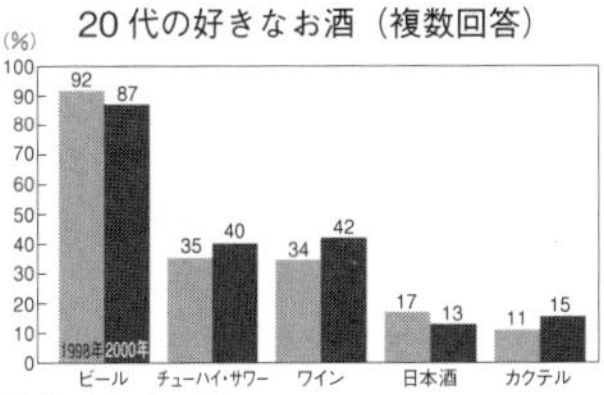

（出所）キリンビール調べ

課題は、一つひとつクリアされていった。しかし、こだわりのあまりプロジェクトの進行は遅れ、01年春に予定されていた「氷結果汁」の発売は7月に決定した。

▼市場を破壊する

今、「氷結果汁」を製造する御殿場工場は、3交代の24時間フル稼働を続けている。販売目標は400万ケースから600万ケースに上方修正され、現時点でブランド別で業界ナンバー2（ナンバー1はサントリーの「スーパーチューハイ」で、前年実績1400万ケース）となった。天然のまま氷結させた果汁。それを表現する「氷結果汁」というネーミングと、銀と青のクールなデザイン、そしてダイヤカット缶。味と名前、パッケージがぴったり合致したことがヒットにつながったと言える。

「30万キロリットルのチューハイ市場が、100万キロリットルの清酒を抜いて、ビール、焼酎に次ぐ3大酒類になる。それも可能だ」

和田が言い続けてきたことだ。和田なりのその根拠はもちろんあった。多様化に対する選択肢を提供して新しいマーケットをつくっていけば、最初に投げた「マグネット」のまわりに自然と吸引されるものがある、と。

先頭に立った開発チームは4人だが、100人を超えるグループの人間が開発に携わり、そして支援している。「初めて結実した」（田中）グループの力、それが「氷結果汁」だ。

「市場を破壊するぐらいのことをやらなければ、キリンじゃない」（和田）。共同開発の成果はその後も、続々と出ている。

（南　敦子）

「海洋酵母のワイン」（サッポロビール）

“海の酵母”からつくった変わりもの

「驚きでした」。サッポロビールワイン洋酒部課長代理の柿内望（36）は、「海の酵母のワイン」のサンプルをテイスティングしたときのことを思い出して、こう言う。甘く華やかな香り。甘口で厚みもあるが、後味はすっきりしている。「酵母で味がこれほど変わるなんて、思ってもいなかった」（柿内）。世界で初めて海洋酵母を使った「海と酵母のワイン」は、ワイン洋酒部門に2度目の赴任となった柿内にとっても、経験したことのない味わいだった。

「ぶどうだけでなく、酵母を変えることでもいい酒質ができる」

そう思い続けて研究を続けてきたサッポロワイン・ワイン研究所課長の岸本宗和（39）にとって、これこそ、求めていた反応だった。

しかし、はじめから自信があったわけではない。研究所では研究員全員が「今までのほうがおいしい。本当にこれでやるのか？」と言った。「違うね、というのがわかってもらえれば道筋は

海洋酵母が生んだ新しいワイン

（右から）岸本宗和氏、柿内望氏

つくと思ったけれど、自信がついたのは（柿内に）サンプルを飲んでもらってから」だったと岸本は打ち明ける。２０００年９月、商品化へのゴーサインが出た。

▼酵母で新ワイン

岸本は関西の大学院でバクテリアの研究をしていた。一方で醸造に興味を持っており、「ワインをやりたくて」（岸本）、１９８８年にサッポロビール子会社のサッポロワインに入社、その後は酵母の研究に携わってきた。

海洋酵母は、微生物代謝産物などから医薬品となる〝種〟を探す三共の探索研究所と山梨大学ワイン科学研究センター助教授の柳田藤寿が共同で研究を進めていたもので、00年3月に学会で発表された。柳田とは、岸本が岡山からサッポロワインの勝沼ワイナリーへ転勤して以来の付き合いである。そのため以前から海洋酵母の存在は知っていたが、岸本は、発表後の６月ごろから商品化のための研究を本格的に開始した。

収穫されたぶどうは、果汁やもろみの段階で酵母が加えられる。糖をアルコールに変える大事な役割を果たすのが酵母である。通常、ワインの酵母は、ぶどうの果実などのワイン醸造環境にあるが、海洋酵母はその名の通り、海水中に存在する。1リットル中の香りの成分が従来の2倍ほど多く、味に深みや複雑性をもたらすグリセロールの成分は１・６倍。リンゴ酸、コハク酸などキレをもたらす酸味成分も１・５倍ほど多く含むのだという。

しかし、ワインの味に大きく影響するこれらの成分は、単に豊富に含まれていればいいというのではない。これだけなら「従来の酵母の選抜基準からすると、技術屋は『やめておきましょ

バレンタイン向けにはミニボトルを用意した

う』という」（岸本）ほど突出した成分が多いのが、海洋酵母だった。

だが、岸本には思い続けてきたことがあった。「ワインはぶどうの品質で左右されるというのが一般常識だ。それを否定しているわけではないが、それだけではないはず。それに、ぶどうの品質で決まるなら、自分の存在価値もなくなるではないか」――。バランスを整えることで新しい味わいのワインができる。「絶対、変えたる」。〝酵母屋〟の意地だった。

地場産業に貢献したい。そんな思いもあった。山梨の勝沼は白ワイン用の甲州種ぶどうの産地。甲州種の特徴は、軟らかくてまろやかだが、悪く言えば複雑味のない平板な味わいで、酸味も少ない。白ワインは赤ワインに押され伸び悩み、ぶどうの栽培も減少しつつあった。海洋酵母を加えれば、新しい甲州種の白ワインができるかもしれない。

岸本は、海洋酵母の甘くバラのような華やかな香味を生かすため、味は甘口と決めた。酸味もあるから甘さを引きずらない。複雑さを持つ成分もあるから、味わいは深くなる。

ところが、海洋酵母には低温での発酵が遅いという欠点があった。低温醸造は白ワインに必須の過程である。加えて安定的な発酵はできるのか、そのために必要なのはどういう条件か。もたもたしていたら10月末のぶどうの収穫時期が終わり、仕込みができなくなる。年内にはこの商品を世の中に出したい。その思いだけをよりどころに、岸本は試行錯誤を続け、発酵条件の検討を重ねることで低温発酵の問題についてクリアした。

柿内は、サンプルを飲んですぐにパッケージ開発に着手した。透明なビンに青い樹脂のコーティングを施したボトルは海をイメージしたもの。コーティングは熱処理ではがれるため透明ボトルはリターナルビンとして再生が可能だ。環境にも配慮したこのコーティングをワインボトルに

マーケットデータ

ブーム繰り返し着実に成長 10年間で2倍に

ワインの第1次ブームは、高度経済成長によってライフスタイルが変化した1970年代だと言われる。第2次、第3次ブームを経た第4次ブームはバブル華やかなりし80年代後半、ボージョレヌーボーが牽引した。そして、赤ワインに多く含まれるポリフェノールに動脈硬化を防ぐ効果があると公表されたのを機に、健康志向もあって赤ワインが急成長。98年は過去最高の課税数量・消費量を記録し、第5次ブームとなった。その後、市場は縮小しつつも、10年前の2倍になっている。

ワイン課税数量

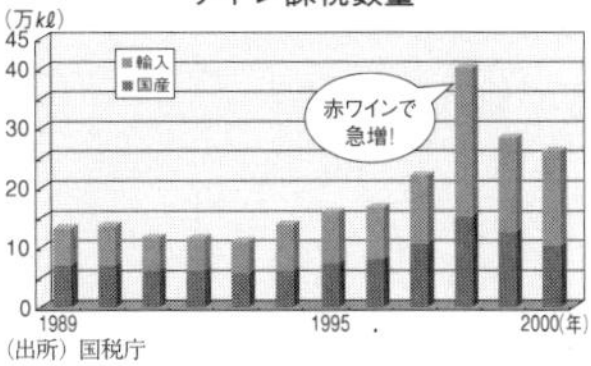

(出所) 国税庁

使用したのは、業界で初めての試みだった。ラベルも海のイメージだ。

▼固定観念を振り払う

10月10日の記者発表以後、予想を超えた反響が寄せられた。当初、3000ケース（1ケース＝720ミリリットル12本）の販売を予定していたが、「急遽、ぶどうをかき集めて」（柿内）1万ケースに増やした。720ミリリットル300円台の低価格ワインが国産ワインの6割を占める市場の中で、「海の酵母のワイン」は同1200円。もちろん国産ぶどうを100％使用しているが「リスキーだと思った」と柿内は振り返って笑う。

だが12月、総合スーパーで限定販売された「海の酵母のワイン」は売れ、1週間後には店頭から消えた。01年6月には第2弾「海と太陽のワイン」をスーパー、コンビニで3万ケース限定で発売。コンビニでは低価格ワインの売り上げは1店舗週平均1・5本のところ、夏場なのに3・3本と売り上げ増を牽引した。続く11月には国産新酒を海洋酵母ワインで投入。00年の新酒の132％の売り上げを記録した。02年3月からは通年販売にも踏み切り、国産ワインの棚で定番商品となっている。コンビニ向け商品も開発、スパークリングタイプや赤ワインなどラインアップを広げ、サッポロワインの国産ワインの柱の一つにまで成長した。

今でも研究所では、〝普通〟のほうがいいという人もいるという。けれども「〝おいしい〟と〝違うね〟が共存すればいいと思った。海洋酵母を使おうと決めて、自分でも技術屋としての固定観念を振り払った」と岸本は言う。岸本は今また、次の新しいワイン作りに取り組んでいる。

（南　敦子）

「毎朝直送新鮮野菜」(西友・JA甘楽富岡)

採れたての感動を届ける

作り手の名前が信頼集める

「どうしてこのコンニャクは温かいのだろう」

仕事で群馬県富岡市に出かけた西友食品部のバイヤー、大谷信一(45)は1997年10月、帰りがけにJA甘楽富岡が運営する産直ショップ「食彩館」にふと立ち寄った。

地元の農家が自家製のコンニャクを店内に陳列していた。再び手にすると、やはり温かい。東京生まれの東京育ち。この時まで食品売り場の冷たいコンニャクしか、大谷は知らなかった。また別の農家は、シイタケやキュウリ、レタスなどを並べていた。なかには、曲がったキュウリも含まれていた。形は悪かったが、鮮やかな緑色はいかにも美味そうだった。

「このコンニャクいただきます。そっちのキュウリも。そのシイタケも!」

▼おすそ分け野菜

富田久氏

大谷信一氏

富岡市は、かつて養蚕で知られていた。ところが中国産をはじめとする絹糸の輸入が増え、養蚕も衰退していくばかり。代わって、コンニャクイモやシイタケなどの生産が盛んになったが、今では、それも輸入品に脅かされている。若者の農業離れは加速し、ＪＡ甘楽富岡管内の農家はこの5年で、３３２戸から２３３戸へと激減した。そんななか、シイタケを栽培していた富田久(49)は、「自家栽培の野菜を販売してはどうだろうか」と、消費者への直販を思いついた。

「肩ひじ張る必要はない。むしろ、おすそ分け感覚がいい。農家が自宅で食べるために作った野菜だ。安全でないはずがない。消費者も安心してくれるはずだ」

主要産業が勢いを失いゆく危機感のなか、富田の考えに共感したＪＡ甘楽富岡が音頭をとり96年、食彩館が開店した。コンビニほどの広さの店内に、プラスチックケースが並べられた簡素な造りだった。いわば、有志による店舗経営だ。各農家には、自己責任が課せられた。値付けは自由でも、商品が売れ残れば、自ら引き取らなければならない。

「売れ残れば、自分の商品の何がいけなかったのかを考える。この不況下でリストラに遭い農家に転向した人も参加しているが、特に熱心だ。食彩館は、品質向上のトレーニング場だ」

西友の大谷が食彩館を訪れたのは、ちょうどそのころだった。自宅に帰りついた大谷の手には、ダンボール箱いっぱいの新鮮な野菜があった。半ば呆れていた妻だったが、値段を聞いて驚いた。

「例えば、当時、高騰していたレタス。小売店では３００円近くするものが、富岡では、半額の１５０円で売っていた」(大谷)。さらに、鍋で煮込んだエノキ茸を食べた妻は「こんなプリプリしたエノキは初めて」と、感心した。その姿に、大谷は確信を深めた。

「西友に食彩館を出店してほしい」

当時の大谷は、西友の店舗をプロデュースする職務に就いていた。富岡で朝に収穫した野菜を、その日の開店前までに東京都内の店舗に陳列する。それが、JA甘楽富岡に大谷が提示した考えだった。「本当にできるのか」「地元で販売するだけで利益は出ている」と農家からは、大谷の提案をいぶかる声が聞こえてきた。だが、

「こんなチャンスはない。自慢の野菜の良さを、広く知ってもらういい機会じゃないか」と、おすそ分け野菜の発案者、富田が農家の説得にまわりながら、西友側には、「みんなが継続できるためにも、農家の儲けを第一に考えてほしい」と逆に提案。「自分が欲しいと思わないような商品は出さない」との条件の下、西友がすべて買い取ることで合意した。

上信越自動車道が富岡を通っていたのも幸いした。朝8時に集荷された野菜は、地元の運送業者のトラックで都内のスーパーが開店する10時までに届けられた。実際に配送する時間に合わせて、何度もルートの確認を繰り返した成果だった。

また西友の提案で、これまで野菜の梱包に用いていた段ボール箱を、プラスチック容器に変えた。スーパーに野菜を配送したトラックが、前日使った容器を回収することで、1箱約80円の段ボール箱代が浮く。産地と特定のスーパーを結ぶ産直ならではのコスト削減策だった。

98年10月に新規オープンした西友リヴィン光が丘店（東京都練馬区）で、食品売場内のテナント、いわゆるイン・ショップとしての食彩館がデビューした。掲げたのは「朝穫り野菜」。売り場には、商品と並んで富田ら農家の写真も陳列した。「親しみやすくて、安心できる」と、消費者からも期待通りの感触を得た。予想以上だったのは、消費者が食品を見る目の鋭さだ。月日がたつうちに、なかには特定の作り手をひいきして「今日はAさんの商品がないから買わない」と

マーケットデータ

輸入野菜の脅威

輸入野菜自由化と中国野菜の流入で、国内の生鮮野菜市場は打撃を受けた。2001年4月末にネギ、シイタケ、畳表の３品目の輸入を制限するセーフガードが導入された。01年度は輸入価格は落ち着きを見せているが、以前の水準に戻ったわけではない。自ら市場を創造する取り組みが、日本の農業にも求められている。

新鮮野菜輸入量、価格の推移

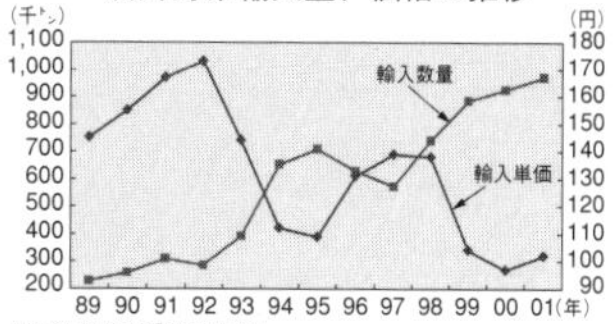

(出所)財務省「貿易統計」

言う消費者も出ているという。富田は、気を引き締める。

「商品に名札を付ける以上、いい加減なものは出せない」（富田）。

「そういう真面目な作り手が、消費者の支持を集めるのです」（大谷）。

▼「毎朝直送新鮮野菜」

おりしも、西友を買収する権利を得た米ウォルマート・ストアーズのリー・スコット社長兼最高経営責任者が来日していた２００２年5月8日、平沼赳夫経産相は「日本では、曲がったキュウリは売れない」と、語ったという。ところが当の西友では、曲がったキュウリが売れ過ぎて困っている。

今では扱い店舗数は、西友だけでも13、コープとうきょうなども含めると24にもなった。西友では、99年度に1億２９００万円だったＪＡ甘楽富岡からの出庫実績が、01年度には4億１０００万円にまで拡大した。扱い店で生鮮野菜全体の売上高に占める富岡野菜の割合は、今や平均10％になった。自由に農家が値付けするため、なかには、肉厚のシイタケが2個で１００円と高値のものもある。それでも売れた。だが、その売り上げが急増したため、朝穫り野菜も「毎朝直送新鮮野菜」へと名を変えた。需要に供給が追いつかず、少ない労働力では、朝採って梱包まで行うのが困難になってきた。「夕方に収穫せざるを得ないケースもでている」（富田）。

ＪＡの協力で営農指導なども行っているが、高品質の野菜を生産する農家の育成は、容易ではない。西友と富岡農家の取り組みは、まだ続く。

（平田紀之）

「e.v.」(大塚食品)

レトルトカレーの元祖が生んだ冷凍野菜

「ここまで増えると思わなかったでしょ。普通思わないよね。だからきちんと見せて伝えなくちゃ」。大塚食品営業本部PMM部e.v.(エッセンシャルベジタブル)担当PMMの月村雅紀(48)は、ブロック状の冷凍ブロッコリーをゆでて戻し、菜箸でつつきながら笑う。これまでになかったものだけに、いったい何だかわかってもらえない。2000年8月、これまでにない冷凍野菜を商品化するプロジェクトが始まったときから、月村の頭を悩ませていたのは、「どうすればこの商品の価値をわかってもらえるか」だった。

まるで生野菜をゆでたよう

▼世界初の冷凍技術

e.v.は、冷凍野菜で、2~3分間お湯の中で戻すと、まるで生野菜をゆでたような食感になる。さらに、特筆すべきは、例えばブロッコリーでは、縦4・5センチ、横3・5センチ、厚さ

月村雅紀氏

1・5センチ、名刺の半分ほどの冷凍ブロックが約1株分にまで増える。

これまでの冷凍野菜の技術では、解凍するときに水っぽくなってしまい、野菜本来の食感が損なわれていた。だが、大塚食品では野菜の水分を飛ばし、半乾燥状態にして凍結。そうすることで野菜の細胞壁を壊さずに保つことができ、解凍しても水っぽくならない、栄養素も損なわない技術を開発した。それは今から10年ほど前、世界で初めての技術だった。

社内ではこの技術が〝野菜をたっぷり取ることができるレトルトスープ〟などに応用できるのではないか、と商品化を目指した。しかし、なかなか思うように進まず、断念。

そうしたなか、冷凍食品の〝社会的地位〟に変化が起きていた。それまで冷凍食品といえば多くの場合、「お弁当のおかず」で認識されている程度のものであった。が、働く女性が増え、その手軽さが受けてニーズが上昇。市場自体が拡大し、味もさることながら、簡便性でも改良が進んだ。そして立派に、「料理の材料」として認知されるようになったのである。

今ならこの素材を受け入れてもらえる！　大塚食品では00年に改めて、商品化へ向けたプロジェクトチームが結成された。月村は営業担当としてメンバーに加わった。

とにかく消費者の声が聞きたい。そこでモニターの協力を得て実際の反応を聞いてみることになった。東京・渋谷や自由が丘などの街頭に立って通りすがりの人に声をかけ、主婦や学生などの単身者、50～60人を集めた。

モニターは決まってこう言った。「これいくらで売るの？　90円？　100円？」。だが、実際に調理して、手軽さや食感の良さ、場所をとらない、無駄が出ない、など商品の特徴を理解してもらうと「200円なら買うわ」「300円でもいい」という声が返ってくる。

冷凍ブロックをお湯に入れる

2、3分でゆでる

こんなに増えた！

月村は思った。
「簡便性、食感、この商品の価値がわかってもらえさえすれば、絶対に売れる」

▼どうすれば伝わるか

この小さな野菜ブロックが、実際に店頭に並んでいて、消費者の目につくのかどうか、何だかわかってもらえるのか、開発メンバーの中から疑問の声が上がった。このブロックだけではこれが「ブロッコリー」とはわからない。どんなパッケージにすればいいのか……。ぼんやり考えながら月村は、スーパーの店頭を歩いていろいろな商品のパッケージを見て回った。

そんなとき、ふと目についたパッケージがあった。平面状のパッケージに小さな商品が張りついている。商品そのものは小さいままだが、パッケージ全体はある程度の面積があるため、そこに商品説明が十分に書き込めるのだ。この冷凍野菜も、パッケージに、これは一体何なのか、ゆでるとどれくらいの大きさになるのか、どんな食感なのか、書けばいい。「これだ」。月村は開発会議でこのパッケージを提案した。が、メンバー内から上がってきた声は賛否両論。特に反対派は「安定が悪くてきちんと陳列できない」「せっかくコンパクトにしたのに、これじゃあ意味がない」「包装にコストがかかる」。

しかし、ここで月村が思い出したのは、「価値を理解してもらえればこの商品は受け入れてもらえる」ということだった。これ以上パッケージが小さくては、一体何かわからない。わからないものには手を出してすらもらえない。だから「いや、最低限これだけの大きさは必要だ」。決して引こうとはしなかった。最終的に、縦横15センチ弱の平面のパッケージに小さな野菜ブロッ

マーケットデータ

輸入野菜が圧倒的

冷凍食品市場の拡大に伴い、冷凍野菜の需要も増加している。原料となる野菜は、中国をはじめとする輸入野菜に押され、国産野菜が減少の一途をたどっている。

日本における冷凍野菜生産輸入推移

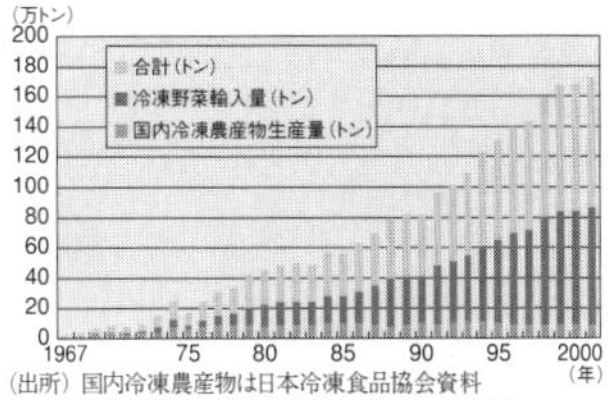

（出所）国内冷凍農産物は日本冷凍食品協会資料
冷凍野菜輸入量は「日本貿易月表」（財務省）

クを二つ貼り付けることに決定した。価格はモニターの声を参考に240円となった。

01年4月23日、テスト販売が開始された。商品名は「e. v.」。直後のゴールデンウイークも休みなく、月村は販売員の女性とともに店頭に立ち続けた。ある女性が立ち止まってe. v.を試食した。「あら、これいいわね」と言う。が、そのまま立ち去ってしまった。月村は急いで追いかけた。「なぜお買い求めいただけなかったのでしょうか」。女性は「これから出かけるから。溶けちゃうでしょ」。実は、e. v.は一度溶けても再冷凍が可能な商品だった。それを説明すると「それなら」と女性はe. v.を手にした。これまでなかった商品だけに、消費者への説明が何よりも大事。ここでもやはり月村はその結論にたどり着いた。

02年3月、関西・関東地区の限定ながら販売が開始されるにあたり、月村はテレビCMで、この商品は一体何なのかを説明する必要性を訴えた。が、これまで冷凍野菜にわざわざCMが使われたケースはほとんどない。しかもCMを作るとなれば制作費は億単位となる。「そんなに投資するほどの価値があるのか」という社内の反発もあった。が、「それでもCMは必要なんだ」。月村をはじめ開発メンバーの思いは会社のゴーサインを引き出した。

その月の15日、e. v.は、ブロッコリー、キャベツ、カリフラワー、小松菜の4種類で販売が開始された。その後4月6日にテレビCM放映を開始。すると、消費者からの問い合わせが一気に増加。それに伴い売り上げも急上昇した。

これまでに「一人暮らしをする孫にすすめた」「登山のときは野菜を取るのが難しかったがこれなら山でも野菜が食べられる」といった声が月村に寄せられている。そんな声に後押しされて、「e. v.とは一体何なのか」を消費者に伝える月村の日々はまだまだ続く。

（山出暁子）

安全

「高強度プラスチック」（マツダ）
「赤外線カットガラス」（旭硝子）
「居ながら免震」（鹿島）
「ココセコム（人物・車両向けセキュリティサービス）」（セコム）

「高強度プラスチック」（マツダ）

部品の軽量化と強さ

マツダ技術研究所の主幹研究員、藤和久（42）、同主任の栃岡孝宏（36）らは1998年春、プラスチックを鋳型に流し込む「射出成型機」を前に、たたずんでいた。

藤ら技術研究所の面々は、部品の素材となるプラスチックの研究開発に取り組み、幾度となく試作品のテストを繰り返したが、満足のいく成果が得られなかった。衝撃テストをすると、試作品は割れた。「これ以上の強度は出せないのか」。メンバーは、途方に暮れていた。

スポーツ性を重視した「アテンザ」

▼屈辱のプロジェクト中断

自動車業界では80年代以降、欧州の自動車メーカーが導入した、部品の「モジュール化」が注目された。モジュールとは、小さな部品を一つのパネルに集約し、これをあたかも一つの部品とみなすこと。例えばエンジンルームには、ラジエター、コンデンサーなど、様々な部品が配置さ

（後列右より）小川雅規氏、岡崎健氏、藤和久氏
（前列右より）杉本健一郎氏、栃岡孝宏氏、

れている。これらの部品は、メーカー工場のラインを流れてくる車に組みつけるのが通例だった。だがモジュール技術を用いれば、外部の企業にモジュールごと発注し、工場ではそのモジュールを組みつけるだけでいい。作業が大幅に簡略化され、コストダウンが図れる。

欧州のメーカーは、グラスファイバーのマットを重ねたプラスチック板を熱プレスし、軽量で強度のあるプラスチック基材のモジュールを製造していた。マツダも90年代初頭から4年ほど、同様のモジュールを検討した。だが、材料メーカーからマツダに持ち込まれる素材で同様の手法を試すと、採算が取れなかった。

そこで、フロント部のモジュール基材の生産技術開発を担当した杉本健一郎（39）は、プレス以外にも、溶かしたプラスチックを鋳型に流し込む射出成型の技術をも検討した。射出成型ではプレスより複雑な部品が容易にでき、部品点数が削減できるからコストも抑えられる。だが既存の素材では、商品化に耐えうる強度が出なかった。

94年、マツダのプロジェクトは中断。「欧州のメーカーに負けたくなかったが、コストには勝てなかった」と杉本は振りかえる。

マツダがフロント部のモジュール基材の見送りを決めたころ、プラスチックを専門とする藤は、独フランクフルトのマツダの研究施設に赴任していた。現地の大学の研究所を視察しては、射出成型プラスチックのモジュール基材への実用化をにらんだ研究に熱中する他社の技術者らの姿に触れ、「近い将来、欧州のメーカーはこの技術を完成させるに違いない」と危機感を募らせた。

だがよく見れば、研究者らは、グラスファイバーを、プラスチックに混ぜ合わせる技術で四苦八苦していた。本来は、ワラの入った土壁のように、プラスチックの中で長い繊維が絡み合ってこそ、ファイバーの強度が生きる。だが、作業中に繊細なファイバーは切れ、短くなってしまうのが課題のようだった。

96年に帰国するや、藤は杉本のもとを訪れた。欧州の状況を熱っぽく語る藤に杉本は、分厚い資料を持ち出してきた。94年に中断したプロジェクトで蓄積したデータを、杉本は大事に保管していた。

「藤さん、やるなら世界で一番乗りをやりましょう」

▼愛妻の味噌汁

一度断念したプロジェクトの再開だが、上司の岡崎健（52）はうなずいた。「開発に失敗はつきものだ。やってみればいい」。97年7月以降、研究は本格化した。

かつて、藤がガラス繊維より繊細な液晶ポリマーの繊維の研究で用意した器材を用いると「読み通りの手応えが感じられた」（藤）。国内外から市販の材料をかき集め、実験に次ぐ実験を重ねた。

ところが、再び行き詰まってしまった。ファイバーの長さの確保は予想外に難しく、製品化できる強度が出せなかった。98年初には、部品化するテストを見こみ、大型の射出成型機の製造も始まった。プロジェクトのメンバーは、追い込まれていた。

そんな98年4月の早朝。栃岡は、寝静まった我が家に帰宅した。子どもはもちろん、妻も寝ていた。食卓には、妻が用意しておいてくれた夜食があった。「いつも遅くて申し訳ない」。そんな思いで、好物のそうめん入り味噌汁を食べた。

マーケットデータ

欧米ユーザーへもアピール

従来、自動車が正面から衝突すると、ラジエターなどの高価な冷却関連部品まで破壊された。だが、衝突でかかる圧力に対し、一定レベルまでは鉄よりプラスチックの方が強度が出る。それに着目した主任の小川雅規(42)をはじめ車両開発担当者らは、衝突の初期に高強度のモジュール基材で部品を保護し、その後、さらに圧力がかかるとモジュールの腕を折り後部に部品を逃がす技術を提案。部品の再利用を容易にした。「リサイクルなど環境への意識が高い欧米ユーザーにアピールする」(栃岡)。

日本車の国内外販売台数比

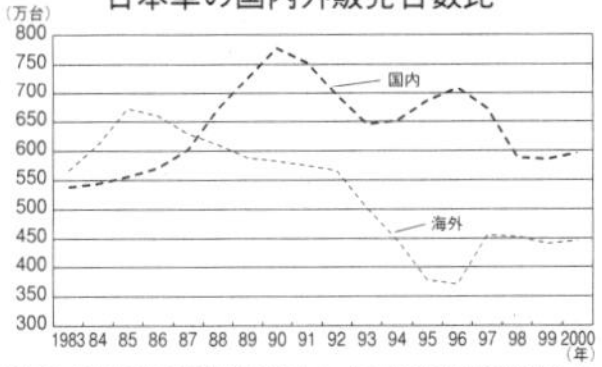

(出所)日本自動車販売協会連合会、全国軽自動車協会連合会、日本自動車工業会

研究の疲れから解放されつつ、お椀の底にたまった味噌をかき混ぜたとき、栃岡の頭に、不意にイメージが広がった。

「これだ!!　これを試そう」

栃岡は、メンバーに説明した。

「ぬか味噌の中でそうめんをかき混ぜたらどうなりますか。ちぎれますよね。でも、味噌汁の中では、どんなにかき混ぜてもちぎれない」

射出成型で強度のある部品を作るためには、粘度の高いプラスチックを用いるのが常識だった。だが栃岡は、基材となるプラスチックの粘度を思い切って下げるよう提案。メンバーは半信半疑のまま、鋳型に軟らかいプラスチックを流し込んだ。

すると、これまでとは違い、張りのある部品ができあがった。「ファイバーの繊維が絡み合っていた証し」(藤)だ。衝撃テストをすると従来の3倍の成績で、耐熱性能も120度まで耐えられる十分なものだった。メンバーは「文字通り跳び上がって喜んだ」(藤)。

高強度プラスチックは、ドア内部のモジュール基材として、またラジエターなどの部品を統合するフロントのモジュール基材として、2002年5月に発売された新車「アテンザ」から搭載された。同じ強度を出すのに鉄を用いるのと比べ、フロント部が約10キロ軽量化されるため「車の動きがハンドル操作にダイレクトに反応するようになる」(マツダ広報渉外本部)という。

「意のままに操れる楽しみがなければ、自動車ではない」(岡崎)。隠れた部品にも、マツダマンの矜持が息づいている。

(平田紀之)

「赤外線カットガラス」（旭硝子）

車でも日焼けしたくない
“ジリジリ感”軽減

1994年、旭硝子の営業部自動車機材グループ主席、村野忠之（36）らは、悔やまれる決断を下した。太陽光に含まれるUV（紫外線）を軽減する、UVカットガラスを世界で初めて自動車メーカーに納入したときのことだ。

「コーティングにしましょう」。大量に生産するならガラス自体にUVカット成分を含ませた方が割安だが、数が出ないならば、ガラス表面をコーティングした方がコストが抑えられる。まだUVカットガラスへの世間の認知も少なく、それほど多くの需要は見込めない、と踏んだ村野らは、後者を選択した。ところが、UVカットガラスを搭載した車が発売されて間もなく、自動車メーカーから知らせが入った。

「ユーザーからの評判が予想以上に良い。増産してくれ」

あとの祭りだった。村野らが選択した「コーティングする方法」では、大量生産に容易には対

紫外線の遮断を実感させる赤外線カットガラス

（右から）小西正哲氏、大庭和哉氏、村野忠之氏

応できなかった。村野は口惜しそうに振り返る。

「最終ユーザーのニーズを見誤り、大きなビジネスチャンスを逃した」

▼同じ轍は踏むまい

部品メーカーである旭硝子は従来、直接の顧客となる自動車メーカーからの指示で、商品を開発、販売するケースが多かった。自動車販売台数が右肩上がりだった時代は、それでも良かった。ところが98年ごろから、自動車販売台数が頭打ちとなり、加えて95年あたりから、自動車メーカー各社は、部品調達先を国内のみならず、世界中の企業から募り始めた。

「付加価値のある製品を作り出さなければ、いずれジリ貧になる」。いかに国内6割のシェアを誇る旭硝子とはいえ、危機感は募った。では、どのような付加価値を付ければよいのか。自動車ディーラーから受け取ったアンケート結果では、自動車ガラスへの不満は特に聞かれなかった。それでも、UVカットガラスの一件で煮え湯を飲まされた思いの村野らは、にわかに得心できない。「直接、ユーザーの声を聞こう」とインターネットでアンケートを募る一方、東京モーターショーなどのイベント会場では、来場者をつかまえては、直接、聞き取りをした。そしてついに、調査会社を通して行った主婦らの座談会でヒントを得た。

「運転中に、日差しのジリジリ感が気になるのよね」「そうそう、日焼けが心配だから、日焼け止めクリームは欠かせない」

主婦らの声に村野らは気づいた。「ユーザーは、ガラスは変えようがないと諦めていただけだ」。事実、90年代末ごろには、紫外線を9割以上カットするUVカットガラスが、女性ユーザーが多い小型車や軽自動車の9割以上で既に採用されていた。車内にいる限り、日焼けはほとんどしないと考えていい。にもかかわらず、日焼け止めクリームを塗って運転したり、UVカットのフィルムやガラスコーティング剤を手に取る女性が少なくなかった。

「ユーザーは、自分の車にUVカット機能があると知らなかった。あるいは知っていても、依然、直射日光のジリジリする熱さを感じていたから、UVカットの効果が信用できなかったのだろう。日差しのジリジリ感をカットしなければ」（村野）。

従来、ガラスの遮熱効果を計る尺度は、車内に入り込む熱量を「日射透過率」という物理的な指標で計測してきた。ところが、村野から製品開発の依頼を受けた技術開発部長の大庭和哉（50）は「ユーザーの声を反映する新しい指標が必要」と考え、「人間が感じる日差しの〝ジリジリ感〟を計測できないか」と、中央研究所の小西正哲（35）にもちかけた。大庭から渡された注文に、一度は頭を抱えた小西だが、「人の感覚といった生理的な指標を作り出すなど、いままでなかった考え方だ。可能ならば面白い。ひとつ自分の創造力を試してやろう」と、思い直した。

光には、様々な波長がある。短い波長から順に、紫外線、可視光線、赤外線と大きく分けることができる。なかでも赤外線は、モノに吸収されて熱に変わる。赤外線をカットすれば、熱さは抑えられる。太陽光を手に当て、熱さを感じる温度を調べた。分析の結果、通常、肌の表面温度は33～34度の間で個人差があるものの、平常温度から約1度上昇したらジリジリ感を感じ始めることで共通しているとわかった。小西らは、ガラスが全くない状態で日光を照射したとき肌の表面温度が1度上昇するまでの時間、およそ13秒を、基準指数の「10」とする全く新しい指標、SHF（Skin Healing Factor）を考案した。

マーケットデータ

増加する女性ドライバー

女性ドライバーが急増している。1989年に全ドライバーの4割だった女性ドライバーが、99年には、ほぼ5割に達する勢いだ。しかも、89年には自ら運転する女性と助手席に座る女性の割合がほぼ同じだったのに対して、99年には、自らハンドルを握る女性の割合が助手席に座る女性の約2倍になった。「赤外線カットガラスが普及すれば、女性ユーザーが多い小型車や軽自動車にも採用されるはず」と村野らは期待している。

女性と自動車の関わりの推移

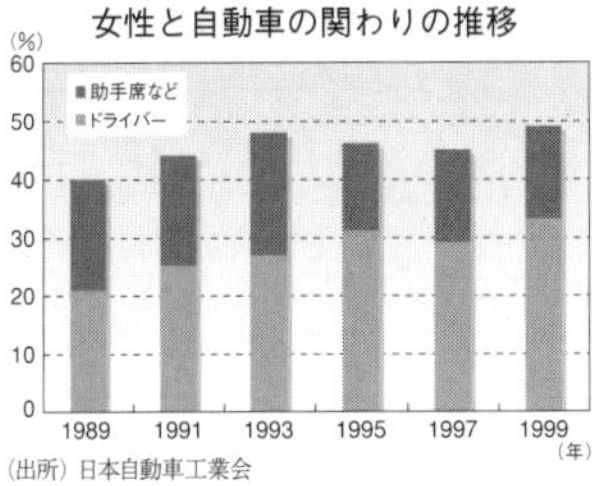

（出所）日本自動車工業会

「通常のドライブであれば、60秒以上連続して車内に日光が差し込むケースは少ないとわかった。目標は、ＳＨＦ45に定めた」（小西）。

ＳＨＦ45にすれば、ジリジリ感を感じるまで約58秒の時間かせぎができる。渋滞や駐車中など、直射日光に長時間さらされるケースはともかく、これでジリジリ感なく、快適なドライブが楽しめる計算だ。

大庭のもとでは、小西らの研究に並行して、２ミリ厚のガラスで挟む０・８ミリ厚の赤外線カット層の素材の研究が進められていた。「従来は、電波障害が発生するケースがあった。だが、これから普及が見込まれるＥＴＣ（自動料金収受システム）など、日本のドライブシーンでは、外部との電波のやり取りが重要になる」（大庭）。可視光線を遮断せず、かつ電波に影響を与えない、しかも赤外線を効率よく吸収する素材――。選び出した素材の候補は数百。それぞれ粒子の形や量の多少を数十通りずつ変えながら、実験を繰り返した。

▼採用車増える

そして、２００２年の5月、電波障害がない世界初の赤外線カットガラス「クールベール」は、トヨタ自動車のＲＶ車「アルファード」、日産自動車の同じくＲＶ車「エルグランド」の高級グレードに搭載され、デビューした。以来、海外メーカーを含め、各自動車メーカーからの問い合わせが、相次いでいるという。だが、これで終わりではない。

「今後の課題は、目に見えない効果を最終ユーザーに広く認知してもらうにはどうするか、です」。日焼けした村野の口許からは、白い歯がこぼれていた。

（平田紀之）

「居ながら免震」（鹿島）

引っ越しせずに地震に備える

鹿島の構造設計グループ、上野薫（53）は、阪神大震災のちょうど1年前の1994年1月17日、米カリフォルニア州で発生したノースリッジ地震の被害調査に赴いた。視察したオリーブビュー病院は、一見無キズだった。同行した関係者は誇らしげに語った。

「どうです。我々が作った病院をご覧なさい。びくともしていない」

地震の揺れに強い建物の構造は、主に三つある。①躯体（建物の骨組）そのものを頑丈に作る「耐震構造」、②建物内部の設置したダンパで地震力を減らす「制震構造」、③建物に入ってくる地震動をカットする「免震構造」――がそれだ。当時のアメリカでは、耐震構造が主流だった。地震をしのいだオリーブビュー病院も、耐震構造を持つ建物の一つだった。ところが、地震後の病院内では、スプリンクラーの配管が破れ、水浸しになっていた。激しい揺れに、医療器具などの什器は外部に飛び出し、もはや、病院としての機能を持っていなかった。患者らは〝青空診

人を乗せたまま柱をカットする工法

（右から）蔵持哲男氏、上野薫氏、朝日昭博氏、阪本正雄氏、大村敏夫氏、鶴谷巌氏

療〃を余儀なくされていた。その光景に、上野は痛感した。

「たとえ建物が残ろうが、肝心なときに機能しなくてはダメだ。耐震構造には限界がある」

▼「免震でなければ」

95年1月17日。いつも通り出勤した上野は、喫煙所に設置されているモニターに映し出されるニュース映像に何気なく目をやり、あぜんとした。火炎に包まれる街並みや、高速道路の倒壊現場――６４３２人の犠牲者を生んだ、阪神大震災だ。

兵庫県出身で鹿島東京支店の阪本正雄（52）は、真っ先に関西支社の同僚の自宅に電話をかけた。「電車は不通です。自分が造ったビルが気になると言って、主人は自転車で三宮まで行きました」。電話口の向こうから、夫人の震える声が返ってきた。

鹿島は、震災直後から社員を募り、被災地の復興支援に当たった。と同時に、建造物の被害状況の調査も行った。それまで地震の被害を受けないと思われていた阪神地方では、耐震構造の建物で十分とされていた。だが、旧い基準で造られた建造物は、震災でモロさを露呈した。

「既存の工法が、自然の前では全く無力だった。技術者としての自信が、打ちのめされた」

アメリカで耐震構造の欠点を目の当たりにした上野は、震災の調査が進むにつれ、免震技術の必要性をますます強めていった。建築技術本部の鶴谷巌（55）、大村敏夫（54）、蔵持哲男（53）らのもとには、「今あるビルを、地震に耐えられる建物に改造できないか」との情報が、営業部隊から送られてきた。震災の報道を通じ、全国の消費者も、災害への備えを意識し始めていた。

とはいえ、地震対策として需要が伸び始めたのは、従来からある耐震補強が中心だった。せっかく免震技術に興味を示すビルオーナーらがいても「工事に伴う引っ越しの費用が無視できない」「工事の間に、テナントが離れてしまう」と二の足を踏んでしまうケースが、市場調査を受け持つ蔵持のもとに寄せられていた。

鹿島は翌96年春、社有施設の耐震性能を調査した。基準に満たない建物は、建て直すか補強をする計画だった。調査の結果、都内の社宅が該当した。61年に建てられた社宅は構造上、耐震や制震構造への改修が難しいとわかり、免震技術がにわかにクローズアップされた。しかも「引っ越しせずに工事できないか」との消費者の声に、入居者が生活したまま工事を進める「居ながら」の工事に挑戦することになった。震災の年の暮れ、12月には「耐震改修促進法」が施行され、追い風になった。さらには「ウチがやらずしてどこがやる」との社風から全社的なプロジェクト「居ながら免震」が動き出した。

▼いざ、その時の緊張感

免震構造では、建物の中に緩衝材となる積層ゴムを据える。建物を積層ゴムの上に載せれば、地震の揺れがきても、ゴムが変形して衝撃をかわすため、上の建物の揺れが少なくなる仕組みだ。

既存の建物を免震構造に改修するためには、すべての柱を切断する必要がある。柱の下に積層ゴムを据えるためだ。世界でもほとんど類例のない工法だ。工事の中核を担った鹿島東京支店の朝日昭博（43）は、

「柱を切断する際、たとえ数ミリでも建物が沈み込めば、他の梁や壁に異常な負担がかかって亀裂が生じる可能性があった」

マーケットデータ

地震大国で期待される市場の伸び

建設経済研究所によれば、新耐震基準以前に建設された非木造建築物が1996年4月には220万棟存在。耐震改修への投資額が約23兆円とされていた。加えて、同研究所の「建設市場の中長期予測」によれば、既存建物のリニューアル市場は維持・補修に限定しても、2000年の約21兆円から2020年には約30兆円規模になる。「地震大国日本では、地震後にも建物の機能を維持する免震技術がますます注目されるはず」（大村）

リニューアル市場の推移の予想

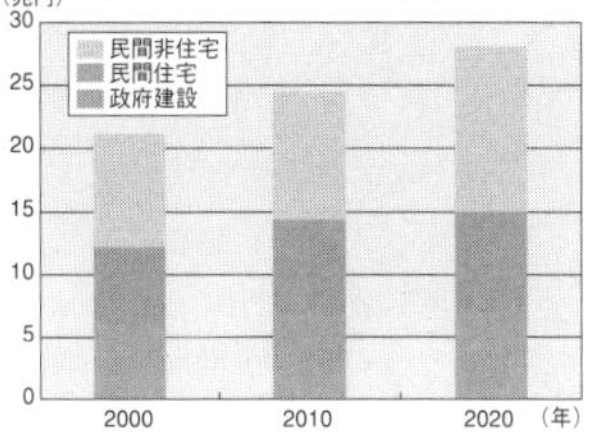

（出所）建設経済研究所

と、語る。全く新しい工法だからこそ「消費者に提供する前に、施工方法を確立する必要があった」わけだが、問題は、集合住宅などの家屋を対象とするケースだ。事業所などとは異なり、住宅には24時間つねに人がいる。工事の安全性を測りかねたのか、建設省（当時）、東京都、豊島区など行政側も、鹿島の計画にはなかなか首を縦に振ろうとしなかった。計画の調整役を担った鶴谷が言葉をつなぐ。

「まかり間違えば、倒壊する恐れもないとは言えない。改修の対象となった社宅は、社有施設とはいえ、入居者の従業員らにとっては生活の場でもある。前例のない工法だったため、慎重に工事計画を練った」

安全性はもとより、工事の振動や騒音にも配慮し、可能な限り影響の少ない機材を選別。工事への不安を訴える入居者には、作業中に隣接する独身寮へ退避してもらう用意もした。行政への許可申請から1年。ようやく工事の許可が出た。

万全を期して臨んだ柱の切断作業には、計画にかかわるほとんどの人間が立ち会った。阪本が振り返る。

「ワイヤーソーが柱を切断した瞬間、傾きはしないかと口から心臓が飛び出す思いだった」

だが、杞憂に終わった。事前に計算された通り、柱の沈みは発生しなかった。

「これまで積み上げてきた技術が結集された瞬間だった。後日、他の社宅に住む人たちからウチも工事してくれとせっつかれた」と、大村は苦笑する。

これまで7例の実績をもつ居ながら免震の工事は、自治体の庁舎などで今日も続けられている。

（平田紀之）

「ココセコム（人物・車両向けセキュリティサービス）」（セコム）

どこにある、どこにいる、をピンポイントで知らせる

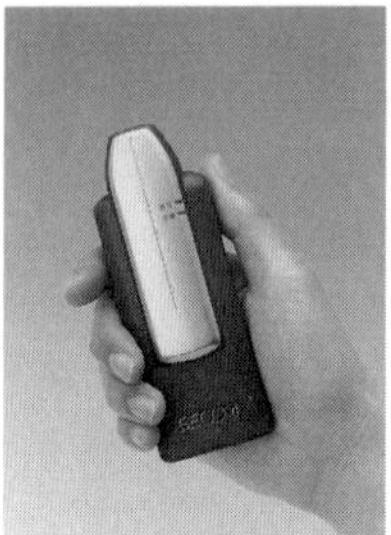
端末は携帯電話ほどの小ささ

セコム開発センターシステム7チームチームリーダーの松本憲一（41）は長い間、人や車など移動するものへのセキュリティシステムを開発したい、と思っていた。

小さな端末を持つことによって、徘徊老人や誘拐事件など、行方がわからなくなってしまった人の位置を特定できたり、自動車やバイクが盗まれたときに、どこへ運ばれていってしまったか位置がわかるシステムがあったらどんなにいいだろう、と。そして、そのシステムの開発は社内全体の課題でもあった。そのためには精度の高い測位通信技術が絶対に必要だった。だが、既存のものはどれも精度が悪すぎた。おおよその位置がわかっても仕方ない。人や車を発見するにはピンポイントで測位できなければならないのだ。実現できないことに、社内中が歯がゆい思いをしていた。松本もそうだった。

ところが、２０００年5月、測位精度の高いアメリカの軍事用ＧＰＳ（全地球測位システム）

（右から）赤澤博之氏、松本憲一氏、佐藤俊彦氏

のデータが民間へ提供されることになった。それにより、詳細な位置を特定する技術を持つ米クアルコム社と組めば移動体へのセキュリティサービスが実現できそうなことがわかった。さっそくプロジェクトチームが作られた。クアルコム社にセコムが考えるサービスの内容を説明し、協力を要請した。世界で初めてのサービスにクアルコム社も興味を持ち、プロジェクトが開始されることになった。サービス開始時期は01年4月。開発期間は1年未満。「時間がない」と松本は思った。

▼前例がない故の難しさ

プロジェクトは、センターシステムの構築、ネットワークの開発、端末開発の三つに分けられた。全体を仕切るのが松本の役目となった。

すべてのものが一からの開発だった。クアルコム社とのやりとりもある。国内では通信キャリアのＫＤＤＩにも協力を要請していた。

「簡単な開発ではないし、期間も十分ではなかった。ただ自社だけではなく、いろいろな人が関わっていたため、セコム側の人間が不安気な素振りを見せて士気が下がるようなことは絶対にできない、と思っていた。そして、世界で初めてのシステムを開発するんだ、という信念を絶対に崩さぬよう、社内のメンバーに繰り返した」（松本）。

開発センター開発管理グループアシスタントマネジャーの佐藤俊彦（46）は端末開発を担当。人が身に付けるのに邪魔にならない、自動車やバイクに取り付けて発見されにくい大きさが要求された。しかも、今や携帯電話を誰もが持っており、端末というのはこれくらいのもの、という

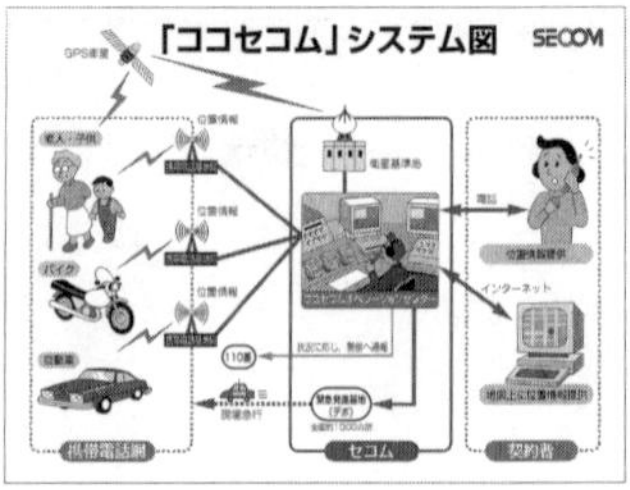

感覚が出来上がっている。携帯電話より大きくては受け入れられない。

とりあえず試作品を作ってみた。できた端末は69グラム。これでいける、と佐藤は思った。が、その直後、59グラムの携帯電話が発売されるという情報が入った。「それなら55グラムだ」という指示が出た。長く使ってもらう耐久性を考えれば強度も重要になり、ある程度の重さは必要になる。「55グラム？　そんなの無理だよ……」。そう思ったが、とにかくやるしかない。端末を解体し、ネジ1本0・1グラムを一つでも減らせないか、側面のゼロコンマ数グラムを削れないか、端末とにらめっこする日々が続いた。

プロジェクトが進むうち、一番問題となったのは、端末とネットワークが融合したデータを、測位計算するコンピュータに伝えられないことだった。つまり、肝心の測位ができないのだ。10月を過ぎても測位ができないため、強化チームが新たに編成された。プロジェクト開始当時は、センターシステム開発の担当だった開発センター移動通信チームチームリーダーの赤澤博之（40）も、このとき測位チームに抜擢された。

屋外に出て試してみたとき、全く測位できないことに赤澤は驚いた。クアルコム社の技術者に聞いてみても、「アメリカでは確かにできる。なぜ、君たちにはできないんだ」と言われる。なぜだろう？　突き詰めていくうちに、アメリカと日本では環境が大きく違うことがわかってきた。ビルの谷間で測位をする、といっても、広いアメリカと狭い中でビルが隣接している日本では、通信環境は違いすぎた。なぜ日本でできないのかを伝える意思疎通にも時間がかかった。

00年12月の初めから赤澤はホテルにカンヅメになって朝9時から夜中1時まで、ろくに休みもせずに測位を続けた。夜中の2時になると決まって上司から「今日はできたか」という電話が掛

マーケットデータ

手口巧妙化で盗難増加

自動車の盗難が増えている一方で、盗難の手口が巧妙化し、検挙件数は低下している。自動車・バイクは盗難後ナンバープレートを変えられてしまったり、海外へ持っていかれたりしてしまうため、検挙するのが難しいのだという。

自動車盗難件数の推移

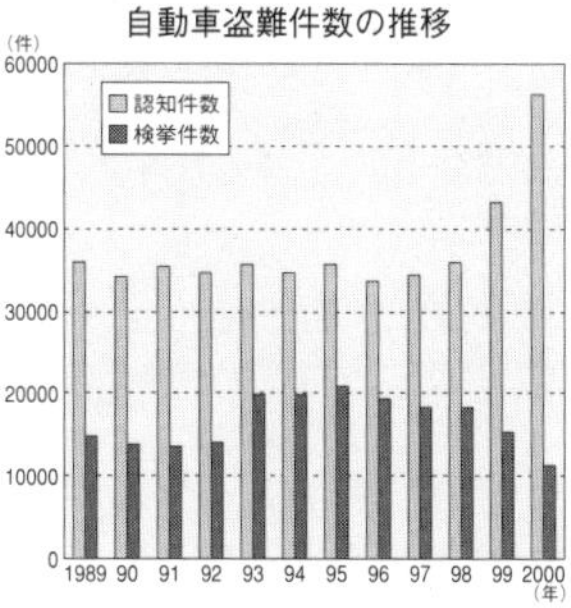

かってくる。「ベッドの上で正座をしながら、『いえ、ダメです』と答えていた」（赤澤）。

ホテル生活が始まってから2週間たった12月15日の夜。いつものように測位をし、あと1回だけやったら今日はもう引き上げよう、と考えていたときだった。端末がきちんとコンピュータに居場所を伝えたことを示したのだ。やったぞ！　初めて測位できた瞬間だった。

測位に成功した後、プロジェクトは測位の精度を上げることに全力が注がれた。日本全国、あらゆる環境で正しく測位されなければならない。赤澤も全国を飛び回った。こんな環境なら測位できる。そうした定義を一つひとつ作りあげていった。

▼それが生きた瞬間

期日だった01年4月。「ココセコム」サービスは無事に開始された（月額基本料金５００～２４００円。加入料金５０００円、付属品代２０００～１万９４００円）。「実は、端末が55グラムにできたのは2月に入ってから。測位がこれで大丈夫だ、と確信できるレベルに達したのは3月の半ばでした」（松本）。

01年11月27日、ＪＲ東京駅で、1億円以上の宝石の入ったバッグが置き引きされる事件が発生した。犯人は外国人の男2人。約15キロ離れたＪＲ阿佐ケ谷駅前で逮捕された。１１０番通報から犯人逮捕までに要した時間は約1時間。早期逮捕の決め手は、バッグに入っていた防犯用発信機だった。これによって容疑者の逃走経路が分刻みで特定できたのだ。

このニュースが流れたとき、松本は思わずニンマリした。そう、この防犯用発信機こそ「ココセコム」だったのだ。

（山出暁子）

技術

「ファーストスキン（競泳用水着）」（ミズノ）
「写メール」（J-フォン）
「デジタルビデオ　KD-400Z」（コニカ）
「LIM日本語ビットマップフォント（小型液晶文字）」（リム・コーポレーション）
「高速おから発酵処理機」（エキカコーポレーション）

「ファーストスキン（競泳用水着）」（ミズノ）

「3％の壁」
ミズノ、東レ、英スピード社共同開発

微細な溝が刻まれた水着

アトランタ五輪が終わった直後の1996年。4年後のシドニー五輪に向けてミズノ社内では、競泳用水着を開発するチームのミーティングが、開かれていた。

ロス五輪が行われた84年あたりから、競泳用水着の開発では、表面をどれだけ滑らかにできるかが課題とされてきた。しかしそれも、アトランタ五輪が開催された96年には、すでに技術的な限界に達しようとしていた。ミズノの製品も、滑らかさの理想とされるガラスの表面に、あと3％の水準にまで近づいていた。

「ラスト3％の壁をどうやって越えるのか」

常識的な発想では、飛躍的な向上は望めない。何か画期的なアイデアが必要だ、とメンバーの誰もが気づいていた。

思いつくままに意見を出し合うブレーンストーミングの席上で、商品開発部ウエア開発課の技

松崎健氏

師で、開発チームのリーダーでもある松崎健(44)が、10年前の出来事を思い出しながら、つぶやいた。

「――サメの表皮を真似てみたらどうだろうか」

▼恩師の置き土産

81年にミズノに入社した松崎は、競泳用水着の素材を研究する、商品開発部に配属された。それまでの水着開発では、選手の着心地や泳いだ感覚などの「勘」に頼っており、84年のロス五輪までは、選手の体にどれだけ水着がフィットするかが追求された。

競泳用水着の開発で科学的なデータを重視し始めたのは、ちょうど松崎が入社したあたりからだ。しかし当時、水着を専門に研究していた学者は数えるほどしかいなかった。駆け出し研究員だった松崎は、数少ない文献に片っ端からあたった。

「文献を漁っているうち、当時東京大学の教授だった田古里哲夫先生を知った。突然訪問した私を先生は快く迎えてくれたうえ、民間の研究施設を紹介してくれた」(松崎)。

田古里教授と松崎は、研究施設でよく顔を合わせた。その度に2人は、水の抵抗について意見を交換した。そんな10年前のある日、田古里教授が言った。

「知ってるか。一見、滑らかに見えるサメの表皮は、実は凸凹しているらしいぞ」

マグロなどの回遊魚は、流線型の魚体が水の抵抗を抑える。かたやサメの体形は、水の抵抗を受けやすい。にもかかわらず、両者の全速力は、ほぼ同じだとわかっていた。それでサメの表皮に何か秘密があるはず、と教授はV字型の溝が刻まれた、サメの表皮のイラストを見せた。

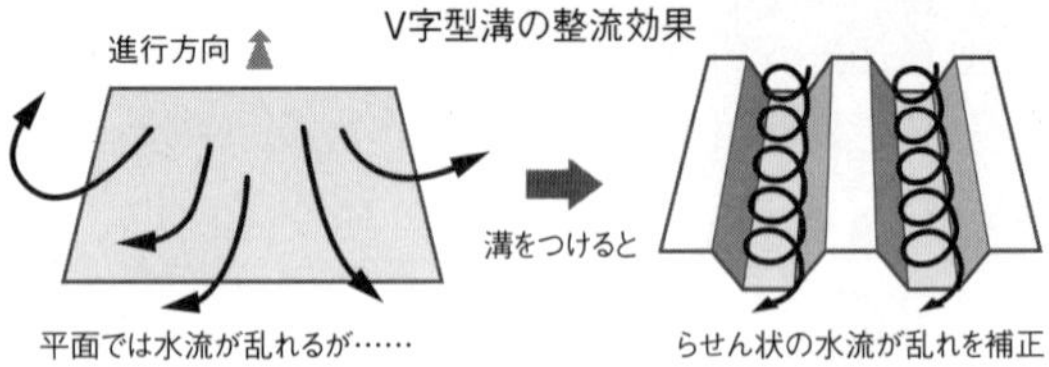

なぜ、V字型の溝があると速く泳げるのか。いくら表面を滑らかにしても、水と接触する面の水流は微妙に乱れ、それが、泳ぐときの抵抗になる。ところがV字型の溝を進行方向と平行に刻めば、推進力が加わると、溝の中を通過する水との間に強力ならせん状の水流が生まれる。その強力ならせん状の水流が、水着の表面に発生する乱れた水流を打ち消し、補正するからだ。

それからほどなく、職場に一本の電話が入った。「田古里教授が亡くなった」。

職場で電話を受けた松崎は、冷静に訃報を受け止めた。しかし、「個人的にも慕っていたうえ、研究のうえでも頼りにしていた。まるで羅針盤を失った船のような心細さだった」（松崎）。

それから数年が経過した。苦手な英語で書かれた海外の文献にも、辞書を片手に取り組んだ。

シドニー五輪を4年後に控えたミズノの新素材開発チームでは、いくつかのアイデアが持ち寄られた。そして、1年あまりたった98年2月、試作品でその効果が実証された松崎のアイデアが、最後に残った。

研究所で試作品が出来上がると、今度は量産体制を整えるため、繊維を供給する東レとの共同研究が始まった。

ところが、事はうまく運ばない。水着の生地は、プラスチックなどと違って柔らかい。水流を発生させるために必要な、シャープな溝をつけるのが難しい。試作品の中には、溝の幅が太すぎてかえって水の抵抗が増したものもあった。東レから量産品のサンプルが送られてくるたび、松崎は頭を抱えた。これじゃない、と何度も試作品を突き返した。

「研究者は誰しも、自分の研究成果が世の中を変えるに違いない、と信じて研究に励む。我々も、自分たちの研究に自信を持っていた。だから中途半端にしたくなかった」

マーケットデータ

健康志向で水着の需要も増加

スポーツ産業研究所（愛知県名古屋市）の魚住弘一氏によると、2000年の競泳用水着の市場規模は売上高でおよそ180億円と推計され、95年の147億円から拡大してきている。競泳用水着の市場は、レーシング（競泳）用とスクール用、フィットネス用の三つに分けられており「消費者の健康志向を反映して、40～50代を中心にフィットネスでの需要が拡大している」と魚住氏は言う。

競泳用水着の国内市場シェア
（ミズノ調べ：2000年、カッコ内は商品ブランド）

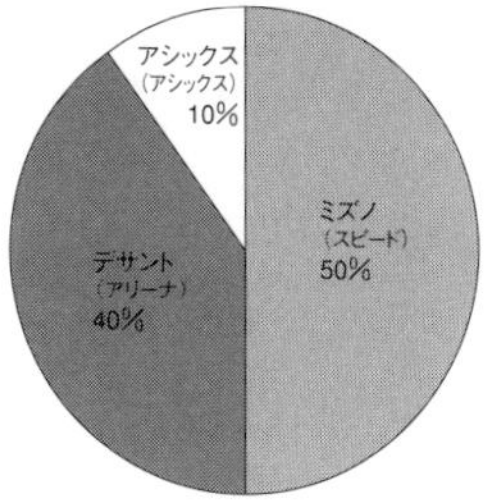

とはいえ、時間は限られていた。どんなに画期的な製品でも、次の五輪に間に合わなければ、意味がない。入社から18年。松崎はこのとき、一人の研究者としてのみならず、チームのリーダーとして、経営者の視点をも、備える必要があった。

「これでいいだろう」と踏ん切りをつけたときには、コスト、時間、技術のバランスを考え、ベストの製品が出来上がっていた。

高密度に編み込まれた生地には、幅約0・5ミリの溝が刻み込まれ、水着の表面積の75％には、うろこ状の撥水プリント加工が施された。計測された水の抵抗値は、ガラスの表面とほぼ同じ水準に達していた。

3％の壁は、破られた。

シドニー五輪まであと1年足らず。99年11月のことだった。

▼世界新記録を後押し

ファーストスキンは2000年3月17日、世界同時に発表された。マスコミは「サメ肌」として報道し、わかりやすい呼称が世間に受け入れられたからか、一躍話題になった。そして9月のシドニー五輪。ふたを開けてみると、競泳で出された14の世界新記録のうち実に12が、ファーストスキンを着用した選手によるものだった。苦笑しながら、松崎は言う。

「ようやく肩の荷が降りた。とはいえ本当に大変だったのは、私のわがままに付き合ってくれた開発チームの連中と東レさんでしょうね」

次期アテネ五輪に向けた新素材の開発は、すでに始まっている。

（平田紀之）

「写メール」（J-フォン）

「写メール」ブレイクへのこだわりと粘り

「ダメダメ。そんなの売れないに決まってるよ」

2000年の春。J-フォンのサービス開発部長、高尾慶二（42）は、新機種の企画を提案すべく、端末を製造するメーカー各社を回っていた。

「カメラを内蔵した携帯電話を作りたい」

そう言う高尾に、メーカーの担当者らは誰もが、首を横に振った。

▼「伝えたい気持ち」

1999年5月末、高尾は両親を招待し、新緑もまぶしい箱根に出かけ、ロープウエーに乗ることになった。

早雲山駅を出発し終点の桃源台駅までの数十分、遠くに相模湾を望みながら、雄大な富士山と

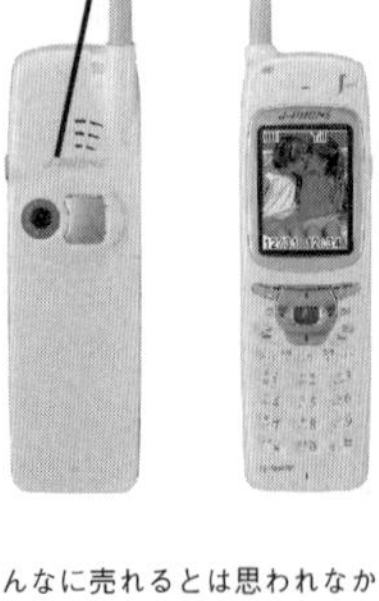

こんなに売れるとは思われなかった

高尾慶二氏

芦ノ湖を眺める。「なんとも贅沢な景観」を楽しんだ。

ふと、同乗していた年配の女性が目にとまった。うつむいているその女性の手もとをのぞき込むと、指先がたどたどしく動いていた。携帯電話でメールを送っていたのだ。

「ロープウエーに乗ったのに、なぜ景色も楽しまず、メールを送る必要があったのだろう」

下車した後も、何気なく見かけたその光景が心に残った。

帰宅後、高尾は旅行の写真を、現像に出した。「果たして、うまく写っているだろうか」。写真マニアの高尾は、自分の作品がどのような仕上がりになるのか、いつも待ち遠しく思っていた。だが時間を経て改めて写真を見ると、現場で見たときの感動が、直ぐには思い出せないことも度々あった。箱根で見た女性のことが、頭に浮かんだ。

「あの女性は、景色に感動したからこそ、すぐにでも誰かに伝えたいと思ったに違いない。写真が撮れるだけではなく、その場から電子メールで相手に送れる機能を携帯電話につければ、ウケるに違いない」

「プリクラは、すっかり定着した。ＯＬのカバンの中身を見れば、携帯電話とプリクラを貼るアルバム、そしてインスタントカメラが入っている。カメラ付きの携帯は、イケる」

しかし高尾のアイデアは、メーカーの担当者らに一笑に付された。

「どうしていまさらカメラなんだ」

それもそのはず。カメラ機能付きの携帯電話、ＰＨＳで先行した他社のモデルが軒並み売り上げ不振だったからだ。他社のモデルでは写真が送信できなかったとはいえ、否定され続けるうちに高尾も、「やっぱりダメなのか」と、あきらめかけていた。

シャープの担当者と話をしたのは、そんなときだった。懲りずに、ここでも新製品の話をすると、担当者はうなずいた。

「カメラ付きの携帯電話。ウチもやりたいと思っていたんですよ」

話はトントン拍子に進んだ。通常の小型カメラの技術、いわゆるＣＣＤ（電荷結合素子）カメラでは、電力の消耗が激しい。これでは肝心なときに電話が使えなくなってしまうかもしれない。だが電力消費が少なくて済む、ＣＭＯＳ（相補型金属酸化膜半導体）カメラの技術は、シャープが持っていた。また、自分で自分の写真を撮るときにどうやってアングルを確認するのか、という問題も、鏡をボディーにつけるというシャープ側のユニークなアイデアで解決された。

技術面では、シャープが道をつけた。だが、高尾にもこだわりがあった。カメラを外付けにするか、それとも内蔵にするか。結局、「見た目が格好悪ければ、若者は敬遠するし、わずか数秒とはいえ、外付けのカメラを本体に装着する手間が、ユーザーには受け入れられないはず」と確信、内蔵型に決めた。

とはいえ、まったく新しいコンセプトの商品だ。一筋縄ではいかない。味方であるはずの営業部隊も、「シャープの製品は、カメラ付き携帯だけで大丈夫なのか」と難色を示した。結局、同じ形の携帯電話に、カメラ付きとカメラなしの二つのタイプを用意することで決着した。

そして00年10月、情報機器の展示会「シーテックジャパン」が開かれた。事前の報道では、音楽プレーヤーの機能を持たせた他社のモデルが注目されていた。ところが会場に設けられたＪ－フォンのブースには、若者を中心に、多くの一般客が集まった。

「われわれの製品に興味を示してくれた消費者の行動には、何よりも説得力があったようだ」

マーケットデータ

まだまだ拡大する中国市場

わずか3年前まで、圧倒的に中国を上回っていた日本の携帯電話ユーザー数も、いまでは中国に抜かれ、およそ半分の水準にまでなった。2人に1人が携帯電話を持つようになった日本の市場は、ほぼ頭打ち。かたや、いまだ10人に1人しか携帯電話を持っていない中国は、日本企業にとっても見過ごせない市場になっている。

日本と中国の携帯電話契約者数の推移

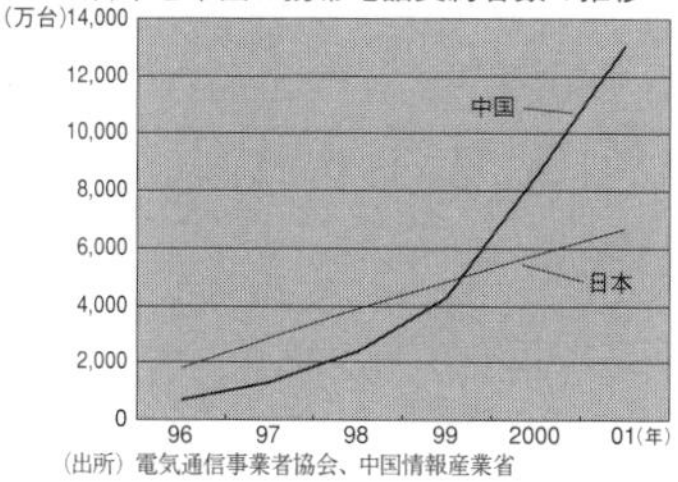

（出所）電気通信事業者協会、中国情報産業省

カメラ付き携帯に無関心だったメーカーも、次々に製品化の話を持ち込んでくるようになった。気を良くした高尾は、心の中でつぶやいた。「だから言ったでしょ！」。

▼藤原紀香の登場

だが、翌11月に発売されてから半年後の01年5月になっても、Ｊ-フォンの商品全加入者に占めるカメラ付き携帯のシェアは、わずか7・4％にとどまっていた。

例年、春先と初夏、そして年末は、携帯電話業界にとって、かきいれ時だ。各社それぞれ販売促進に力を入れる。01年の初夏のキャンペーンでＪ-フォンは「カメラ内蔵の携帯をさらに浸透させよう」と、営業サイドが提案、彼らの意見が積極的に取り入れられた。

それまで営業部隊はセールストークで、「デジカメで撮った写真を電子メールで送れる携帯電話」と、販売店に説明していた。これではピンとこない。そこで広告代理店との間で考え出したのが、「写メール」という単純明快な名称だった。テレビのＣＭでは、藤原紀香らを起用し、どんなシチュエーションで写メールを使えばいいのかを提案した。これが奏功し、写メールがＪ-フォンの全加入台数に占めるシェアは、10・2％（7月）、13・7％（8月）、16・8％（9月）と、急激に伸びた。02年8月には累計で600万台を突破。しかも新規加入者の8割以上が写メールを選んでいる。写メールは、新しいユーザーを開拓するまでに成長したわけだ。

「技術者の地道な努力、部下の頑張りに感謝したい」（高尾）。

Ｊ-フォンでは、これまでのインフラが活用できる第2世代の携帯電話規格で「動画」が送信できる製品を発売。ユーザー数を着実に伸ばしている。

（平田紀之）

「デジタルビデオ KD-400Z」（コニカ）

"世界初・世界最速"激戦市場に挑む

"世界○○競争"はエンドレス

次々と新商品が登場するデジタルカメラ市場。家電量販店の売り場に行っても、消費者にとってはどれも同じように見えてしまい、どれがいいのかよくわからない。

コニカも、これまでいくつもデジカメを出していたものの、消費者へのインパクトはいまひとつだった。数年前には自社ブランドの開発を中止し、OEM（相手先ブランドによる生産）が中心になっていた。が、社内では徐々に自社ブランドを復活させ、成長させたいという流れが生まれていた。それまでアナログカメラを開発していたコニカカメラ&デジタルイメージング事業部商品開発センター第2開発グループ兼DA・PT係長の中山春樹（43）がデジタルカメラの開発プロジェクトチームに配属されたのはちょうどそんなころ、2000年10月のことだった。

このとき集められた新しいデジカメの開発メンバーは10人。アナログカメラとデジタルカメラの担当者が混合した部隊だった。年齢層は最年長が中山の43歳、最年少は35歳。教育を目的にメ

中山春樹氏

ンバーに参加させられる20代の若手もいなければ、評価することが使命の50代の上司もいない。開発の中核となる人物だけが集められた組織となっていた。そこには、流行の移り変わりの早いデジカメ市場に、強みを持った商品を早期に投入したい、という会社の強い意気込みが感じられた。中山もそうした期待を背負っていることは十分にわかっていた。

▼両方搭載すればいい

まずは、コンセプト作りだった。消費者に強力にアピールするためには、他の商品との明確な差別化が必要だ。それはメンバーの一致した意見だった。

「フィルムメーカーのプライドをかけて画質を売りにしよう」「(4・0メガピクセル、光学3倍ズームクラス)で世界最小じゃないとダメだ」「何しろ、格好良くなければ」

そうした意見が次々に出たが、どれも「最低これだけは必要」というものでインパクトに欠ける、と中山は思っていた。そんなとき、デジカメの記憶メディアのことが頭をよぎった。

中山は、家ではソニーのビデオカメラ「ハンディカム」を使っていたため、記録メディアであるメモリーカードはメモリースティックを使っていた。現在メモリースティックを採用しているデジカメはソニーだけ。また、ソニーは自社製品に積極的に幅広くメモリースティックを採用し、パソコン、デジタルビデオ、オーディオなど用途も多いため、メモリーカードの分野でシェアを伸ばしている。ソニー以外では使っていないメモリースティックを使えるデジカメを作ってはどうか。中山はメンバーに告げてみた。すると、皆、即座に賛成してくれた。が、コニカではデジカメのメモリーカードは全面的にSDカード(東芝、松下電器産業などが採用)を使うことが決定していた。それでも、「特徴を出すためにメモリースティックを使いたい」と主張する開発チームと、「SDカードを使うと決まっているんだ」という会社の方針は真っ向から衝突した。

そこで、中山は思いついた。「両方使えればいいじゃないか」。技術的にも可能だった。しかも、これは世界初の試みだ。だが、そんな中山の妥協案も会社側はすんなり受け入れず、条件を出してきた。「このタイプで世界最小サイズを達成できるなら、両方搭載してもいい」。中山らメンバーは半ば意地になった。「それならやってやろうじゃないか」。

中山は、世界最小のアナログのカメラを作った経験も持っていた。技術者のプライドに懸けて、なんとか世界最小を達成してみせると固く決意した。試行錯誤を繰り返した結果、会社側の条件をクリアできることを図面で証明してみせた。中山は反対派に向かって言った。「メモリースティックだけでも、SDカードだけでもいいが、両方搭載することだってできます。もちろん、両方搭載してもサイズは世界最小です。コストも一緒です。さあ、どれにしますか！」。

結局、メモリースティックも採用することにゴーサインが出た。

▼「俺もやる。だからお前もやってくれ」

それでもまだインパクトが足りないなあ、という空気が開発チームに漂っていた。そこで次に中山が閃いたのが起動時間だった。

中山は趣味でもある写真を楽しむときに、デジカメも愛用していたが、起動時間の遅さにイライラしていた。スイッチを入れてからレンズが開いて出てきて撮影できる状態になるまでに4～5秒かかるものもある。パソコンも、スイッチを入れてすぐに使いたい画面が立ち上がらないの

マーケットデータ
デジカメは「小さい、かっこいい」が人気

デジカメブームに火がついたのは、1996年に発売された「CASIO　QV-10」がきっかけだったと言われる。当時はまだまだフィルムカメラの解像度に追いつけないデジカメだったが、最近では、フィルムカメラ以上の解像度でフィルムコンパクトカメラよりも小さいものも多数。「小さい、かっこいい」が今のユーザーに強いインパクトを与える条件だという。

デジタルカメラの生産量推移

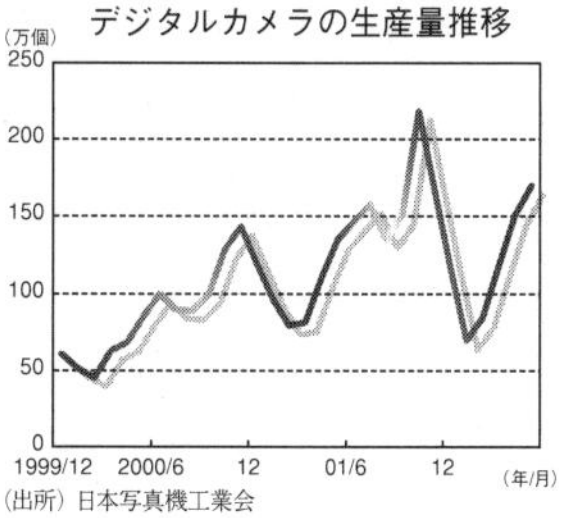

(出所) 日本写真機工業会

と同じように、デジカメも内蔵されているコンピュータが立ち上がるのに数秒間かかり、その後レンズを支える鏡胴部分が前に出てくるため、起動時間が長くなっていたのだ。

中山は「スイッチを入れたら、すぐに、例えば、1秒で起動するなら大きな武器になるのではないか」と考えた。内蔵のソフトウエアの担当者に声をかけた。「もっと起動時間が早くならんか」。すると返ってきた答えは「無理です」。もうひとつCPU（中央演算処理装置）を取り付けて、コンピュータの起動と鏡胴の起動を同時にすれば時間は短くなるが、それをできるOS（基本ソフト）がない、という。それを聞いた中山は言った。「じゃあ、いまのOSは捨てろ。新しく作ればいいじゃないか！　1秒とは言わない。1・5秒でいいからやってみてくれ」

本体の形状などを担当していた中山も、鏡胴がもっと早く前に出るように研究する必要があった。ソフト担当者にそこまで言った手前、自分自身も1・5秒で鏡胴が動くように開発をしなければならなかった。「俺がここまでやるんだから、お前もここまでやってくれ」。お互いに厳しい条件を出しあいながら、理想のデジカメの実現に向かっていった。そんなチームのモチベーションは開発開始から完成までの1年半、途切れることなく持続した。

発売予定は02年6月だった。発売まで半年を切った02年の年明けに、中山は目標よりも速い1・4秒で起動する鏡胴を作り上げた。それに続き、量産体制に入る直前の4月にOSも1・4秒の起動を達成した。

発売後、中山は家電量販店の店頭に足を運んでいる。そして、自分の開発した商品を買い求める消費者を見ると、小さくガッツポーズをしてしまうという。だが、頭の中はすでに、「もっと差別化できる特徴は何か」でいっぱいになっている。

（山出暁子）

「LIM日本語ビットマップフォント（小型液晶文字）」（リム・コーポレーション）

小さな巨人が大手を凌ぐ

情報機器は小型化・軽量化が進むいっぽうだが、その半面、情報量は増すばかり。小さな液晶画面の上で多くの情報を表示するには、より小さい、しかも読みやすい文字が必要となるが、画数が多く複雑な文字は、そのまま正しく表記してしまうと、字がつぶれてしまい読みにくくなってしまう。

より小さく、でも、読みやすく――この両者を兼ね備え、世界最小のフォントを開発したのが静岡県浜松市に本社を構えるリム・コーポレーションだ。1998年に、縦10ドット・横9ドットという当時世界最小のフォントを発表し、一躍注目を浴びた。それまでの最小であった縦12ドット・横12ドットのフォントに比べ、表示できる文字の量は約30%増加した。現在、国内の携帯電話に使われているリム・コーポレーションのフォントのシェアは50%強にも及び、圧倒的な強さを誇っているが、リム・コーポレーションは社員数15人のベンチャー企業だ。フォント制作のほかにもソフト開発やテスティング（情報機器製品評価）事業なども手掛けている。平均年齢は

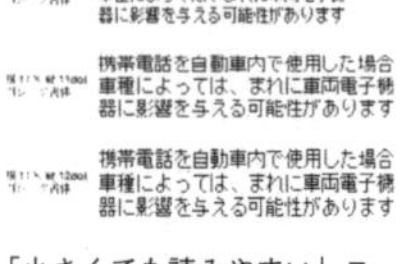

「小さくても読みやすい」ニーズは高まる一方

竹塚直久氏

約31歳。この企業を率いるのが、社長の竹塚直久（46）である。

▼次は小さな漢字だ！

かつて竹塚は、コンピュータメーカーのシステムエンジニアとして国際データ通信システムの開発を担当していたが、実力を磨こうと20代半ばでアメリカの大学へ留学、数学を学んだ。27歳で帰国し、後に知人と共同経営でＤＴＰ（デスクトップパブリッシング）の会社を設立した。しかし、目指す経営方針のズレから3年で会社を離れることになった。その後立ち上げたのが、現在のリム・コーポレーションだった。

留学経験でアメリカの企業を知った竹塚は海外マーケットで勝負をしたいと思い、輸出に強いプリンターに使われる外国語のフォント制作から始めた。ロシア語、英語、スペイン語、アラビア語、ポーランド語……。創業から7年かけ竹塚は、コンピュータのありそうな国の言語のフォントをすべて作り上げた。当時は海外言語専門のフォント制作をしている会社などなく、期待通り事業は成功した。一通りの言語を作り終えた後、竹塚は次はどこを攻めようか、と考えていた。

「そのとき、そういえば肝心の日本語をやっていなかった、と気付いたんです」（竹塚）。

ちょうどそのころ、携帯電話が急速に普及し始めていた。しかし、画面に表示されるのはカナのみ。竹塚は思った。昔、携帯電話は家庭用電話機の子機くらい大きかった。それが今ではこの手のひらサイズだ。この先もどんどん小型化し小さな文字の需要が高まるだろう。しかも、これからくるニーズは漢字に違いない。そこで、今度は日本語のフォントを掘り下げていく作業に転換し、小さな漢字のフォント開発に着手。この読みが当たった。

アルファベットの画数は平均3画と言われている。だが、漢字は平均10画。そのまま表示して小さくすると字がつぶれて読めないものが多くある。これを判読できるよう、線を抜いたりしながら、一目見てすぐ何の文字だかわかるものにしなければならない。しかも、作るべき文字数は約7000字にものぼるのだ。

ある程度は専用ソフトを使うことで読みやすい小さな文字を作ることができるが、煩雑なものはコンピュータだけでは対応できない。その先は人間の手が必要になる。「このとき、制作者の感性で線を抜いたりしてはダメなんです。それでは違う人が見たときに読めない字になる可能性がある。あくまでも〝これはこうだからこの線を抜く〟といった理論が必要なんです」（竹塚）。この理論をアルゴリズム（計算手順）というが、この良否で表示される文字の読みやすさは大きく左右される。

制作担当者が作った漢字は必ず他の人の目から確認する。感覚で線を減らしていないか、理論に基づいて、7000字の統一感はあるかどうか。そうした作業を1文字ずつ繰り返し、1年間かけて独自のアルゴリズムを確立。小さいが、読みやすい漢字の新フォントを完成した。

▼ただの下請けにはならない

竹塚は完成品をホームページ上に載せてみた。すると、1週間もたたないうちに「そのフォントを買いたい」という声が掛かった。それは電子手帳で聖書をつくっているアメリカの企業だった。しかも、その分野では約80％のシェアを持っているという。驚いた竹塚は思わず聞き返した。「本当にうちなんですか？　大手企業も作っていますが……」。だが「会社の規模など関係ない。

マーケットデータ

横 9 ×縦 10 が世界最小

リム・コーポレーションは携帯電話が急速に普及する 1995 年から小型液晶用の漢字のフォント開発を開始。小さな文字ばかりでなく、様々なサイズの文字を作っている。

LIM 日本語ビットマップフォント制作年度（抜粋）

	文字サイズ	制作年度	備考
ゴシック	横12×縦12	1995年10月	
	横16×縦16	1995年10月	
	横 9×縦10	1996年 1月	現在最小
	横11×縦12	1996年 4月	
	横14×縦15	1997年 6月	
	横11×縦19	1998年10月	
	横13×縦13	2000年 5月	
	横11×縦13	2001年 1月	
明朝	横23×縦24	1995年 3月	現在最小
ボールドゴシック	横14×縦14	1997年 3月	
	横11×縦10	1998年 3月	現在最小
	横11×縦12	1999年 7月	
	横11×縦11	1999年10月	
	横11×縦16	2000年 1月	

君の技術力を買ったんだ」という答えが返ってきた。竹塚は自信を持った。その後、完成品を持って自ら大手メーカーを回った。すると、やはりクオリティーの高さが買われ、契約はトントン拍子に進んでいった。

竹塚はクオリティーを認められたのが何より嬉しかった。

創業当時から竹塚のビジネスのスタイルは、大手企業などから「これをつくってほしい」と言われて受託開発するのではなく、需要を見込んで先行投資して開発し、そのライセンスを売るというものだった。かつてシステムエンジニアをしていた竹塚は、自ら開発したソフトのライセンスもすべてが発注元のものになってしまうことにやりきれなさを感じていた。

「そんな仕事は、ただ〝工賃〟をもらっているのと同じ。手元に何も残らない」（竹塚）。

その後も、リム・コーポレーションは常に新しいフォントを先行して開発し続けている。

現在、リム・コーポレーションの競合会社は、ＮＥＣやリコーなど大手企業の事業部門。そうした大手と互角以上に闘える理由は、13年間に及ぶフォント制作技術の蓄積と少数精鋭組織、だと竹塚は言う。

「少数のメリットは、やはり意思決定の速さ。携帯電話は3、4カ月すれば新しい機種が出てくるのに、書類にいくつも判子を押してもらわないと開発許可が出ないようなことはしていられない」。最近では、女子高校生が使う〝丸文字〟なども新しいフォントとして開発している。さらに、内容はまだ言えない、と竹塚が話す次世代型フォントも開発中だ。

「今のままの速度で走り続ければ競合にも負けることはないだろう」（竹塚）。小さなマーケットリーダーは巨人を相手にひるむことなく闘っている。

（山出暁子）

「高速おから発酵処理機」（エキカコーポレーション）

腐らない、匂わない、を実現した東大阪の超零細企業

「出来た！」

２００１年10月初旬、「モノ造りの町」として知られる大阪府東大阪市衣摺のエキカコーポレーション社長の後藤公男（48）は、工場の片隅で思わず歓声を上げた。約１年半に及ぶ実験の末、日本で最速の「高速おから発酵処理機」を完成させた瞬間だった。

エキカコーポレーションは、１９９８年2月に設立したばかりの農業・園芸関連ベンチャー企業。従業員３人の超零細企業である。「これからはアグリ関連が伸びる」とにらみ、いろいろ知恵を絞った商品を開発したが、なかなか売れる商品は出来なかった。その頃、後藤は「おから」が産業廃棄物になって困っていることを耳にした。

豆腐を作る過程で出来る「おから」は、現在日本で年間70万～80万トンも排出されている。かつては、「卯の花」として食卓に並んだが、近年の食生活の変化で消費は激減。一部は家畜など

腐らないおからが出来る

後藤公男氏

の飼料として使われているが、輸入飼料の増大で、年々処理は深刻な問題になっている。
「再利用できる処理機械を作ろう」

▼「このおからの山を何とかできないか」

場所は、名古屋。後藤は、農業や園芸のことには詳しくても機械には疎かった。そこで、名古屋の機械メーカー、名庄プレス（愛知県春日井市）と協力し、製作に取りかかった。構造は、生ごみ処理機と変わらない。

「1日で乾燥おからにするにはどうしたらいいのか」

後藤はサラリーマン時代から環境問題に興味を持っていた。趣味でやっていた水稲栽培でも、「化学肥料より、有機の肥料のほうがきっといい」と考え、微生物を使った液体肥料を開発するなど、自然に対する興味は尽きなかった。足繁く各地の研究会や、展示会に通った。そこで出会った人に、「酵素を活用してみては？」と言われた。家に帰り、早速実験に取り掛かった。

最初は、おから7キロを処理できるデモ機で挑戦した。日々大量に排出されるおからをいかに早く再利用できる状態に出来るか。処理に2〜3週間かかっていては追いつかない。そこで酵素（生物の生産する触媒。タンパク質で出来ており、化学反応をスムーズにする）を入れて、発酵速度を速める。7キロのデモ機では難なく成功した。だが、商品化に欠かせない大型機（500キロ）でも成功するかどうか。後藤の格闘が始まった。

大型機での発酵は、大量のため酵素の反応が弱くなるため、表面温度を60度くらいに保って攪拌する必要があった。だが、酵素の反応時間は24時間が精いっぱい。それ以内に完全に乾かしてしまわなければ、腐ってしまう。通常のおからは70〜80％の水分を含んでいるが、乾燥おからは8〜9％の水分含有量だ。だが、後藤はそれで納得しなかった。

「3〜4％の水分含有量にしなければ」

季節は夏。おからを入れるのも出来た乾燥おからを出すのも、作業員の手によるものだった。皆、汗だくだった。

▼危うく火事に

大型機で成功し、メーカーに納入する日が来た。食品メーカーの伏見屋（大阪府茨木市、上田憲男社長）に実験的に設置し、3台の機械で毎日2キロのおからを処理した。

いつもどおりに自転車でおからの機械を点検しに来たある朝、伏見屋まであと半分の距離というところで、何か焦げ臭い匂いが後藤の鼻をついた。猛スピードで自転車をこいだ。もくもくと煙が出ていた。幸い、火事には至らなかったが、納入先にはこっぴどく叱られた。

「もう引き取ってくれ」

会社存続に致命的なミスだった。後藤はひたすら頭を下げた。

事故の原因は、攪拌するヘラを上回る量のおからを入れたことによるものだった。おからの水分が多いと、発酵する段階で粘度が非常に強くなる。下のほうのおからは当然掻き回すことが出来るが、上のほうは粘度が強いため、板ヒーターに張り付いてしまう。焦げるのは当然だった。解決策として、処理するおからの適切な量と、攪拌するヘラの先に、ゴムをつけた。

度重なる実験の失敗、火事騒動など難局を経て、01年10月、ついに高速おから発酵処理機が完

マーケットデータ

遅れる産廃の再生利用

産業廃棄物とは、事業活動から出るゴミのこと。再生利用率の高いものは、動物の糞尿(95%)、金属くず(75%)、がれき類(70%)など。逆に、汚泥(6%)、繊維くず(11%)、ゴムくず(13%)などは再生利用率が低い。おからは動植物性残渣に含まれており、再生利用率は50%となっている。

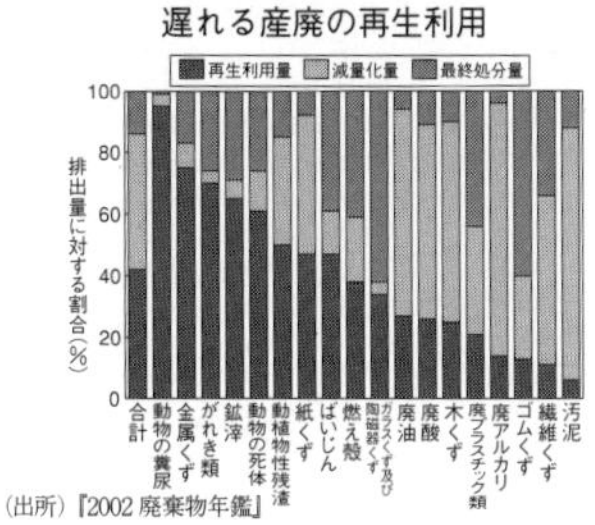

(出所)『2002廃棄物年鑑』

成した。特殊分解酵素液の働きで悪臭を出さずに分解、また籾殻やおがくずなどの培養剤もいらず、電気代も節約できる装置だ。

産業廃棄物となっていたおからの処理に様々な企業が注目したが、これまでこれといった決定的な解決策はなかった。問題は、通常の発酵型や乾燥型は、処理に約2~3週間以上かかり、高熱処理するため、コストが嵩むほか、毎日トンベースで排出されつづけるおからの量に対して、処理するコストが割に合わなかったためだ。

後藤は、これらの問題をクリア、乾燥までの技術を確立した。だが、克服すべき問題はこれからだ。肥料、化粧品原料への活用はある程度、商品化の目処は立っているが、その他の商品化ベースでの再利用先が見つかっていない。

光明はある。

03年1月から施行される土地浄化法がそれだ。土地を浄化するためにはペプトンタンパク質分解酵素が大量に必要だが非常に高価で1トン当たり1000万円もする。おからもペプトンと同じ作用をすることがわかっているため、もっと安くあがる。

だが、後藤は言う。

「使ってもらえなければ、結局はただのゴミ。『再利用』が一番大切なポイントだ」

だから、ペプトンの代用品以外にも、いろいろ再利用先を考えている。おからが肌にいいことを利用した「おからエステ」も発売した。おからだけではない。材木やキャベツ、また魚のアラなど通常ゴミとして処理されてきたものも、「再利用できる資源になる」と考えている。

後藤の戦いは始まったばかりだ。

(野本寿子)

仕事

「メビウス」（シャープ）
「Ｚａｕｒｕｓ（ザウルス）」（シャープ）
「ｔａｇｔｙｐｅ」（リーディング・エッジ・デザイン）
「ロボワード」（テクノクラフト）

「メビウス」（シャープ）

「極薄パソコン」を出したモバイルDNAとは

「明日から『A１２１６プロジェクト』に参加してくれ」

シャープの情報システム事業部チーフ、細川幹夫（41）は、この上司の言葉に愕然とした。

「まさか、あのプロジェクトに俺が――」

これまで他人事だと思っていた大プロジェクトの命を受け、震える思いだった。おとそ気分も抜けきらない、２００１年1月16日のことだった。

▼極限まで薄くしろ

「オンリーワンのパソコンを作れ」

00年4月、町田勝彦社長のひとことが、きっかけとなった。A１２１６プロジェクトとは、シャープのノートパソコン「メビウス」シリーズを、極限まで薄くする全社プロジェクトのことだ。

薄くても丈夫なボディを実現

（右から）細川幹夫氏、川森基次氏

5月の連休明けには、青木芳和（31）、古田博睦（39）、山本健次（34）ら若手エンジニアが、全社横断的に集められ〝パソコンはどこまで薄くできるのか〟とのテーマに着手。ワーキング・グループが発足してすぐ、開発コードが考えられた。「ムラマサはどうだろうか」と提案したのは青木だった。刀のように薄いパソコンだから、という理由も、もちろんある。加えて、「日本の〝モノづくり〟の危機が叫ばれて久しい。でも、そんなことはない。日本の技術の底力を見せてやろうじゃないか。との思いを、有名な日本刀『ムラマサ』に込めた」

切れ味が鋭い、刀をイメージさせるその響きに、一同、納得した。

「シャープペンシルに始まり、世界に名を馳せた電卓、そして携帯端末『ザウルス』など、シャープには、モバイルのDNAがある」

ムラマサプロジェクトを統括したパソコン事業部長の、川森基次（47）は言葉をつなぐ。

「技術で他に先駆け『モバイルのシャープ』と呼ばれたいではないか」

そうはいうが、一線の技術者は必死だ。「紙のように薄いパソコンを目指そう」「目標は10ミリの厚さだ」と、プロジェクトメンバーの威勢もよかったが、10ミリのハードルはとてつもなく高かった。計算しただけでも、それまで採用していたハードディスクやバッテリーなどの部品が納まらなかった。「特殊な部品を開発すれば、この問題も難なくクリアできるはず。でもコスト高になったり、機能が犠牲になったりする。薄さの極限を目指すといっても、パソコンとしてしっかりした機能がなければ、意味がない。これは譲れない」（青木）。

結局、既存の部品はそのままに、いまの技術で可能な厚さを逆算した。ハードディスクの厚さが9・5ミリだったため、キャビネット（外殻）は11ミリに、また、ディスプレー部分も部品ごとに見直し、5ミリを目指すことにした。この結果、ディスプレーを閉じた状態で16ミリ。従来品から一挙に、2分の1近くまで薄くなる計算だ。だが、ことは簡単に運ばない。従来のやり方では、パソコンの薄さに限界があるとわかった。

「ボックスラーメン構造はどうだろう」。メンバーのひとりが言った。「ラーメン」とは、ドイツ語で「梁」のこと。従来は、パネルの上に基盤を重ね、その上にキーボードをのせる「積み上げ式」だった。それをボックスラーメン構造では、マグネシウムで作った頑丈なフレームに、あらかじめハードディスクなどの部品を組み込む。その上にキーボードを乗せ、上下からアルミフレームで挟み込む。これで、キャビネットの剛性と薄さは両立できた。

「液晶でも削れる部分はあるはず」

液晶担当の古田は、三重県にある工場に単身乗り込んだ。それぞれのパーツをすべて新規に開発する時間が到底なかったため、「工場の〝職人〟らが培った知恵と技術に頼ることにした」(古田)。液晶パネルからフレームを取り除けばその分薄くなると考え付いた。職人らと4カ月にわたり試行錯誤を重ね、これまで1ミリだった外板も、ぎりぎりまで削り込み0・6ミリを実現した。他にもキーピッチを確保すべく、せり上がるキーボードなど、新しい技術が盛り込まれた。

00年10月には、商品化のメドが立ち、年が明けた01年1月、社内で「緊急開発プロジェクト(通称・緊プロ)」が正式に編成された。細川は、その緊プロチームのまとめ役であるチーフに任命されたわけだ。チームのメンバーになれば、社長が身につける名札と同じ金色のバッジが与えられる。いわば〝エリート〟だ。だが一方で、重圧もある。

「社内を歩けば、金バッジを見て振り返る人がいる。声援を送ってくれる人もいる。緊プロの

マーケットデータ

広がるモバイル市場

1990年代初頭に200万台だったPC市場の規模は、2000年度に1200万台にまでなった。かつてはデスクトップ型が主流だったが、携帯電話など通信インフラの充実とともに、小型軽量かつ安価になったポータブルPCへの需要が高まっている。00年には、ポータブルPCの全出荷台数に占める割合が51.5%になり、ついにデスクトップ型を追い抜いた。

パーソナルコンピュータの本体出荷台数

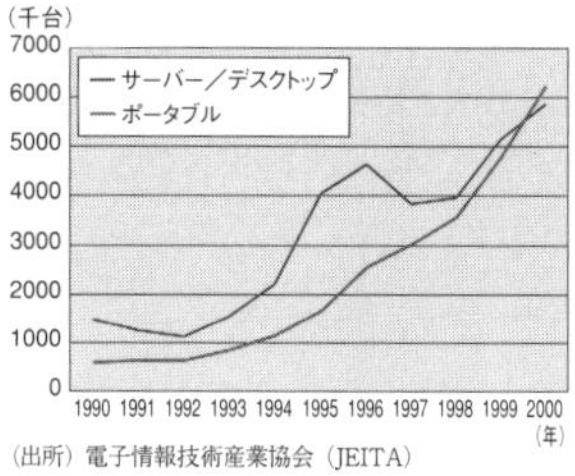

(出所) 電子情報技術産業協会 (JEITA)

メンバーは、周囲の期待に応えねば、と後に引けなくなる」

これが、金バッジの本当の効用だ。細川の参加で、プロジェクトは量産化をにらみ佳境に入った。01年5月初旬。数週間後に迫ったビジネスショーへの出品をにらみ、まだ量産体制が整わない状況で、記者発表が行われた。会見の場では、報道陣を前に川森が誇らしげに言った。

「世界最薄、最軽量のパソコンの誕生です」

ようやく体制が整ったのは、ビジネスショーまでわずか数日の、5月も中旬のことだった。

▼世間をあっと言わせる

ビジネスショー当日の01年5月22日。シャープのブースに詰めかけた一般のユーザーらを前に、ムラマサが姿を現すと、会場から一斉に歓声が上がった。薄さ16・6ミリのスリムなボディーに、重さは1・31キロ。会場で実物を手に取ったユーザーからは「手に持った軽さは、かみそりの刃ほどだった」との感想が聞こえた。メンバーらは、述懐する。

「同じメンバーで、当時としてはかなり大きな液晶ディスプレーのノートパソコンをつくって周囲を驚かせたことがありました。また、みんなで、世間をあっと言わせてやりたい、そう思っていました」。願いはかなった。

そして02年春――。新入社員の入社式で、町田社長は語った。

「今度は、紙のように薄いパソコンができればいい」

今では、世界最薄の座も他社に奪われているが、そう遠くない未来にシャープ開発陣は、再び世間をあっと言わせてくれることだろう。

(平田紀之)

「Zaurus（ザウルス）」（シャープ）

「仕事にザウルス1台」ビジネスシーンを変えた

日本初のPDA

「ザウルス」誕生の前には、〝不発〟に終わった、ある商品があった。

1992年、シャープは長い間手掛けていた電子手帳のワンランク上を目指す新製品「PV-F1」を発売した。コンセプト名は〝ハイパー電子マネジメント手帳〟。日本で初めてペン字入力機能を搭載したものだった。開発メンバーも、技術系から商品企画、営業、と各部署から横断的に人材を集め、〝緊プロ〟と呼ばれる緊急開発プロジェクトとして、担当者が英知を結集して開発に当たった。何といっても、ペン操作できるツールの国内第1号機。単なる電子手帳にとどまらない、これからのビジネスマンの必需品として注目を浴びるはずだった。

だが、期待に反して、売り上げは思うように伸びなかった。技術面を担当していた、シャープ通信システム事業本部・モバイルシステム事業部副事業部長兼技術部長の羽田勇（50）は、その敗因をこう振り返る。

（右から）鈴木隆氏、羽田勇氏

「一つは、12万8000円と価格が高すぎたこと。さらには重量が重かったこと、そしてスピードが速くなかったこと。本当の意味でモバイルツールとして使用するビジネスマンのニーズに応えきれていなかった」

マーケティングなどを担当していた通信システム事業本部・モバイルシステム事業部商品企画部長の鈴木隆（43）は、当時、伸び悩む売り上げの一方で、実際購入したユーザーの満足度は高い、という調査結果に気付き、こう考えた。「ということは、手にとってもらえさえすれば、支持される商品になるのではないのか」。結果的に、こうした「PV-F1」の経験が「ザウルス」誕生につながっていく。

▼三つの2倍と三つの2分の1

「PV-F1」の問題点は、価格、重量、スピード。それらをクリアし、ビジネスマンのニーズに応えられれば、受け入れられるに違いない。羽田ら技術担当者はさっそく、問題点解消に着手した。4本使っていた電池を2本で済むように改良。さらに液晶画面を小さくし、軽量化を図る一方で、小さくなっても表示できる情報量が減らないよう、新たなフォントを開発した。「小型化して性能が落ちては元も子もない。すごく地道な作業だった」（羽田）。結果的に〝三つの2倍、三つの2分の1〟——機能とスピード、電池寿命を2倍に、サイズ、重量、価格を2分の1にすること——に成功した。

技術的な問題をクリアすると同時に鈴木は、これからは電子手帳という枠を超えた「新携帯情報ツール」という位置付けのものを作らなければならないと感じていた。

当時はバブル崩壊によりリストラが叫ばれ、ブルーカラーの次はホワイトカラーの生産性向上が課題といわれていた。そうしたなかで、ビジネスマンは、個人で情報管理をするなど仕事のスキルを上げていく必要に迫られていた。が、当時の言葉でいう「キーボードアレルギー」が40代、50代のビジネスマンの間に蔓延し、仕事のスキルは上げたいのに、肝心のツールが使えない人が多かった。そこで、キーボードを使わず、普段ペンで文字を書くようにコンピュータに入力できる技術は、そうした人の悩みを解決するに違いなかった。さらに、情報は個人で管理するだけでなく、他者と情報を共有し、コミュニケーションを取る時代に入る、と読んだ鈴木は、ネットワークにつながる機能が新商品のポイントになると考えた。

こうして、「ＰＶ-Ｆ１」の発売から1年3カ月後の93年10月、文字認識による入力という技術と、使いやすい、双方向につながる携帯情報ツールというコンセプトを新たに備えた「ザウルス」の1号機「ＰＩ-３０００」が誕生した。

「商品自体の完成度には自信があった。でも何しろそれまで日本にない商品であったし、前機種のこともあってすごく不安だった」。発売前の鈴木の正直な心境だった。

だが鈴木の不安とは裏腹に、発売時の状況は「ＰＶ-Ｆ１」のときとは明らかに違った。「ザウルス」は口コミで評判が広がり、順調に販売台数を伸ばしていったのだ。

▼進化し続けるモバイル

その後も「ザウルス」は通信機能の環境向上とともに、公衆電話からデータを送れる、電子メールが使える、など新たな機能を備えていった。後継機種は20以上にのぼる。

第1号機から、我が子を育てるように「ザウルス」の開発に掛かりっきりだった鈴木だが、成

マーケットデータ

PDA戦国時代に突入

様々な形態のモバイルツールが登場するなか、1200億円規模ともいわれる国内のPDA市場。海外からの攻勢も激しく、市場のシェア争いは激しくなる一方だ。

PDA市場シェア

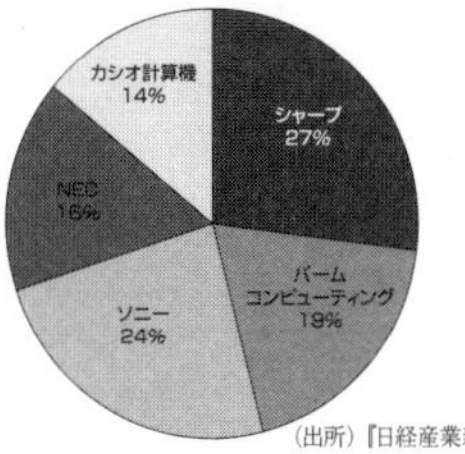

(出所)『日経産業新聞』

功ばかりでなく、苦い経験もしている。96年6月に発売された「ＭＩ-10」は、液晶画面がカラーになり、インターネットアクセスが可能になり、さらにデジタルカメラの装着を可能にした、新機能満載の商品だった。その分、重量は重くなった。それでも機能的には時代のニーズをくみ取った優れた商品と確信できた。

が、やはりそれまで小さなサイズがユーザーに受けてきた「ザウルス」であっただけに、重いということは、新機能のメリットをも打ち消すデメリットとして受け止められた。結果、市場での反応は芳しくなかった。「モバイルツールの基本は、携帯性、表示が見やすい、電池寿命が長い、そしてすぐに使える、という持論を持って常に改良に取り組んでいる。だが『ＭＩ-10』は、越えなければいけない壁があって、基本よりも壁を越えることを優先してしまった」（鈴木）。

そうした試行錯誤を繰り返しながらも、「ザウルス」は日本発のＰＤＡ（パーソナル・デジタル・アシスタント）として独自の地位を築いてきた。しかし、ＰＤＡの認知度が高まるにつれ、競合他社も参入。昨今ではマイクロソフトやパーム等、海外からの攻勢も激しくなる一方だ。

「マイクロソフトのＰＤＡ用ＯＳ『ウィンドウズＣＥ』が日本に来る、といわれたときは、社内からも『ザウルス』は大丈夫か？　といわれたくらい。でも、出てきたものを見て決して負けていないと思った」（羽田）。

「ザウルス」という名称はボディーは小さくても〝大きなパワーを秘めている〟という意味で恐竜からイメージした造語だ。電子手帳から出発した「ザウルス」だが、今後は２００３年の地上波デジタル放送の開始を目指し、通信と放送を融合させる方向で発展させていく。

羽田と鈴木の頭の中で「ザウルス」は、常に先へ先へと進化しつつある。

（山出暁子）

「tagtype」（リーディング・エッジ・デザイン）

メーンキー10個の開発に隠された出会い

用途は限りなく広がる
(photo by Yukio Shimizu)

「1日にキーを打つ量が多くてつらい。どうにかしてくれ」

1998年、東京大学工学部の学生だった田川欣哉（25）が、卒業制作で新しい日本語入力方式を作ることを決心したのは、作家のえとう乱星氏がこう訴えたことがきっかけだった。

▼進歩から取り残されたキーボード

えとう氏は生後11カ月でポリオ（小児麻痺）にかかり、手指以外の機能を失った。しかし、40歳のとき、時代小説『中風越後』で新人賞佳作を受賞して以後、本格的に歴史伝奇作家としての道を歩み始める。妻の口述筆記は、ワープロへ。そしてパソコンが出始めるとすぐそれに変わった。

が、腕はおよそ90度に曲がったまま伸びない。腕自体も自分で支えていられないから、机の上

（右から）田川欣哉氏、山中俊治氏

に肘を載せたままでキーボードを打たなければならなかった。前のめりに机にもたれながら、左右の人さし指や薬指を使って、拾うようにしてポッポッとキーボードを叩く。

「キーボードだけがパソコンの進歩から置き去りにされて」（えとう氏の文章より）いたのだった。

出身地の熊本で、田川の母がえとう氏と幼なじみだったこともあり、幼少のころから身近な「おじさん」として田川はこうしたえとう氏の姿を見て育った。工学部を選んだのも、「〝おじさん〟を見てきた中で、体に障害を持つ人のために何かできたらと思っていた」（田川）からだ。

まず、えとう氏に今までの入力機器を使ってもらうことから始まった。えとう氏にとってキーを打つ作業は、体全体を動かさなければならない非常に体力のいるもの。過去3種類購入した音声入力も役に立たなかったと聞かされている。

「できるだけ小さな動きで、片方が疲れたらもう片方の手でカバーでき、どんな姿勢でも使えるもの」というのがえとう氏からの〝要望〟だった。

そこで考えたのが、50音をベースにした「行段交互入力」方式である。10個のボタンが5個ずつ2列に対称配置され、あ行からわ行まで振ってある（次頁の図）。例えば、「け」と入力しよう。まず1回目の入力でか行を指定すると、「か、き、く、け、こ」の5つの文字が5個のボタンにそれぞれ左右対称に割り振られる。そこで、「け」にあたる上から4番目の左右どちらかのボタンを押す。これで入力は終わりである。

キーは10個だから形はコンパクトになるし、おまけに左右対称だから片手でも入力できる。残った「どんな姿勢でも」は、えとう氏がゲームをする姿がヒントになった。ゲームのコントロー

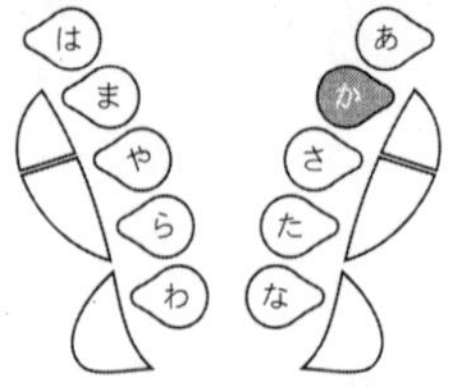

1回目の入力

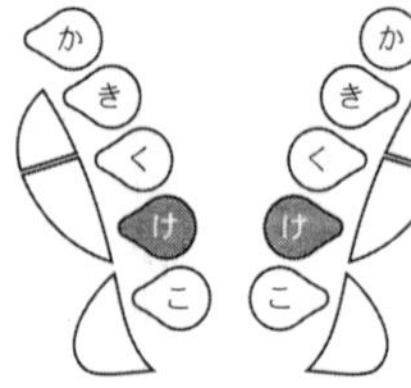

2回目の入力

ラーは固定されておらず、両手で持って操作する。「これなら簡単に操作ができるのか」。田川は気付いた。

最初は並列に並び碁盤の目のようだった10個のボタンは、使ってみると上まで指が届きにくいなど、使い勝手があまりよくなかったため、V字にした。卒業までの1年間で作られた新入力方式の試作品は、7つ。田川は厚紙で作られた7個目の小さな〝完成品〟をえとう氏に手渡した。

▼ユーザーの底辺を広げる

リーディング・エッジ・デザイン代表で工業デザイナーの山中俊治（43）は、東京大学工学部を卒業後、日産自動車デザインセンターに勤務、インフィニティなどのデザインを担当した。「自分の欲しいものをつくりたい」と29歳で独立し、恩師に頼まれ助教授として3年半、母校の教壇に立つ。その後、94年にリーディング・エッジ・デザインを設立する一方で、非常勤講師を続けた。その中で相談に来たのが田川だった。

山中は、新入力方式の試作品にアドバイスを与えると同時に、そこに広がる未来を見た。この新入力方式は「障害者のためだけでは終わらない、子供から高齢者までバリアフリーの入力方式に発展させられるのではないか」（山中）と考えたのである。

山中はその厚紙の箱にデザインを与えた。

虫のような形をしたその〝小箱〟は両手に収まる。羽にあたる部分は開閉が可能なので、持ち具合に合わせて調整できる。ボタンは真ん中がくぼんだ水滴型。慣れていない人はゆっくりボタンの真ん中を押すため、あいだが開いているほうが使いやすい。しかし、慣れてくるとあいだの開きすぎは使いづらいため、水滴の先端が距離を縮めてくれるという、「従来のキーボードには見られない、まったく異なる意図と人間工学的な意味を持つ」（中山）。

こうして完成したのが、ｔａｇｔｙｐｅプロトタイプである。田川から名をとった。

「ｔａｇｔｙｐｅプロトタイプ」は市販されていない。この入力方式は、携帯電話など様々なものに応用できるから、２０００年11月の記者会見の際、商品化に向けて、一社だけでなく共同開発企業を求めることを発表した。

通常なら、出来上がった試作品を企業に持ち込んで共同開発し発売するだろうが、山中がそれをしなかったのは、「完成されたように見えるものを先につくることで、そのデザインの力が企業や世の中にどれだけのものを訴えられるか」（山中）を試したかったからだ。

プロトタイプを実際に使ってみた感想は、「楽しい！」である。パソコンを敬遠する第１の理由がキーの多さにあると言われている中で、１分間30～40文字打てる習熟段階に至るのに通常のキーボードだと１００時間かかるところ、ｔａｇｔｙｐｅは10歳の子供で２時間で済むという。

卒業した田川は英国留学から帰国して、現在、山中のもとでデザイナーとして活躍している。「これまでの入力方式を駆逐するのではなく、絞られていたユーザーが広がればいい」。田川は、そう思っている。

入力方式の特許を取得し、02年２月、製品化第一弾「スタディゲート」がベネッセコーポレーションから発売されている。

（南　敦子）

マーケットデータ
続々登場タイピングソフト

コンピュータは日々進化を続けてきたが、そこから取り残されているのがキーボード。タイプライターが先祖と言えるキーボードは、ほとんどその姿を変えておらず、たくさんのキー配列を覚えるのはひと苦労だ。

配列を覚え、なおかつ速く打てるようになるための「タイピングソフト」と呼ばれるソフトウエアがいまだに続々と登場しているのも、それを裏付けている。最近は、人気キャラクターが登場して、ゲーム感覚で楽しみながら身につけられるものが人気。価格は3000円台が中心である。

タイピングソフト　売れ筋ランキング

1位	ルパン3世タイピングソフト —26＋アルファの鍵
2位	頭文字D　Second Stage　タイピング 関東最速プロジェクト
3位	機動戦士ガンダム　ザク打 タイピング1年戦争
4位	THE TYPING OF THE DEAD
5位	タイピングスナイパー　ゴルゴ13 極射（ごくうち）

（出所）ソフマップ調べ

「ロボワード」（テクノクラフト）

軽く、速く、簡単な翻訳ソフトを生んだ北京の夜

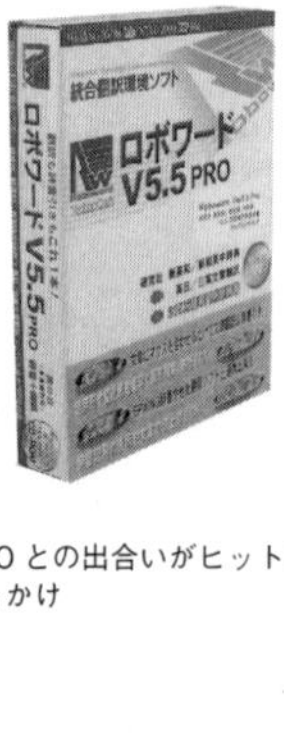

VAIOとの出合いがヒットのきっかけ

1995年暮れ、中国・北京。深夜、目張りをされた、とある幼稚園の部屋に動く影があった。外気温はマイナス20度。暖房を止められた部屋は、マイナス10度と凍てつく寒さだ。ひとりっ子政策のため、財政難に苦しんだ幼稚園が空き部屋を貸し出していたのだが、時間をすぎても残る日本人がいた。

「寒いなんてもんじゃない……」。思うように手が動かない。息をはきかけながら、テクノクラフトの齋藤孝春（34）は、中国人技術者と翻訳ソフトの開発に没頭していた。

▼「見て、書けて、わかる」翻訳ソフトを

「ホームページは英語が主流。翻訳ソフトは昔から存在するけど、電話代が高いのに画像は重いし、せっかく意味が出てきてもまったく違うヘンな訳だったり。インターネットの時代には、

沖縄の〝社員〟たちと齋藤孝春氏（手前）

いろいろな言語を『見て、書けて、わかる』翻訳ソフトのマーケットが必ず存在するはず」

95年、齋藤が翻訳ソフト「ロボワード」の開発を始めたきっかけは、こんな理由だった。インターネットが爆発的に普及し始める直前。齋藤はパソコン通信は使い慣れていたが、英語主流のインターネットに不自由さを感じた。なんで日本語じゃいけないんだ。

「中国人のプログラマーは優秀」。国際結婚をした中国人の妻からこう聞かされていた齋藤は夏、中国に飛び、妻の弟から紹介された技術者と片言の中国語ながらも、インターネットの言語に対する不満をぶつけ合った。そして彼と、貯金をはたいて翻訳ソフトの開発に取りかかった。

軽く、速く、簡単に。それでもわからなければ、容量の重い画面を開いてさらに深く調べられるように。

10月にはロボワードのサンプルができた。しかし、実はここからが正念場だった。サンプルは、動かなくなったり、時には誤訳も出た。「品質が悪すぎる。日本じゃ売れない」。

が、技術者は「中国ではこれほど品質が問われることはない。なんでダメなんだ！」。齋藤に食ってかかった。12月。齋藤は説明し、説得し、改良を重ねた。

年が明けて、春。プロトタイプが完成、日本に持ち帰ってソニーのパソコンショップを経営していた友人にソフトを預け、ロボワード発売の商談のため、台湾出張に出た。数日して日本に戻ると、思いもしなかった運命が待ち受けていた。

「安藤がぜひ会って話がしたいと言っています。昼12時にここに来てください」

ソニー関係者を通じて連絡をとってきたのは、ソニー社長兼最高執行責任者の安藤国威（当時、パーソナルITネットワークカンパニープレジデント）だった。

当日12時に指定された場所に行くと、安藤をはじめ、数人のソニー関係者が揃っている。ロボワードについて、安藤は質問した。1時間の予定は、3時間に。安藤を呼び出す携帯電話が何度も鳴った。しかし、安藤は意に介さず、やがて鳴りやまなくなるまで話は続いた。

「NECがワープロソフト『一太郎』を育てたようにとまではいかなくても、ソニーもソフトウエアを育てたい」。安藤は言った。齋藤も望むところだった。「アジア人でも優秀なソフトを開発できることを、マイクロソフトのビル・ゲイツに見せたい」。

半年後、ソニーとの契約が成立。ロボワード自体は96年8月、まず台湾で、続いて日本、中国で発売された。爆発的に売れ始めたのは、91年のパソコン国内販売の撤退以来、ソニーが満を持して97年に発売した「VAIO」にロボワードが搭載されてからである。

以後、これまでロボワードの発売本数は国内約200万本、海外約100万本に及ぶ。

ロボワードが従来の翻訳ソフトと異なるのは、マウスポインタを訳したい単語の上に動かしただけで、瞬時に意味が表出されることである。これは、指した位置にある単語の文字コードを読み込んでほかの言語コードに変換する技術で、従来の翻訳ソフトにはなかった。もちろん、単語だけでなく、文章も翻訳できる。

また、英和、和英、中国、台湾での中国語から、韓国語、フランス語、ドイツ語、イタリア語、スペイン語など全14カ国の言語に翻訳対応可能で、サポートソフトをインストールすれば、音声の読み上げに加え、いろいろな言語を書くことも可能だし、複数種類の語学辞典や専門辞書から同時に単語の意味を調べたり文章を翻訳できる機能も備えている。このため購入者は、学生から翻訳に携わる人、教育関係者まで幅広い。

「翻訳ソフトをただつくっても売れるわけではない。OS（基本ソフト）のウインドウズは各国でそれぞれ仕様が違う。ここにもっとも技術が試される」
指した言語を読み取るこの技術は、アメリカ、カナダ、韓国、台湾ですでに特許を取得、日本でも申請中である。

▼「財布に1000円」が起業に

東京農工大3年のときに留年して半年間休学、山ごもりをして東京に帰ったとき、「財布には1000円しか残っていなかった」（齋藤）。このときにアルバイトを始めたことが、起業のきっかけになった。アルバイトといっても、1システム数十億円という、ある大手電機メーカーの光LANシステムの開発である。そして92年、テクノクラフトを設立した。

今、齋藤は沖縄県に設立した事業所をビジネススクールとして活用、県内の学生を〝社員〟として受け入れている。もちろん、学生はアルバイトではない。それぞれプログラマー、デザイナーなどの仕事をこなす。自分たちの製作したロボワードのパッケージなどが商品となって、日本に、いや世界に出て行く可能性をも持っている。実際、「ロボワードV5・5」のパッケージは、沖縄の学生たちがデザインしたものである。

齋藤が使っていた当時の黄ばんだノートには、日本語と中国語が入り乱れ、さまざまなプログラム言語やメモが残されている。貯金2000万円をはたいて賭けたソフト、ロボワードは、テクノクラフトの売り上げの6割を稼ぐ大黒柱に成長している。

（南 敦子）

マーケットデータ

ビジネス定番ソフトも不況の中で強さを発揮

長い不況から抜け出せないのは、ソフトウエア市場も同様で、明暗ははっきり。その中で強みを発揮しているのが、セキュリティーソフトである。

一方で、フリーソフト（無料でダウンロードできる）も根強い人気。翻訳ソフトのフリーソフトもあるが、こちらは簡単な機能に限られたものが多いようである。

翻訳ソフト　売れ筋ランキング

1	本格翻訳2	ソースネクスト	3580円
2	インターネット翻訳の王様 バイリンガルVersion5 バージョンアップ版	IBM	4350円
3	コリャ英和!一発翻訳 バイリンガルfor Mac Ver.2.0 専門辞書バリューパック	ロゴヴィスタ	15800円
4	ATLAS 翻訳パーソナル　2002	Fujitu	6980円
5	英日／日英翻訳ソフト The翻訳プロフェッショナルV7.0	TOSHIBA	65800円

（出所）ソフマップ

余暇

「ステップワゴン」（ホンダ）
「マーチ」（日産自動車）
「マジェスティ」（ヤマハ発動機）
「旅の窓口（宿泊予約サイト）」（マイトリップ・ネット）
「レディーズ・フライデー」（帝国ホテル）
「ベイブレード（ベーゴマ）」（タカラ）
「R３００」シリーズ（テーラーメイド）
「東大将棋」（毎日コミュニケーションズ）

「ステップワゴン」（ホンダ）

ミニバンに興味がなかった技術屋が生んだミニバン

「おじさん、わかってないよ」

2代目ステップワゴンのプロジェクト担当となったLPL（ラージ・プロジェクトリーダー。ホンダの車種別開発責任者の呼称）の竹村宏（42）は、ステップワゴンの開発過程での評価会で、子供にこう言われて驚いた。「大人の勝手な思い込みは許されない」。

初代ステップワゴンは、1996年に発売されて以降、2001年3月まで累計47万台を売る大ヒットとなるなかで4月、フルモデルチェンジを行った。一般に、ヒットした車のフルモデルチェンジは難しいと言われるが、新ステップワゴンはその後も月8000台を上回る勢いで売れている。

「初代ステップワゴンも、従来のミニバンに比べ乗降口が低いなど革新的なものだった。しかし安住していたら革新性が薄れ、埋没するのは目に見えている」と、竹村は言う。

“子どもの目線”をコンセプトに

中村剛氏

竹村宏氏

2代目のプランニングが始まったのは98年。竹村はそれまでレジェンドの内装設計や欧州アコードの車体設計総括など高級セダンを中心に担当してきており、「自分の子どもも成長していたし、購入対象ではなかったから、ミニバンにはまったく興味がなかった」という。設計のまとめ役を担当したLPL代行の中村剛（42）も竹村と同様、ミニバンのことを「よく理解していなかった」と笑う。しかし、だからこそ「頭の中をリセットするためにいろいろな調査をした」（中村）。結果、〝子供の目線〟を強力なコンセプトにした斬新な発想が生まれた。

▼大人の思い込み

竹村はセダンを担当していたころ、参考のために会社が購入した高級外車に乗って自宅に帰ることがあった。ある日、同じように、竹村がステップワゴンに乗って帰宅すると、これまでいくら高級車であっても見向きもしなかった当時小学4年生の息子と1年生の娘が「どうしてウチにはこういう車がなかったの？」と飛び上がって喜んだ。「ミニバンは子供のための車だ」。竹村はそう思った。

そこで、竹村たち開発担当者は全国の観光地やショッピングセンターなどに飛び、ミニバンのユーザーがなぜミニバンを買うのか、どんなふうに利用しているのかインタビューを試みビデオに撮影しまくった。すると「子供のために購入」し、「車の中から家族みんなで楽しく旅行感覚で移動できる」という共通の理由が浮かび上がってきた。さらに、初代ステップワゴンの一般購入者をつぶさに訪問。彼らはどんな服を着てどんなインテリアの中で生活し、週末はどんなことをして過ごすのか――。子供たちの持ち物調査もしたし、インテリアショップ巡りもした。

国内乗用車市場の推移

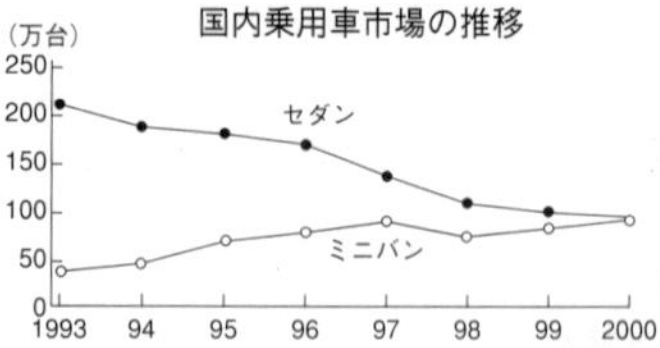

（出所）ホンダ　（注）軽除く

一方で、ホンダ社内のユーザーに、ステップワゴンの中で子供たちはどういう行動をするのか、すべて写真に撮影してもらった。集まった写真は４００枚。ここで、あることに気付いた。ステップが低くなって乗りやすいというが、写真の中の子供たちはみんなかかとを垂直に近くなるまで上げて、やっとのことで車内に乗り込んでいる。満足している、というなかで出てくる数々の小さな不満。子供にとって改善すべき点を選択し、「遊ぶ・食べる・寝る・積む」の四つのシーンに焦点を絞り、竹村らは求める空間を具体的に絵で描いた。

だが、例えば車で食事のできる設計を、というと、技術者たちは「遊びに行ってまで車の中で食事をする人はいない」と〝自動車屋〟として、大人として、当然の反応をする。技術上、安全上難しい、とも言う。自身技術屋である竹村は思う。「技術屋は車に技術的な進歩を求めたくなる。目に見えるし、それが正しいこと、正義だとわかっているから」。

しかし、この場合、ターゲットは家族、ましてやコアターゲットは子供である。ハード面よりもソフト面が重視され、「これをやらないと、お客様が満足しない」（中村）。何か「正義」がないと仕事をしない技術屋たちに竹村は「『使う人の喜び』が正義だ」と訴えた。技術的にできるできないではなくて、家族の喜びがコンセプトなのだ、と。自動車は３００人の開発メンバーが携わる。一つのコンセプトが明示されたことで、３００人はそのベクトルに向かって進むことになった。

▼子供からの「注文」

まず、具体的な〝顔〟を設定した。デザイナーの子供の写真を実寸大の１１７センチと１０５

マーケットデータ

セダンと肩並べるミニバン

ミニバンは3列シート、6～7人乗りが主流の多人数・多用途車。ホンダによると、1999年、ミニバンの新車販売シェアが20%に達し、2001年は26.7%まで増加。一方、セダンは00年に約25%にまで低落。「昔では考えられなかった、“家族の青春時代”を大事にする家庭が増えている」と竹村は言う。

ステップワゴン販売台数推移

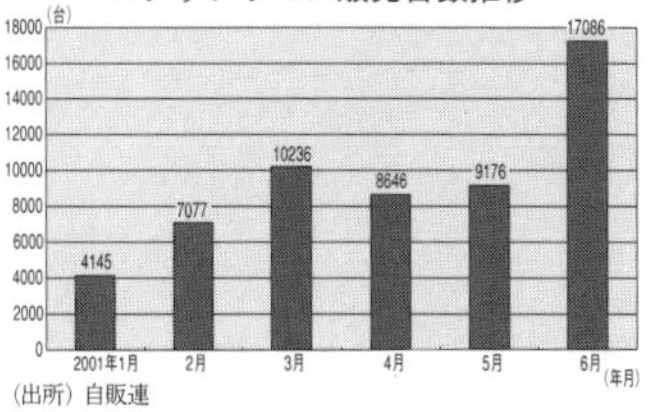

(出所) 自販連

センチまで引き伸ばし、目の部分に穴を開けた。大人である竹村たちは、この穴を通じて子供の目線を実感することになる。子供たちが車内を自由に歩くために必要な高さが初代では不足していることがわかり、2代目は室内高を15センチ高くした。

またある日、開発メンバーの子供たちを集めた評価会でステップ口について子供の意見を求めたとき、乗り込むときのほうが大変だろうと思っていた竹村たちに、子供は「ジャンプしなくちゃならないから降りる時のほうがたいへん。おじさん、わかってないよ」と言った。竹村らはステップを45ミリ低くし、斜めに下げた。子供たちがどこへ行くにも持ち歩くものがあることを知り、シートの背中の裏側に取り外して背中に背負えるバッグをつけた。すべて忘れていた子供の感覚だった。

一方で、親たちの喜びも実現させなければならない。室内空間は広く、だが、小回りは小さく。技術者からは、空間を広げるなら3ナンバーにすればいいと言われたが、それでは大きな車になってしまい意味がない。そのため、エンジンを小さく改良した。また、重量1500キロを超えると税金が高くなるため、軽量化も実現させなければならなかった。

「既存の技術のなかで試行錯誤を重ねたが、コンセプトは最後まで死守した」(中村)。それが2代目ステップワゴンだった。

初代が大ヒットしたあとの2代目のフルモデルチェンジは、プレッシャーであったはずである。しかし、「今回はミニバンの市場があることも、他社が追いかけてきていることもわかっているから、どこに違いを出すかが勝負だった」と中村。その成果は、2代目ステップワゴンのすみずみに表れている。

(南　敦子)

「マーチ」（日産自動車）

仏ルノーと提携という激動を乗り越え誕生

“日産復活”を印象付けた

「こう、かわいくて、おしゃれで、リラックスできて、でも安っぽさはなく、そして乗りやすい。そういう車なんですよ」

新型マーチの開発担当者である日産自動車商品企画室主担の安田誠（43）は、まるで、我が子をめでるように話す。それもそうだろう。新型マーチの開発が始まったのは1997年。その2年後、99年に、再建を期すため日産はフランスのルノー社と資本提携することになる。そうした、企業としての大激動期を乗り越えて誕生したのが、このマーチだったのだから、込められた愛情はことのほか深い。

▼開発から2年の激震

先代のマーチが発売されたのが92年。それ以来、先代マーチも少しずつ改良されてきたが、当初から「次のマーチのモデルチェンジは10年後、2002年2月」と決まっていたという。その通り、97年に開発がスタートする。まず、コンセプトづくりからだった。

それまでのマーチの特長として挙げられていたのは、「小回りが利く」「運転しやすい」だ。だが、安田は考えた。軽自動車の規格の変更（全長10センチ、全幅8センチ拡大）で今後は、コンパクトカーがもっと注目される時代になる。そのとき、ただ小さくて燃費がいいだけでは満足してもらえない。そこで、これから小型の自動車を買おうとしている人、実際にマーチを購入した人たちに意見を聞いて回った。すると「小さくても安っぽくない」「ユーザーが自信を持って乗ることができるコンパクトカー」、そんな意見が多く集まった。97年から約1年間かけて話し合われた結果、最終的にコンセプトは〝おしゃれでいきいきした私のマーチ〟と決まった。

コンセプトと並行して、新しいマーチのパッケージングが話し合われた。パッケージングとは、乗る人を車内にどう座らせるか、ということだ。人が車に乗るときは、上体がなるべく起きている方がいい、目の高さも高い方がいい。車内からの視界も広い方がいい。

「全高（車内の天井までの高さ）はできるだけ高く、幅はできるだけ狭くが理想。だが、そればかりを尊重すれば、縦に長いバランスの悪い車体になる。そのポイントをクリアしながら全体のデザインをよく見せるにはどうしたらいいかが悩みどころだった」（安田）。

コンセプト同様、パッケージングも1年間をかけて方針が決まっていった。開発チームは02年2月の発売に向け、着々とプロジェクトを進めていった。デザインの案もすでに出されていたことはすべて、順調に進んでいた。

ところが、99年3月、激動が始まる。「言葉では言い表せない、大きな変化だった」（安田）。

安田誠氏

日産とルノー社の資本提携が決まったのだ。それまでは当然のことながら、自社の都合だけで車を作ることを考えていればよかった。それが、そうはいかなくなった。合理化を進めるためにも、ルノーと共用できる部分を探さなければならない。無駄は許されない。その結果、02年発売で進められてきた新型マーチのプロジェクトそのものが、99年4月に一時凍結が決定する。「どうなるのか」。一時凍結とはいえ、安田らに不安が募る。

だが、凍結を嘆いているヒマなどなかった。いつ再スタートしてもいいように、やるしかない。日産でいうマーチはルノーのルーテシアやクリオなどに当たる。それらの車種とどこまで部品などを共用できるか。それを話し合うため、安田は急遽フランスへ飛んだ。

機中、安田の脳裏には、それまでの2年間のことがよぎった。開発チームのメンバー全員が懸命に考えてきたこのプロジェクトを、ルノーとの話し合いでどこまで維持できるのか。多くの変更を余儀なくされるだろう。不安だらけだったが、エンジニアのプライドにかけて、事前に「ここまでは譲れない」という案を手にフランスに乗り込んだ。

が、意外にも「ルノー側はよく話を聞いてくれた」(安田)。いろいろな提案を、とりあえずはひと通り聞いてくれるし、前向きに取り入れようとしてくれた。安田が考えていたよりもずっとスムーズに、凍結以前の案を継続して進めることができることになった。

そして、99年7月。ルノー側と話し合った新型マーチの開発案に対し、経営会議でゴーサインが出たのである。残された時間は少ない。

▼進化する車へのこだわり

マーケットデータ
コンパクトカー時代

1998年に車体の規格が大型化して以降、軽自動車の販売台数が急伸した。2001年には日産自動車も軽自動車市場への参入を表明。スズキ、ダイハツ工業、三菱自動車工業、富士重工業、ホンダ、マツダに次いで日産も加わることで販売競争は激化の一途だ。

新車登録・販売台数推移

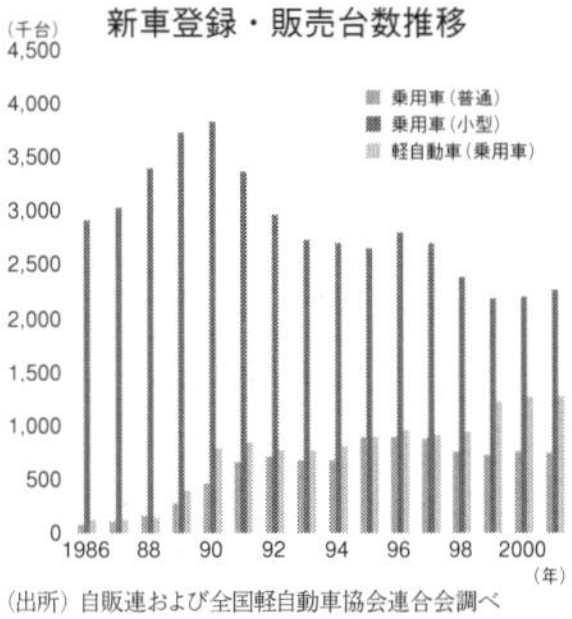

(出所) 自販連および全国軽自動車協会連合会調べ

ルノーとの提携後、開発現場で変化が起こった。それまでの商品開発は、商品主幹という責任者が開発日程、コスト計算から性能まで、1人でまとめ役を担っていたが、責任者の3人体制がとられることになった。具体的には、消費者の志向を徹底的に分析し商品力をとことん追求するチーフ、短期間のプロセスのなかでどれだけきちんと商品を作っていけるかという品質を管理するチーフ、そして、コスト計算やマーチがどれくらい継続的な発展を遂げられるかなど開発プログラムを管理するチーフの3人である。これは、責任者の役割が強化された結果でもある。それまでの商品開発では、いくら優れたデザインであっても設計の都合で変更されることがあったが、この新型マーチではそうした妥協は一切許されなかった。

02年の期限が迫る。それでも、安田は新たな要素をマーチに組み込みたいと考えていた。ユーザーの不満は「音がうるさい」などよりも、「携帯電話が使えない」「渋滞状況がわからない」「道に迷う」など、いまでは車の性能とは直接関係ないことが圧倒的に多い。そこで開発したのが、ハンドフリーの電話機能や地図、交通情報などを搭載したカーナビ「カーウイングス」。さらに、キーを差し込まなくても、身に付けていればロックの開閉ができる「インテリジェントキー」も、他の車種に先駆けて、マーチに搭載することになった。

「運転者のストレスをなくす、新しい価値を新型マーチで実現したかった」(安田)。進化する車を安田はあくまで追求したのだ。そして、01年9月、新型マーチがついに完成した。

開発当初、掲げられたコンセプトは〝おしゃれでいきいきした私のマーチ〟。目の前に姿を現したマーチを見て安田は思った。

「思い描いていたものが形になった」

(山出暁子)

「マジェスティ」（ヤマハ発動機）

通勤バイクを走らせたスタイリング

▼「通勤快速を作ろう！」

1993年、東京都内から20キロ圏内の、あるウイークリーマンション。そこに3人の男の顔があった。ヤマハ発動機MC事業本部第2PM室プロジェクトリーダーの高橋博幸（46）、エルム・デザイン（ヤマハ発動機のデザイン会社）チーフデザイナーの下川博（46）、同じく笠原洋和（34）だ。

「理想の2輪車とは何か？」。男たちのテーマである。90年代前半、排気量126〜250ccの軽2輪車市場は年10万台前後の堅調な販売台数を示していたが、ヤマハ発動機はこのカテゴリーのモデルを持っていなかった。また、電車などのラッシュを嫌い、軽2輪よりコンパクトな原付第2種で家からオフィスまで〝ダイレクト通勤〟する人が増えていた。

通勤でもプライベートでも

（右から）下川博氏、高橋博幸氏、笠原洋和氏

そこで、ヤマハ発動機の商品企画、設計、デザインなどの担当者たちは、通勤のための2輪車に本当に必要なのは何かを探るため、このマンションから東京・渋谷のグループ会社施設まで2週間、いろいろなパターンで通勤を試みようとしていたのだった。

一つは、普通の通勤者のように電車やバスを乗り継ぐパターン。もう一つは、50ccスクーターからオフロードタイプの2輪車によるダイレクト通勤であった。

国道246号線沿いを走るバイク通勤は「予想した以上につらいものだった」と下川は言う。自動車の間をすり抜けていく速度がかなり速いため、モタモタしていると2輪の渋滞ができてしまう。車体が大きくても同様だ。仕事が終わり、疲れた体にさらに疲れが加わった。

この2週間のそれぞれの経験から、加速性、走行性、そして収納スペースに至るまでを話し合い、仮説を立てた。すべてにおいて革新性を持った2輪車とは、4輪車の快適性かつスポーティさを兼ね備えたスクーターである。それが「（2輪車の）通勤快速を作ろうだった」と高橋。

まず、都内の通勤で感じたのは、疲れを感じないライディングポジションが必要だということだった。信号機の多い渋滞路を何時間走っても、砂利道でも疲れないポジション。そこで、1時間連続走行後のシートの座圧分布や心拍数、心電図などを計測し、人間工学的な面からも快適性を追求。その結果生まれたのが、腰の部分をしっかり支え、前後の位置を調節して乗る人の体型に合わせたライディングポジションを取れるバックレスト（背もたれ）だった。

操縦の安定性も大きいな要素だ。フレーム剛性やタイヤサイズの選定、サスペンションのマッチングを繰り返しては、コンピュータと実機での実験を何度も行い、スクーターとして安定しながらも優しい乗り心地を実現した。

また、アタッシュケース、ヘルメットなどの収納スペースの確保も忘れなかった。何をどれくらい積むのか考え、シート下やハンドル下のフロント部分、床下の3カ所に全45リットルのスペースを作った。

笠原は、先行して発売されていた他社の軽2輪のユーザーに話を聞いた。先行車は車体が長く大きいスクーターで、笠原らが目指す方向性とは異なっていたが、非日常を感じさせる雰囲気が評価されていた。コンパクトな車体の軽2輪に対しては、仕事では使うが遠出をする気にはなれないといった不満が聞かれた。笠原は「通勤で使える実用的な部分と、遠出もできる非日常的な部分を兼ね備えるデザインにしよう」と考えた。

イメージしたのは4輪車、BMWの3シリーズだった。シンプルななかにも重厚な落ち着きを漂わせ、さらにスピード感すら感じさせるスタイリング。下川曰く、ターゲットは「いらんことをしていない、つまり無駄を省き、2輪の有効性、大人の走りを知っている人たち」だった。

「見てもらえばわかるはず」(下川)。

しかし、コンセプトは明確にありながらも、完成したクレイモデル(粘土の模型)はまだその域に達していなかったのだろう。社内の反応は冷たかった。「何これ? ダックスフント?」。

「志が高かったんだ」と高橋が笑うように、スタイリング、機能などすべてにおけるトータルバランスで秀でたスクーターを作る——。それが最終的な開発コンセプトだったからだ。高橋も下川も笠原も、さらに納得がいくまで細部の仕上げ、改良に取り組んだ。

「ターゲットユーザーに近い自分たちが、欲しいと思う、こうでなきゃだめだと思う2輪を」(下川)。開発したシートの種類は30にも上った。

95年8月、初代マジェスティ（47万9000円）が発売された。「スポーツセダン」。当時のパンフレットには、こんな言葉が記されている。4輪車のゆとりとバイクの行動力を併せ持ったスクーターがマジェスティだった。

▼「より、らしく」

マジェスティ発売前の94年のビッグスクーター販売台数は約8400台だが、発売の95年、全販売台数は1万4800台に上り、うち5800台をマジェスティが占めた。マジェスティは毎年、購入者の意見を基に改良を重ね、ポテンシャルを高め続けた。

そして99年10月、2代目マジェスティ（54万9000円）が登場する。2代目に対する商品企画からの要求は、前回以上に高かった。「また来たか。やってやろうじゃん」（高橋）。

2代目のシートは、メーンシートとバックレストボックス一体型で5段階調節を可能にした。収納容量を54リットルにする一方、車格は初代並みに抑え、デザイン面で「大きくなっても大きく見えない」（笠原）工夫をした。

「よりマジェスティらしく」（下川）。目指したのは以前にも増した4輪車の質感だった。通常、2代目のヒットはなかなか難しいが、翌年の登録台数は約8500台となった。

2001年、マジェスティの年間登録台数は軽2輪スクーターで初めて1万台を超えた。購入層も、発売当初の30~50代に加え、20代ユーザーが急激に増えている。

02年3月、マジェスティは「大きなマイナーチェンジ」（高橋）を遂げ、さらに発展している。

（南　敦子）

マーケットデータ
“リターンライダー”から若者まで購入層広げるビッグスクーター

250cc クラスのスクーターは 1980 年代から存在していたが、国内販売台数は年 8000 台規模にすぎなかった。しかし、95 年に「マジェスティ」が登場、他社からも同種の新商品が発売されると、97 年には 1 万 9000 台へ伸張し、その後も 1 万 5000 台規模で推移を続けている。

市場が拡大したのは、かつてバイクを楽しんでいた中高年の“リターンライダー”の需要を喚起し、かつここ数年、若年層の購入が拡大したこと。低迷の続く 2 輪車市場で、カンフル剤となっている。

２輪車販売・出荷台数

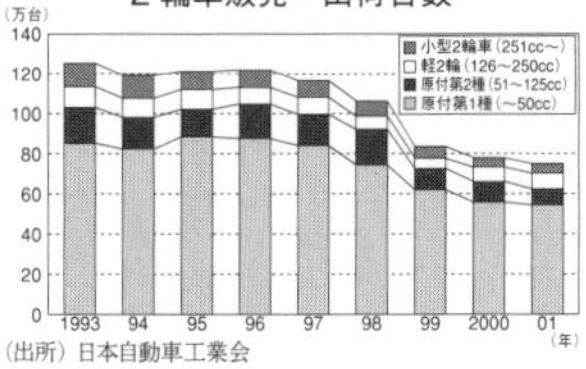

（出所）日本自動車工業会

「旅の窓口」（マイトリップ・ネット）

親から独立した「孫」企業

登録会員数は増える一方

日立造船情報システムという一企業の、部よりも小さい、課の一部門。宿泊予約サイトを運営するマイトリップ・ネットは、ここから始まった。登録宿泊施設数は国内ホテル・旅館・ペンションで1万軒近く、登録会員数は150万人に上り、予約実績は2002年7月に累計1000万件に達している。1996年1月、「ホテルの窓口」という名称で開業した当初は、登録ホテル86軒。同12月時点での会員数は7000人に満たなかった。サイトも、ホテルの名前を並べただけの飾りっけのない「個人がつくるサイトのようだった」と、取締役の岡武公士（41）と開発グループマネージャーの和田俊弘（30）は振り返る。

▼不況の親会社

77年12月に日立造船から独立した日立造船情報システムは、日立造船向けの経理・人事など

（右から）和田俊弘氏、岡武公士氏

の電算関係のシステム開発を主な業務としていた。システムはすべて親会社である日立造船が買ってくれるが、80年代から始まった造船不況は親会社、そして日立造船情報システムにも部門費30％カットなどの追い打ちをかけてきた。内部だけではダメだ、外に向けた仕事もしなければ。そんな雰囲気が社内で持ち上がり始めたのは、94年ごろのことだった。

日立造船のネットワークインフラを請け負ったりしていたため、日立造船情報システムのインターネットに対する環境整備は進んでいた。データベースを連携させたさまざまなソフトの開発もしていた。そこで、釣り舟の予約や人材マッチング事業など、自分たちの持つ〝インフラ〟を利用できそうな業界に話を聞いて回った。「特に旅行業を、という意識があったわけではなかった」と和田は言う。

こうして何をやろうかと模索を続けていたとき、「本社のある大阪と東京間を出張するときに、何度もホテルに電話するのが面倒だった」（和田）というのがきっかけで、95年春、旅行業という異業種への進出が決まった。全部で400人ほどの部署で、マイトリップ・ネット立ち上げにかかわったのは和田などのわずか3人。しかも、それぞれ自分の〝本業〟を抱えての作業だった。

システム開発を担当したのが、和田である。対話型のWWWページなどを作成するときに利用するCGI（Common Gateway Interface）の技術をすでに持っていた和田は、アメリカのコンピュータ見本市「COMDEX」などを見て回り、CGIを利用したビジネスがすでに可能であることを確認した。

また、営業を担当した岡武は、電話でホテルの予約を代理する企業を訪れ、どんなシステムがいいかを相談、同時にそこに登録する東京と大阪の86のビジネスホテルと契約させてもらう約束を取り付けた。

▼営業の術がない

96年1月、フタを開けてみると13件の予約が入った。それでもアクセス数が多かったためサーバーがダウンした。慌ててシステムを止め、和田はサーバー増設に奔走した。

会員へのメール返信や宿泊対応、営業など、最初の3カ月は3人で対応した。「開発担当だったのに、1日中、お客様にメールを送ってホテルにはファクスを送るという対応に追われていた」と和田は苦笑いする。「もうからへんで」。同僚にはこんなことを言われたこともあった。「社内でも、あいつらは何をやっているんだかわからないと、無視されていた存在だった」(和田)。

だが、サイトを開いてしまえば、そこには利用者がいる。「登録宿泊施設が86軒では少なすぎる」との声に、ホテルを増やさなければ、と営業を開始した。ところが、「これまでは営業先といえば親会社。拡販する術を持っていなかった」(岡武)。

入社以後、一貫してプログラムづくりに携わってきた岡武は、もともと営業を希望していた。マイトリップ・ネットで営業をすることになって、「まったくプログラム開発とは異なる職業だ」と思う一方で、おもしろさを感じた。通常、代理店を通すと10~15%を取られる手数料を、マイトリップ・ネットは6%にした。契約ホテルは徐々に増えた。

岡武が営業として本格的にかかわり始めた97年、転機が訪れる。リーガロイヤルホテル大阪と契約が成立したのだ。とは言っても、日立造船と法人契約を結んでいた同ホテルに半年間、手数料無料でお客を送りこむ、というもの。開業1年間の累計予約実績数は1000件、手数料の平

マーケットデータ
百花繚乱宿泊予約サイト やっぱり淘汰が進む

宿泊予約サイトは現在、100以上あると言われる。米国に本社を置くeコマース専門のリサーチ企業「ゴメス（Gomez,Inc.）」は、3カ月または6カ月ごとに独自のノミネート基準に合致したサイトを分析・評価、そのランキングを発表。国内宿泊予約サイトのノミネート条件は、①国内宿泊施設を300以上取り扱っている、②宿泊施設の検索および詳細内容の閲覧可、③ネット上での宿泊施設の空室照会・予約が可能、④1カ月以上先の宿泊予約可能などだが、この条件を満たすサイトは、20ほどしかない（www.gomez.co.jp）。

国内宿泊予約サイト　ランキング

順位	サイト名
1	旅の窓口
2	ISIZE TRAVEL(RECRUIT)
3	JTB
4	ベストリザーブ
5	楽天トラベル（楽天）
6	@Style Hotel Navi（アットマークトラベル）
7	HORNET（日本ビジネスホテル予約サービス）
8	宿泊の王様（エイチ・アイ・エス）
9	J-Yado（ジェイヤド）
10	e-Hotel（JTB情報開発）
11	やど上手（トランスネット）
12	Yahoo! TRAVEL（ヤフー）
13	TOCOO! トラベルブランチ（クーコム）
14	Tourist Village（近畿日本ツーリスト）
15	宿なび（日本旅行）
16	e-お宿（西日本旅客鉄道）
17	予約ウェブ LHOTEL（NTTビジュアル通信）

（出所）ゴメス
（注）2001年6月22日時点でのサービス内容を分析

均単価は400円程度だったから、「年間40万円の目の前の売り上げを取るか、これからの拡販につなげるか」（岡武）の賭けだった。

岡武はさらに、日本列島を東・中・西の3地域に分け、3人に増えた営業マンにそれぞれ毎月20ホテルのノルマを課した。広告宣伝をしていないし、ましてや「インターネット？　何それ」というホテル側の反応がある中での営業だったが、「予約の窓口が増える」という点を訴え説得して回った。こうした努力が実って、その年の年末、ホテルチェーン大手のサンルートが登録。99年11月には単月黒字に転じた。

「インターネットの便利さはわかっていたし、インターネットは人が動くだけで物は動かない。もうからないと言われたこともあったけど、普及するのは間違いないと思ったから」と和田は言う。会員がこれほど増えたのは、「インターネットを使っていたのは、大学の先生や技術者など。良質の利用者の口コミで広がって信頼を得たこと、よく知らない業界だったから、宿泊施設側が望むように空室を売ったことが大きな理由ではないか」と岡武は分析する。

00年2月、マイトリップ・ネットは日立造船情報システムから分社独立した。孫の独立である。会員数や登録宿泊施設がどんなに増えても「成功したとは思っていない。まだまだ途上」と岡武。和田も「注目されるのはやりにくい」と照れ笑いをする。

「ホテルの窓口」から旅の総合ポータルサイト「旅の窓口」へ。さらに海外の宿泊施設も充実させ、発展を図る。

（南　敦子）

#「レディーズ・フライデー」(帝国ホテル)

あぐらをかかない戦略「女性をつかめ」

今でこそ、女性に限定したホテルの宿泊プランは数多くある。しかし、帝国ホテルの女性限定宿泊プラン「レディーズ・フライデー」が登場する1993年以前、宿泊プランといえば、特に女性を対象とすることもなく、稼働率が低くなるお正月などのシーズンに実施されるのが普通だった。

「どの程度の反応があるのか、はっきり言ってわからなかった」。帝国ホテル宿泊部客室予約課支配人の可知恵子(40)は、レディーズ・フライデーが93年11月に実施されたとき、これほど反響を呼び、ましてやこれほど長い期間、実施されることになるとは思ってもみなかった。

▼利用客とともに進化

92年ごろ、帝国ホテルは、金曜日と日曜日の稼働率が非常に落ち込むという悩みを抱えていた。

客とともに成長してきた

可知恵子氏

金曜日はビジネス客が一斉にいなくなる。そのうえ週休2日制が定着し、休みを有効に使いたいという人が多くなったことも影響をもたらした。土曜日には観光客が増え稼働率も上がるが、日曜日にはまた減少した。

一方で、円高が進行しつつあった。帝国ホテルの外国人利用客比率は60％に及んでいた。ビジネス客以上に、観光客の利用が激減。影響は大きかった。国内の需要を喚起するしかない――。

そこで、ランチのような女性限定のプランが宿泊にもあったらいいのに、というお客様の声があったことから、女性対象の宿泊プランはどうだろうかということになった。金曜日の仕事帰りに気軽に寄ってもらえそうなＯＬをイメージ、朝、ゆっくり起きて朝食か昼食どちらでも好きなほうを選べるように、チェックアウトの時間を13時まで無料延長できるようにした。部屋はスタンダードルーム利用で通常1室2人3万9000円の価格を、サービス料、朝食代込みで1人1万3500円（当時）とした。

1日30組の利用客を想定していた可知たちは、驚いた。大々的な告知はしなかったが、フタを開けてみれば1日平均150組、多いときには180組もの人たちが宿泊した。しかも年齢層は、20～29歳と30歳以上の比率がほぼ半々。予想以上の宿泊客の多さに、昼食用に用意したフレンチレストランのほかに、和食、中華の店舗も用意しなければならないほどだった。翌年3月31日までの半年間限定のはずだった実施期間は、9月30日まで延長された。レディーズ・フライデーの実施前と実施後で、金曜日の稼働率は20％近くアップした。

レディーズ・フライデーは、半年ごとに延長されてきた。その都度、利用客のアンケートを元にして少しずつ改良を加えている。憧れの帝国ホテルに泊まった記念の品が欲しいという声に応え、オリジナルの化粧ポーチをプレゼントにつけた。また、帝国ホテルでしかできないサービスをということで、オプションでマリリン・モンロー来日時と同じメニューの朝食をルームサービスで届ける企画も行った。エステ、ショッピングの10％割引など、すべてアンケートの意見を元にしたものである。

「お客様にもレディーズ・フライデーを一緒につくっていこうという気持ちがあるのではないか」。可知は言う。それを証明するかのように、レディーズ・フライデーのリピーター率は高い。月に2、3回来る人もいれば、すでに60回ほど宿泊している母娘の利用客もいる。

可知たちも、実際に利用客がどんな様子で楽しんでいるのか知りたいと、大きな部屋を開放し、カクテルを無料で提供しながら話を聞く機会を設けたこともあった。50代、60代、中には70代の人もいることや親子の利用も多いことがわかった。あるお客様が「帝国ホテルだからと緊張して来ても、スタッフが親しげに接してくれてとてもうれしい」という話が可知には印象的だった。

▼得意ではない女性層をターゲット

「よく許可してくれたな」。可知はレディーズ・フライデーを企画したころをそう思い出す。レディーズ・フライデーは、帝国ホテルの組織的変革の中から生まれた。それ以前は企画を統括するセクションがすべての宿泊プランやイベントを企画し、それを宿泊、イベントなどそれぞれの担当が現場で実行していた。しかし、当時のある役員が「一村一品運動」、つまり一部一企画の提案を提唱、それが実施されたのである。

宿泊部は、企画立案にあたってフロント課など各セクションからアンケートを集め、その後、

マーケットデータ

都会人のシティホテル利用増える

都心に住む人が、わざわざ高級シティホテルに宿泊するケースが増えている。右は、帝国ホテルが1993年11月に開始したばかりのレディーズ・フライデー利用者に行ったアンケートだが、居住地域は都内、関東近郊に集中している。この傾向は最近、特に強まっており、ザ・リッツカールトン大阪の宿泊客は関西在住の人が6割を占めるという。心地よいサービスが人々の心を癒すのかもしれない。

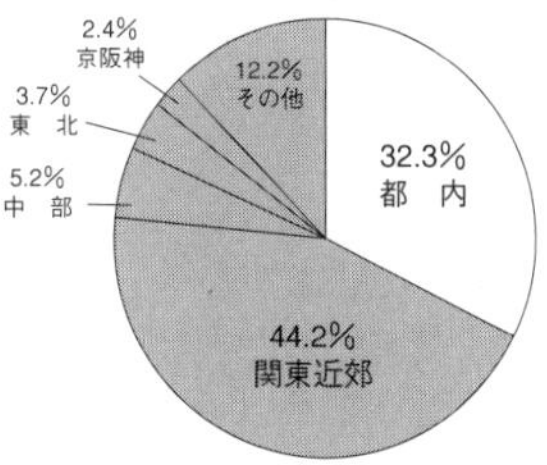

可知のほかに代表が集まりプロジェクトチームをつくった。「稼働率の低い金曜日、日曜日をどうするか、必死に考えた」（可知）。

レディーズ・フライデーを企画してはみたが、ビジネス客中心の帝国ホテルで女性は得意な層ではないし、過去の比較資料があるわけでもない。それに、マーケット調査をしてコストをかけるほどには売れないかもしれない。また社内では、価格を下げてサービスを提供することでほかの価格帯にまで影響を与え、値崩れを起こすリスクを心配する声もあった。社外でも、「どうなるのだろう」という様子見の感があった。

過去に例のない企画案件は、部門長から総支配人までの許可が必要になるが、レディーズ・フライデーは、可知の予想に反してすんなりと通った。「女性だけをターゲットにしたこと、金曜日の夜に絞ったことがよかったのかもしれない」（可知）。その後、日曜日、夫婦限定の「夫婦でのんびりサンデー」プランを発売した。

可知は入社以来、宿泊部に勤務、2年前に客室予約課支配人に就任した。客室予約課は、過去のデータをもとに1057室ある帝国ホテルの客室を、いかに有効にコントロールして最大限の売り上げを上げるかを決める、ホテルの頭脳にあたる。可知は、帝国ホテルでは女性で初めての宿泊予約課支配人となった。

98年発売の、エステを組み合わせた「サンクスマイセルフ」（2001年、「マイリラクゼーション　ステイ」に名称変更）は、レディーズ・フライデーの経験を生かして「利用客と一体化してきたなかで企画された商品」（可知）だという。レディーズ・フライデーの利用者は02年夏、延べ10万人を超えた。

（南　敦子）

「ベイブレード（ベーゴマ）」（タカラ）

ベーゴマとコミックの融合
伝承玩具復活の舞台裏

タカラ取締役マーケティング本部副部長兼ボーイズマーケティング部長の真下修（38）は、おもちゃの開発を「ギャンブルみたいだ」と言う。移り気な子供相手の商品は、当たると爆発的ブームになるが、外れれば全く見向きもされない。「子供だまし」という言葉があるが、子供こそだませない、と真下は思っている。

そんなギャンブル性の強い市場のなかにも、ある定義を真下は見つけた。「伝承玩具はヒットする」だ。伝承玩具とは、昔からあるおもちゃのこと。伝承玩具は、基本的におもしろいものだから息長く存在している。また、親世代からのウケが良い。健全なイメージがあるし、親自身が幼少期に遊んだ経験があるため、その楽しみ方を子供に伝えやすいからだ。さらに、〝復活！〟という見出しの下、マスコミに取り上げられやすいので宣伝しやすい——。

それを裏付けるように、1993年に真下は「ビーダマン」というビー球のおもちゃを開発し、

現代っ子の心もとらえたベーゴマ

真下修氏

これが大ヒットした。「それなら次は、コマがあるな」。真下は新商品はコマで行くことに決めた。96年のことだった。

▼やっぱりコマはダメ？

開発チームは真下とベテラン技術者と入社2年目の若手の3人。初めに作ったのは、一つのコマを紐の上で自在に操る一人遊びのもので、ヨーヨーのように「こんな技ができる」という〝達成技術モノ〟だった。満を持して発売に踏み切った。が、売れなかった。それならば、と今度はコマにキャラクターをつけてみた。すると、人気ロック歌手がテレビでこのコマを持っていると言ってくれた。「これで火がつくぞ！」。そう期待したが、やはり火はつかなかった。

コマは2回失敗した。営業からも「やっぱりコマは難しいんじゃないですか、真下さん」と言われる日々。だが、真下はどうしてもコマを捨てる気にはならなかった。そんなとき、マンガ雑誌の『コロコロコミック』とゲームメーカーのハドソンと一緒に共同でキャラクターを開発する話が持ち上がった。真下はここでコマを使えると思い、ぜひやりたい、と即答した。

このメディアミックス戦略には、ベーゴマを使うことで合意した。漫画のストーリーは、主人公の少年が伝説のベーゴマ「ベイブレード」を使って世界各国のチームとバトルを繰り広げ世界一の「ベイブレーダー」となる、というもの。ハドソンのゲーム用ソフトはこの漫画の世界観を描いたRPG（ロールプレイングゲーム）となった。

では、玩具はどうするか。こうした〝コンセプト先行型〟の開発は、イメージが出来上がっておリ、それに基づいて形にしていくため難しい。また、ベーゴマ、といっても何か新しいものとして生まれ変わらせなければ受け入れてもらえない。そこで真下の頭に「改造」というキーワードが浮かんだ。さらに今、子供たちの間で流行しているカードゲームが目についた。カードゲームは数多あるカード中から、攻撃が強い組み合わせ、魔法が使える組み合わせ、など、子供が自分の戦略に合わせてカードを組み合わせて対戦するもの。この「組み合わせ」と「対戦」という要素を取り入れたらどうか、と考えた。部品の種類が多ければ、男の子の収集癖をくすぐるものにもなるだろう。

そこで真下は、ベーゴマを五つのパーツに分け、それぞれ形や重さの違うものを何種類もつくり、その組み合わせによって「攻撃力」「防御力」「維持力」に差が出るものにしようと決めた。それを、ベテランの技術者に伝え、形にしてもらうよう頼んだ。構想は完璧だ。

ところが数日後、技術者から返ってきた答えは「組み合わせを違えても差が出ません」。やはり、重ければ、攻撃力も防御力も維持力も、すべて勝ってしまう、というのだ。組み合わせによって違う戦略が立てられることに、このベーゴマの醍醐味があるのだ。真下は「もう一度やり直しましょう」と技術者に言った。今度は自分も参加した。日中はほかの仕事があるため、ベーゴマの実験は夜になった。コマの軸の太さを変えたり、遠心力の違いが出るようにしたり、最後は1グラムずつプラスチック破片を乗せていき、重さを調整していった。深夜の会社の一室で男が3人、何秒ベーゴマが持ちこたえるかを時計で計り、1グラムずつ重さを変えながらベーゴマの対戦を続けた。すると、明らかな違いがある組み合わせが生まれてきた。「これならいける！」。

メディアミックス事業の話が持ち上がったのが98年の夏。「ぜひやりたい」と即答してから半年が経過し、99年1月末にようやく完成した。

マーケットデータ

人気はやっぱりテレビゲーム

単価が高いのも一因ではあるものの、時代を反映してテレビゲームが上位を占める。女の子のおもちゃがランクインしていないが、最近は女の子のおもちゃ離れが進んでいること、また女の子は「他の子と同じものはイヤっ！」とオリジナリティーを求める傾向があるため趣向が集中せず、ヒット作が出にくいらしい。

2001年9月おもちゃ売り上げベスト10

1	ニンテンドーゲームキューブ 本体（任天堂／GC）
2	プレイステーション2 本体〈SCPH－30000〉（ソニー・コンピュータエンタテインメント／PS2）
3	ゲームボーイアドバンス 本体 ミルキーブルー（任天堂／GBA）
4	ルイージマンション（任天堂／GC）
5	遊戯王 オフィシャルカードゲーム デュエルモンスターズ 闇を制するもの（コナミ）
6	遊戯王 オフィシャルカードゲーム デュエルモンスターズ ブースタークロニクル（コナミ）
7	ワリオランドアドバンス（任天堂／GBA）
8	スーパーロボット大戦A（バンプレスト／GBA）
9	ゲームボーイアドバンス本体 バイオレット（任天堂／GBA）
10	ゲームボーイアドバンス本体 ミルキーピンク（任天堂／GBA）

（出所）社団法人日本玩具協会（www.toynes.or.jp）

▼売り上げ10倍

苦心の作「ベイブレード」は99年7月発売になった。売れ行きは好調だったが、地域によって売れ行きにばらつきがあるなど、爆発的ヒットというわけにはいかなかった。が、発売1年後、それまで『コロコロコミック』で連載していた話をアニメ化することが決定した。真下は「アニメ化後は、売り上げ3倍増くらいにはなる」と期待した。

第1回目の放送は2001年1月8日。その次の週におもちゃのイベントがあった。真下は反応が知りたくて、朝からイベント会場に乗り込んだ。すると、「ベイブレード」のブースに集まる子供の様子が、これまでの反応と違うように思えた。それに続いて毎週全国各地で同様のイベントが行われたが、3週目には、将棋倒しになるおそれが出るほど子供たちが集まり、会場での販売を中止せざるを得ない事態となった。アニメ放映によって、ベイブレードの知名度が一気に高まり、あっという間に大ブームになってしまったのだ。

売り上げはアニメ放映前の10倍に跳ね上がった。真下はこだわり続けたコマでとうとう大ヒットを飛ばした。「ホントに大丈夫なの？」と周囲に言われながらも諦めないで続けた結果だった。そしてやはり、伝承玩具はヒットした。

01年、真下は功績を買われて社内で最年少の取締役に抜擢された。忙しさは増し、ベイブレードにつきっきりとはいかなくなってしまった。が、今でも気になって仕方がなく、現在の担当者についつい「もっとこうすれば？」と声を掛けてしまうのだという。

（山出暁子）

「R300」シリーズ（テーラーメイド）

米国企業の日本人開発者が発信

「これほど成功するとは思わなかった」

米ゴルフクラブメーカー、テーラーメイドアディダスゴルフのマーケティング・商品開発部ディレクター、山脇康一（41）は取材の冒頭、ボソッと言った。

2001年1月に発売されたテーラーメイド「R300」シリーズは、ドライバーだけで20万本以上売れた。通常、5万本でヒット商品というから、異例の売れ行きだ。

山脇は普通に言ったが、R300シリーズには「新生テーラーメイド」の社運が懸かっていた。

R300シリーズは、なぜそれほど売れたのか。それは「プロから一般ゴルファーまで、すべてのゴルファーにマッチする」クラブだからである。ゴルフクラブは、プロ向け、一般ゴルファー向けと商品が区切られているが、これは正しいことなのか。プロでもスイングによって一人ひとりクラブが異なる。一般ゴルファーも同様ではないか。

すべてのゴルファーにマッチするクラブを目指した

山脇康一氏

そんな疑問から始まり、R300シリーズは、ヘッドで3種類、シャフトも3種類のスペックをそろえ、ユーザーが自分に合ったクラブを簡単に選択できるシステムを確立した。業界初の試みだった。

コンセプトに伴い、まず影響力のあるプロゴルファーからトップアマチュア、そして一般ゴルファーへ購入層を広げることをマーケット戦略に、PGAツアーのプロ使用率ナンバーワンを目指した。実際、現在に至るまで1年半にわたって同ツアーでの使用率は90%前後に上っている。

▼買収、そして路線変更

山脇は、1987年に仏テーラーメイドサロモンに入社した。翌88年、サロモンは日本拠点を設立。山脇は組み立て工場立ち上げに携わり、日本市場向けゴルフ用品の商品開発などを担当していたが、フランスを拠点とした本社とのマーケット戦略は乖離する一方だった。

98年、テーラーメイドサロモンは独大手のスポーツ用品メーカー、アディダスに買収される。テーラーメイドアディダスゴルフはアメリカを拠点とし、米国に次ぐ2番目に大きな市場として日本を重要視した。日本の市場について多くの意見を取り入れたい。そして、〝テーラーメイド〟(仕立てる)というブランド名にふさわしいクラブを生み出したい。

そこで日本からの人材が必要とされた。白羽の矢が立ったのが山脇だった。

山脇にとって、アメリカの環境はよりよいものだった。設備も整っている。プロトタイプが1週間で完成できることもあった。日本では不可能だったことだ。アメリカに不自由はなかった。

だが、経営環境は決していいとは言えなかった。00年9月、経営判断が下された。

日本は日本、アメリカはアメリカと異なるスペックで製造してきた開発体制は、共有できる部分は共有し、例えばシャフトやフェースなど国ごと、地域ごとで異なる部分はそのマーケットごとに開発するとした。「180度の方向転換」（山脇）。「開発も営業も、自分たちがやってきたことを正しいと思っているから、変わることに抵抗があった」。

しかし、不思議なもので、ある日、経営トップの話を聞いた社員全員のベクトルが一つになっていた。「テーラーメイドアディダスゴルフにとって、ナンバーワンゴルフカンパニーになるためには、日本での成功は不可欠」。山脇だけでなく、全員がそう強く感じた。山脇の下に、技術など4～5人の人間が集まった。

そしてマネジメント、開発――山脇が温めていた日本人の発想をアメリカに持ち込んで3年かけて開発されたのが、新生テーラーメイド第1弾のR300シリーズだった。

R300シリーズが起爆剤となって、前年に72億円だった売上高は、01年度には約150億円に倍増した。「うれしい誤算」（山脇）だった。

▼米本社とのシナジー効果も

最近のゴルフクラブは、反発係数（COR）の高さだけを謳っている製品が多い。CORとは、クラブヘッドのフェースにぶつけたボールの反発後の速度を測定・算出したもので、係数が高いほどボールが飛ぶとされる。

このCORをめぐって「戦争」が起きているほどだが、そもそもCORに対する動きには、二つの流れがある。一つは、USGA（米国ゴルフ協会）の規制で、CORが0・83を超えるクラ

マーケットデータ
ゴルフ用品市場は1990年代から横ばいに

ゴルフ用品市場は1990年代後半から横ばいの状況である。

しかし、クラブ別で見てみると、2000年のドライバー市場は、数量228万本（対前年比101.1%）、金額ベースで589億円（同104.6%）となっている。「01年において最も成果を上げたのは、『テーラーメイド』と『ブリヂストン』だった」（矢野経済研究所『2000年ゴルフ用品市場総括と今後の展望』）。01年も、ほぼ同じ傾向で市場は推移するとされる。

ゴルフクラブ国内出荷金額

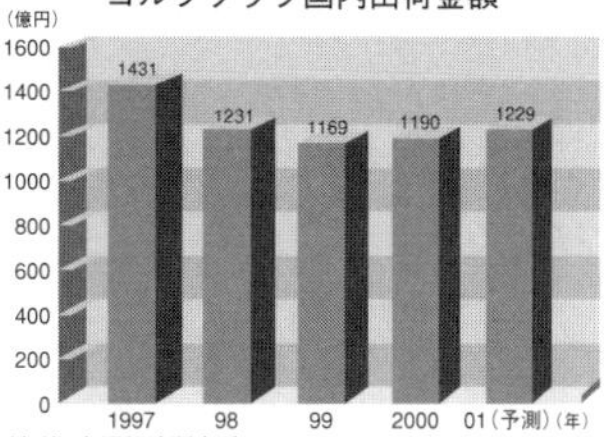

（出所）矢野経済研究所

ブは、USGAの指定する公式競技では使えない。対する欧州の規準となる英R&A（ロイヤル・エンシェント・ゴルフクラブ）は、規制なし。日本はこのR&Aに所属しているため、「COR戦争」が年々激化していた。

しかし、CORが高いといっても、フェースのすべての部分で高くなるわけではない。CORが高くなるのは、芯だけ。ゴルファーにそこをジャストミートするだけの技術がなければ、残念ながら高反発の意味はない。

しかも、重くなるヘッドの反発係数を高めるためには肉厚のフェースを薄くする必要があるのに、薄いだけでは重心の位置が適切でなく、性能も低下し、品質面で問題が出る。

そこで、02年7月1日に発売したR500シリーズでは、R300シリーズ同様、ヘッドの肉厚を薄める一方、それを強力なフレーム構造に組み込んだ。また、芯を外したときのCOR低下を最小限に食い止め、フェースのトランポリン効果を高めることで遠くへ飛ばす技術に加え、個々のヘッドの重心を調節できるカートリッジ機能も備えるものとした。

ヘッドはR300シリーズ同様、3種類。バリエーションは計60通りに上る。

「ディスプレーや発表イベントなど、マーケティング面でも日本のほうが上手にやっているくらい。アメリカでも使いたいという社内関係者もいる。日米のシナジー効果も期待できる」（山脇）。

山脇には、過去の経験から「日本で成功する商品はアメリカでも成功する」という確信がある。

その確信を、R500シリーズにも感じている。

（南　敦子）

「東大将棋」（毎日コミュニケーションズ）

素人ソフトをヒットさせた技

「室長、すごいソフトが見つかりました！」。受話器から、興奮した声が聞こえた。

毎日コミュニケーションズのＩＴ事業部通信ソフト室の室長、小川明久（41）は、千葉県木更津市で開催された、将棋ソフトの強さを競う「世界コンピュータ将棋選手権」の１９９８年大会に、部下を派遣していた。聞けば、決勝リーグ戦を破竹の勢いで勝ち続ける素人のチームがあるという。「骨のあるソフト」を探していた小川は、受話器をおろすが早いか、木更津へと向かった。

会場に到着した小川は目をむいた。ライバル企業が発売し人気を博していた将棋ソフトを、「ＩＳ将棋」という、全く無名のソフトが追い詰めていたからだ。

小川は１９９３年、それまで編集長を務めてきた『週刊将棋』の担当から外れた。ＩＴ事業部への異動を言い渡され、最初に取り組んだ仕事は、将棋ソフトの販売だった。とはいえ外部のソ

強すぎて困っている「東大将棋」

小川明久氏

フト会社が制作したゲームを、販売店に取り次ぐ仲介業務にすぎなかった。売り上げも芳しくなく、95年には、販売権も切れた。

将棋愛好者の対戦相手を務めてくれるパソコン用の将棋ソフトの世界で売れるのは、最強のソフトだけだ。「自分たちが開発する強いソフトを売りたい」。「世界コンピュータ将棋選手権」に注目したのは、そんな折だった——。

▼無名ソフトが優勝

「うおーっ!!」

IS将棋が優勝を決めた瞬間、会場がどよめいた。

「あのソフトの制作者は誰だ。早くアポイントメントを取りつけろ」

間髪を入れず、小川の指示が飛んだ。

数日後、部下が連れてきたのは、棚瀬寧（27）を筆頭とする、東京大学の現役の大学院生3人だった。いくつかのソフト販売会社からオファーを受けていたにもかかわらず、棚瀬は毎日コミュニケーションズと組んだ。小川が編集長を務めた『週刊将棋』が棚瀬の「愛読書だった」からだ。確かに、学生時代にメンバーの一員として全国大会の団体戦で優勝した経験を持つ小川は、一枚上手だった。棚瀬のプログラムの欠点を見抜いた小川は、翌年の大会に向けて改良すべく、一つひとつメールで注文を出した。小川の的確な指摘に、棚瀬は寝る間も惜しんでプログラムに取り組んだ。

「将棋のソフトを作りたいがために、大学1年生になるやプログラムの勉強を始めた」という棚瀬は、大学４年のとき、初めて大会に参加した。「君たちは参加することに意義があるんだろうね」との対戦相手の冷やかしも気に留めず、結果は予選で５勝２敗と、初戦にしてはまずまずの成績だった。だが、新参者の躍進に、周囲は厳しかった。

「まぐれなどと言われたら、黙ってはいられない。実力で示してやろうと、プログラマー魂に火がついた」（棚瀬）。開発の間、多い日には、何十通ものメールのやり取りが行われた。

市販化を意識して、多くの人が飽きずに楽しめるよう、10万通り以上にも及ぶ定跡（攻めのパターン）をプログラムに組み込んだ。ようやく完成した商品には、「東大将棋１」の名が与えられ、大ヒットした。だが、満を持して臨んだ翌99年の大会で、東大将棋は苦戦した。たくさんの定跡を組み込んだのが、大会ではあだになった。手を広げすぎたため、ここぞという時の必殺技がなくなってしまったからだ。それでも、あと一つ勝てば優勝できるところにまで、何とかこぎつけた。最終戦でも、不利な展開のまま大詰めを迎えた。だが、大会のルールでは、時間制限がある。

「あと数秒で、相手は時間切れだ」

勝った、と思った瞬間、勝負がついた。ところが、コンピュータのスクリーンに映し出された「投了（降参）」の文字は、なんと東大将棋を示していた。

「一体どうしたんだ」。スタッフ一同、騒然とした。時間切れを待たずして、形勢不利と踏んだ東大将棋のプログラムが、自動的に投了と判断してしまったようだ。

「棚瀬はその場でうずくまり、頭を抱えていた。その後もしばらく伏せっていたのだろう。会社にも顔を出さなかった」と、小川は振り返る。

マーケットデータ

注目集めるゲーム業界

家庭用ゲーム機の元祖は、言わずと知れた任天堂のファミリーコンピュータ（1983年発売。通称ファミコン）。80年代末あたりからは、業務用ゲーム機メーカーのセガばかりでなく、NECや松下電器産業などの大手電機メーカーも参入したが、ソフトの充実が遅れたため相次いで撤退に追いやられた。「ゲーム機もソフトがなければタダの箱」というわけで、各ゲーム機メーカーの間では、熾烈なソフト争奪戦が繰り広げられている。

ゲーム機器とソフトの国内市場規模の推移

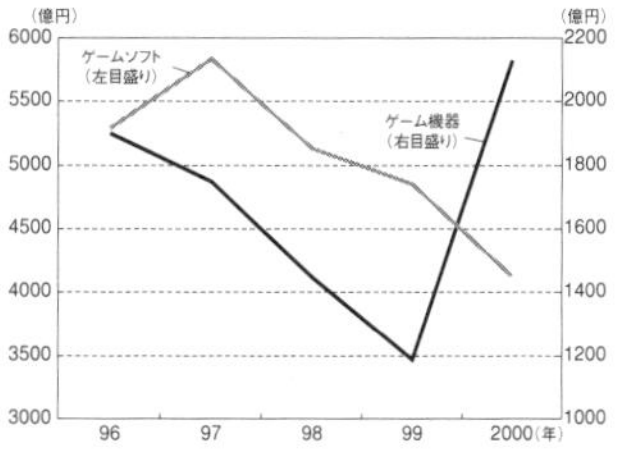

商売の世界は非情だ。「東大将棋1」が爆発的にヒットしたのも、「世界コンピュータ将棋選手権」優勝の冠があっからこそ。優勝を逃した99年大会の直後に発売された「東大将棋2」の売れ行きは、1万本を切り、低迷した。

▼プログラマー冥利

翌2000年の大会を見据え、再び小川と棚瀬のメール交換が始まった。とはいえ「ほぼ完成されたプログラム」（小川）だったため、作業は「それほど負担とはならなかった」（棚瀬）。「今度は大丈夫だ」と小川が踏んだ通り、00年大会では優勝、そして01年大会ではついに全勝優勝を達成した。

「これまで東大将棋をバカにしていた人たちも、今では必死になって東大将棋を研究している」と棚瀬はおどけて笑う。

発売開始から4年がたとうとしているが、パソコン用やゲーム機用でこれまでに売り上げたシリーズ全体の売上総額は、5億円を突破した。一時1万本を切っていた売り上げ本数も、現在発売中の「東大将棋4」では、発売5カ月ですでに8000本を売り上げた。

「自分で作ったソフトを楽しんでもらえれば、プログラマー冥利に尽きるというもの。もっと大勢の人たちに楽しんでもらいたい」

と、棚瀬が言えば、

「あまり強くしすぎても、マニアにしか売れなくなってしまう」

と小川は苦笑する。だが「次の大会も優勝したい」という思いは同じだ。

（平田　紀之）

環境

「天敵昆虫とマルハナバチ」（アリスタライフサイエンス）
「鉛フリーはんだ」（松下電器産業）
「シェル　ピューラ」（昭和シェル石油）
「エコ・ファンド」（グッドバンカー）

たかが虫 されど虫

「天敵昆虫とマルハナバチ」（アリスタライフサイエンス）

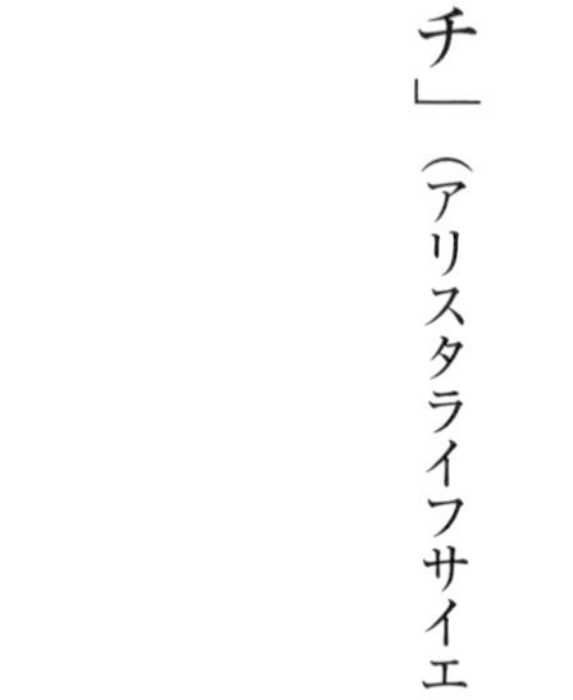

ハチが受粉を助ける

カリフォルニアの抜けるような青空の下、アリスタライフサイエンス（東京・中央区）アグリサイエンス本部の和田哲夫（49）は、米国の農業事情の視察にきた日本の農薬会社の人々を案内しながら、一面に広がるイチゴ畑を歩いていた。

1985年から米国トーメンのサンフランシスコ支店に赴任して3年。商社マンの性か「何か面白いものはないか」との思いが頭を離れない。ふと足元を見ると、プラスチックのボトルが落ちていた。ラベルには「チリカブリダニ」と、学名で記されていた。仕事柄、イチゴに寄生する害虫ハダニを捕食する昆虫、天敵昆虫だとすぐにわかった。だが、チリカブリダニがボトルに入っているとはどういうことか——。

和田は早速、天敵昆虫の研究で有名なカリフォルニア大学デービス校を訪れ、専門書を繰った。

和田哲夫氏

▼目には目を「虫には虫を」

農作物には、アブラムシやハダニなど、作物を食べたり、卵を産み付ける害虫が発生する。その害虫を駆除するため、日本でも戦後から化学合成農薬が用いられるようになった。農薬をかければ虫は死に、葉からポロポロ落ちる。見た目にもよくわかるその効果で、爆発的に普及した。だが、農薬を頻繁に使用するうちに害虫も順応し、〝耐性〟を身につけてしまう。耐性をもった害虫に対しては、より強力な農薬を用いるしかないため、環境汚染が懸念される。

一方、害虫の生態をつぶさに観察すると、ヒラタアブの幼虫、クサカゲロウの幼虫、テントウムシの幼虫などが、アブラムシやハダニを捕食するのがわかる。これら害虫の天敵昆虫は、すでに欧米では農薬に代わる製品として、実用化されていた。

当時はまだ天敵昆虫を養殖している大手企業は、世界中に数社のみ。カリフォルニアのイチゴ畑で見かけたボトルを作っている会社、オランダのコパート社は、近代的な工場で虫を大量生産していた。ボトルに詰められた製品は、温度や湿度などの品質管理もしっかりしていた。

早速、日本で独占販売する商権を手に入れようと交渉に入った。ところが、コパート社は、「日本はコピー商品を作るのが得意だという。ウチの商品も、コピーするつもりなのだろう」と、なかなか首を縦に振ろうとしない。和田は何度もコパート社を訪れた。

「トーメンは商社だ。コピーする気など毛頭ない。コストも低く効率の良い御社で生産すべきだと考えている。コパート社とは末永いお付き合いをしたい」。それでも相手は頑として受け付けない。度重なる意見の食い違いに、ついに和田は怒鳴り散らした。

「日本がコピーを得意にしていたのは終戦直後の話だ。バカにするのもいい加減にしてくれ」和田の熱意が通じたのか、コパート社側もついに折れた。数千万円の手付金を支払い、トーメンは89年、コパート製品の独占販売権を得た。

ようやく商権を取得したが、今度は、日本国内の規制の壁が立ちはだかった。天敵昆虫は農薬扱いとされたため、農水省が主管する農業取締法などの基準をクリアしなければならないとわかった。しかも、輸入された前例がないから、検査のガイドラインがない。独自の安全基準作りから始めなければならなかった。試験を繰り返しては、何度となく農水省に赴いた。申請作業にてこずり3年が過ぎようとしていた折、コパート社から別のビジネス話が持ちかけられた。

「トマト農家の手間を大幅に軽減する手法がある。マルハナバチだ。日本でやってみないか」

トマトの花のめしべは、おしべの房に囲まれている。おしべの房の中には、花粉が含まれていて、揺すると花粉がこぼれ、めしべに受粉する仕組みだ。日本のトマト農家は、ホルモン剤を花に噴霧して擬似受粉をさせたり、トマトの花の一つひとつに電動歯ブラシのような機械をあて、受粉させたりしてきた。

マルハナバチは一見クマバチに似たハチで、花粉を集める。巣が一つあれば、放っておいてもハウス内のトマトの受粉作業をしてくれる。「ハチが普及すれば、ハチを殺さないためにも、農薬の使用は制限される。そうなれば、農薬に代わって天敵昆虫の活躍の場も増える」との考えもあった。マルハナバチは、農業資材のため輸入許可さえ下りれば農水省に申請する必要がない。すぐに輸入を始めた。

マーケットデータ

急減している生鮮野菜生産量

1988年に1669万5000トンだった日本国内での生鮮野菜の生産量は、2000年には1387万6000トンと、急減している。若い世代の食嗜好の変化に加えて、中国など安い海外産の野菜へのシフトが顕著だ。国内の農家は近年、付加価値の高い有機・減農薬野菜の生産に乗り出している。

急減している生鮮野菜生産量

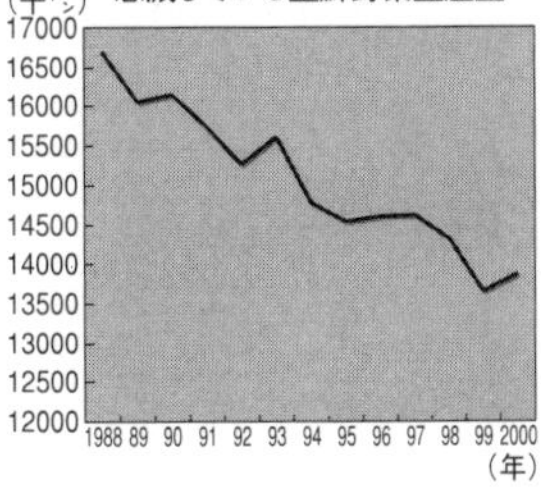

▼地を這う営業が奏功

保守的な日本の農家は、伝統的な栽培方法にこだわっていたため、マルハナバチの導入に消極的だった。地方に出向いては、ハチによる受粉の仕組みや、飼育のノウハウなどを説明して回った。

しかし、相手は生き物だ。冷や汗をかく場面もたくさんあった。

「巣箱からハチが飛び出さなかった。ハウス内の温度が低いのが原因だったため空調の温度を上げると、今度は燃料代がもったいない、と我々が帰るとすぐ温度を下げてしまう人もいた」

とはいえ評判は、徐々に広まった。「人件費の節約に加え、本当に受粉したトマトには種があるから、実がしっかりして甘みが強い」からだ。販売開始から9年、いまでは全国のトマトやナスを栽培する農家の、およそ4～5割が導入するまでに至った。国内市場規模はおよそ10億円と、成長を続けている。

かたや天敵昆虫。マルハナバチの販売開始から遅れること2年、ようやく登録申請が受理された。アブラムシを食べるヤマトクサカゲロウの幼虫や、ハモグリバエの幼虫に寄生するハモグリコマユバチなど全部で8種類（微生物は3種類）。国内市場の規模は、約1億円にまでなった。

2001年10月1日、トーメンとニチメンはライフサイエンス事業の競争力を高めるため、事業を継承、統合した新会社「アリスタライフサイエンス」を設立した。新天地で和田は、「ガーデニングでも使えるような天敵昆虫を開発したい」と次の商品開発に取り組んでいる。

（平田紀之）

「鉛フリーはんだ」（松下電器産業）

環境対策とコスト抑制

1995年――松下電器産業のＡＶＣ開発センターデバイステクノロジーユニット主任技師の平田昌彦（36）は、上司に提案した。

「鉛を使わないはんだの技術を開発しませんか」

低温で溶ける鉛の性質を利用して、金属部品同士を接着させるのがはんだだ。折しもクリントン政権下の米議会では、鉛の環境汚染が取り沙汰されていた。廃棄された電子機器のプリント基板に酸性雨が降り注ぎ、部品を固定するはんだから鉛が溶出する、との指摘だった。内外合わせて約2000トン（2000年度）のスズ・鉛はんだを使っていたうえ、全社の売り上げのほぼ半数を海外が占めていた松下社内にも、危機感が募った。

現在の平田の上司でグループマネジャーの井ノ上裕人（43）が言う。

「いくら環境にやさしくても、コストがかかるようでは企業活動での永続性が望めない。ユー

チリもつもれば山となる
ハンダの拡大写真

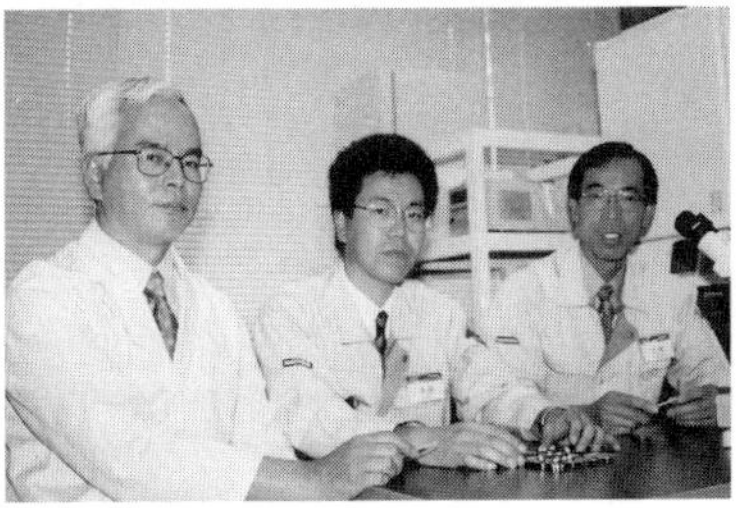

（右から）久角隆雄氏、平田昌彦氏、井ノ上裕人氏

ザーに迷惑をかけてしまう」

松下では既に、スズと銀を混ぜた鉛フリーはんだが一部で導入されていた。だが、三つの課題が残っていた。まず、材料となる銀が高価で、全社で使用するはんだの量を考えると、コストがかさむ。また、スズ・銀系のはんだでは、新たな装置が必要な場合がある。さらに、通常のはんだが195度で溶解するところ、スズ・銀系のはんだは230度の高温でなければ溶解しない。つまり、部品によって耐熱性能を上げる必要がある。その分、コストアップする。

平田が所属する部署では、「どうしてもスズ・鉛はんだに頼らざるを得ない部品、耐熱性向上に限界がある部品がある。全社で100％の鉛フリーを目指すなら、鉛に完全に代わる素材が必要だ」との結論に達した。安くて豊富にある素材として平田が目をつけたのは、亜鉛だった。

▼〝嫌われ者〟

亜「鉛」というが、鉛と亜鉛は全く別モノ。環境への負荷が大きく異なる。さらに、スズと亜鉛を混合したはんだであれば、溶解温度が210度と、ほぼスズ・鉛のはんだに近づく。ところが、「冗談でしょう。ウチの工場で、亜鉛ご法度なのはご存じのはず」とはんだ製造メーカーにスズ・亜鉛はんだの共同開発を持ちかけると、ことごとく断られた。環境対策が世間に認知され始めているとはいえ、いまだにスズ・鉛はんだが主流を占める。そのスズ・鉛はんだに亜鉛が0・001％混入しただけでも、合金の組成が変化し、使い物にならなくなってしまうからだ。スズ・亜鉛はんだの開発をするには、はんだメーカーは、スズ・鉛はんだの工場から隔離した新たな工場を設けなければならない。

手を挙げたのは、はんだ関連製品大手の千住金属工業（東京都足立区）だった。「当時の社内には、亜鉛アレルギーがあった」＝長谷川永悦営業部長（58）＝と言い、他社と同様「スズ・鉛はんだとの両立はできるのか」「あえて亜鉛をやるメリットはあるのか」と、異論が噴出。それでも佐藤一策社長は、松下からの提案と社内の議論を考量した末「成功すれば、他社にない技術が手に入る。協力してほしい」と、技術陣や工場の現場に訴えた。「松下さん、共同開発をやらせてください」。営業部長の長谷川が平田に連絡を取ったのは、それから間もなくのことだった。

プリント基板に部品をはんだ付けするには、粉状のはんだを練り込んだ「はんだペースト」を用いる。ガリ版刷りの要領で、はんだ付けしたい部分に穴が開いたマスクをプリント基板にあてがい、ペーストを刷り込む。その上に部品を乗せ、加熱処理する装置をくぐらせれば、はんだ付けが終了するわけだ。97年12月には、スズ・亜鉛はんだが研究所で完成した。だが量産となると、簡単ではない。研究所で作ったはんだペーストは、時間の経過とともに亜鉛が酸素などに反応し硬くなるうえ、電気回路のショートの原因となるはんだボールが発生した。研究を受け持つ千住金属からも「これ以上、はんだボールを取り除くのは難しい」と否定的な見解が聞かれた。それでも、安全性、融点の低さ、コストを考えれば、亜鉛以外の候補はなかった。

「絶対に突破口があるはずだ」。諦めきれない平田は、自ら素材の開発を手がけることにした。はんだ技術を中心に、入社以来、実装畑を歩いてきた平田には、材料そのものの開発は手探りの連続だった。「松下さんがウチに何の用なのか」と、行く先々で好奇の視線が寄せられても「完成すれば、大気中で使えるスズ・亜鉛はんだで世界初になる。どうしても一番乗りをしたい」との思いに突き動かされ、大学や研究機関、化学メーカーなど、これまで取引がなかった人々にま

各社の鉛フリーはんだの導入目標

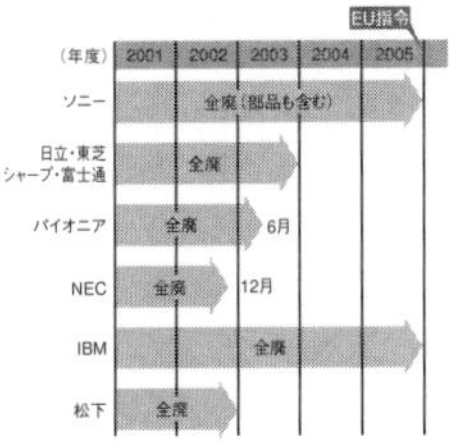

（出所）2001年度各社の環境報告書より

マーケットデータ

鉛フリー化を急ぐ電機メーカー

EU（欧州連合）は、電機電子機器廃棄物指令で、2006年までに鉛はんだの使用を禁止する方針を打ち出している。それを受け、電機メーカー各社は鉛フリーはんだの開発を急いでいる。

で手当たり次第にヒントを求めた。

そんなある日、「なぜはんだボールが発生するのか」と、原点に思いを巡らせたとき、ひらめいた。「はんだボールを取ろうとするのではなく、はんだボールをつけなければいいんじゃないか。はんだの粒を膜でくるめば空気に触れない。空気に触れなければ亜鉛は化学反応しない。これではんだボールも発生しないはずだ」薬品メーカーや大学の協力で、50～60種類の樹脂をスズ・亜鉛に混ぜ実験を繰り返した結果、はんだ粒を膜で包み込むことに成功。平田は完成した技術を携え、千住金属を訪れた。

「素人の私でもできたんです。プロのみなさんにできないはずがない」

プライドを傷つけないだろうか、との心配は、杞憂だった。千住金属の技術陣は「負けていられない」と、量産に向け奮い立った。

「さすが専門家です。それ以後の開発が飛躍的に加速した」（平田）。

▼目指せ業界標準

02年4月、平田らが完成させたスズ・亜鉛系の鉛フリーはんだは、松下の新型テレビ「FP15」から導入を開始。「リサイクル性を高めるためにも、各社が使うはんだの基本成分は同じが望ましい。松下のはんだが業界標準になってほしい」との主席技師、久角隆雄（49）の期待通り、商品の扱いを受け持つ千住金属のもとには、既に他メーカーからの問い合わせもあるという。

平田らは、スズ・亜鉛はんだを広める活動をしつつ、より環境にやさしい技術の開発に向け取り組んでいる。

（平田紀之）

「シェル　ピューラ」（昭和シェル石油）

エンジンをきれいにする ハイオクガソリン

自動車のエンジンは、走れば走るほど汚れが堆積し、性能がフルに発揮できなくなる。

そのエンジンをきれいにし、性能を回復させるハイオクガソリン（＝ハイオクタンガソリン。オクタン価が高いほど、エンジンに悪影響を及ぼすノッキング現象が起こりにくい）が２００２年3月30日に発売された。昭和シェル石油「シェル　ピューラ」だ。

燃料と空気の混合気を吸入しエンジンの燃料室へ導く「吸気バルブ」には、使えば使うほどカーボンが堆積する。カーボンが多いと最適化されたエンジンのコントロールが乱れるため、自動車の加速性などの性能が悪化し、一酸化炭素や炭化水素などの有害排気ガスも増加する。

「シェル　ピューラ」は、吸気バルブをきれいにする。だから、中古車ならエンジン本来が持つ加速性能を取り戻し、有害排気ガスも減らす。新車なら新車の状態を維持する。

昭和シェル石油は過去数度、ハイオクガソリンを発売しているが、「シェル　ピューラ」は、同社

目に見えないだけに差別化は難しい

（右から）岡崎淳子氏、中沢貢一氏、岡部伸宏氏

にとって初めての試みから生まれた商品だった。

▼マーケティング主体の商品開発

「お客様の声を聞いて商品に生かすというが、それは単に、こんな商品が欲しいだろうと考える、社員や企業側の声にすぎなかった」。研究開発部商品開発課課長の中沢貢一（53）が指摘するように、どの業種でも企業でも、ユーザーのニーズに応じた商品を、とはよく言われることである。だが、それは商品を売る側の思い込みであることも少なくない。昭和シェルでも同様で、従来はまず技術があって商品に生かす、技術先行型の商品開発が主だった。

一方、市場は成熟化している。ガソリンは、直接、消費者の目に見えるものではないから、差別化は困難を極める。「ガソリンの差別化商品は本当に求められているのか。こうした疑問から1999年秋ごろ、プロジェクトが発足した」と、マーケティングを担当するリテール販売部の岡崎淳子（34）は振り返る。

発売までに2年。前回のハイオクガソリンの発売からは、すでに5年の歳月が流れていた。プロジェクト名は「CHOICE PROJECT」。直接ユーザーの声を聞き、技術面から検討し、ユーザーに返す。この作業を繰り返して商品を作り上げる、初めてマーケティングが主体となるプロジェクトが、遅ればせながら始まった。

まず、岡崎たちはどういう商品がいいのか、ユーザーの様々な声を集めた。30ほどの方向性にまとめられた声は、研究開発部で技術的に可能かどうか検討された。

さらにこれを元に、東京、名古屋、大阪で総数1400人余りのグループ調査が行われた。再

①レギュラーガソリンで1万6000㌔（1万マイル）走行後のバルブ

②その後、シェル　ピューラで8000㌔走行後のバルブ

び研究開発部で検討され、同部から提案された五つの製品案は最終的に、ユーザーがもっともガソリンに求めていた「走るほど健康になるエンジンケアガソリン」というコンセプトに絞られた。

一方で、商品名を決めるときになって、岡崎は社内で様々な壁にぶつかった。実は昭和シェルは87年、シェルグループが開発した新添加剤を加えたハイオクガソリンの新商品を発売している。この「フォーミュラ　シェル　スーパーX」は、他社商品との完全な差別化や当時のF－1ブームとあいまったイメージ戦略もあって、4％前後と言われていた日本のハイオクガソリン市場を20％まで拡大させ、〝ハイオク戦争〟に火をつけたほどの大ヒット商品となった。

社内には、これを超えた商品を、という希望が常にあった。

「今まではこの余韻を利用しながら新商品を出してきたのではないか」と岡崎は話す。

だからこそ、今回の新商品に「フォーミュラ」という名前を付けてはどうかという声が上がったとき、岡崎は言った。「この商品は、今までの商品と違うんです」。過去の遺産にしがみついていては、新しいものは生まれない。商品名は、きれいで汚れのないという意味の「pure」からイメージした「シェル　ピューラ」と決まった。

▼過去の栄光との決別

マーケティングの一方で、技術開発も同時並行して行われていた。

シェルグループでは自動車技術の発展とともに燃料技術の開発を行っており、「シェル　ピューラ」にも、グループのソーントン研究所（イギリス）が開発した新添加剤が大きな役割を果たしている。新商品の開発にあたっては、アドバイスや情報交換のため、イギリスから研究者が何

マーケットデータ

差別化困難な中で開発続ける各社

ガソリンは商品の差別化が難しい。その中で差別戦略が市場を広げるまでに至ったのが、昭和シェル石油の「フォーミュラ　シェル　スーパーX」だったが、この商品もその後の他社の価格戦争によって、市場が後退しつつあった。しかし、2001年7月、日石三菱石油が燃費と加速性を向上させたハイオクガソリンを発表している。

右は購入したガソリンの種類におけるハイオク比率であるが、これに対し、ハイオク仕様車の比率は、同32％、31％、24％となっている。

ガソリンに占めるハイオク比率

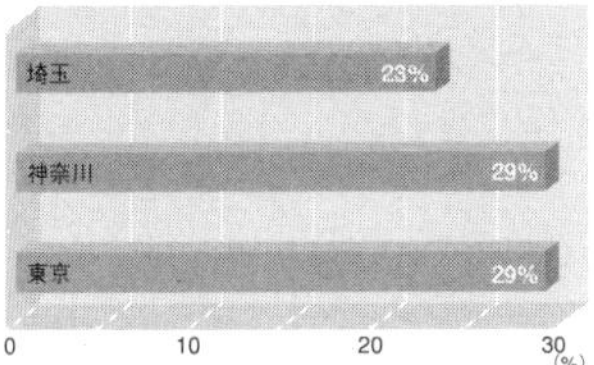

(出所) 昭和シェル石油調べ
(注) ガソリン購入者6850台中の比率

度か来日した。

しかしガソリンは、国によって規格や特徴が異なるうえ、日本においては添加剤の量も制限されているため、その国に合ったガソリンの開発が必要であり、最も高い効果を発揮させるには添加剤の量や種類などのコントロールが必要になる。

「ガソリンは目で見たり味わったりできない商品。あっという間に妥協に陥る」

研究開発部商品開発課課長補佐の岡部伸宏（38）はこんな思いにとらわれながら、マーケティングと技術開発が同時進行するという、初めて経験する厳しいスケジュールの中で、実験を続けていた。「規格によって制約を受ける中で何が一番、成果が高いのか」（中沢）。そして、「その成果を体感できるかどうかがカギになる」（岡部）。

研究開発部はさらに新商品へのこだわりとして、新開発の添加剤の効果を最大限に引き出すために、ガソリンそのものの成分まで汚れのつきにくいものへ変えた。これは、そうあることではない。「いける」。商品化されたとき、岡部は手応えを感じた。プロジェクトチームはリテール販売、研究開発や供給、製造など多部門にまたがり、関わった関係者は総勢30人以上に及んだ。

3月30日、都内のサービスステーション（SS）に会長の新美春之が、4月1日には神奈川のSSで社長のジョン・エス・ミルズが、「シェル　ピューラ」のロゴが入った帽子をかぶってユーザーに製品パンフレットを手渡していた。

「シェル　ピューラ」は東京、神奈川、埼玉の1都2県で先行発売、7月には三重、愛知など7県に拡大された。11月からは関西、関東の2府4県が新たに加わる。

（南　敦子）

「エコ・ファンド」（グッドバンカー）

「グッドバンカー」目指し 社会貢献で儲ける投資信託

金融商品の「エコ・ファンド」を開発した筑紫みずえ（52）は金融業が嫌いだった。金融は、お金持ちをさらにお金持ちにするだけ、と悪いイメージしか持てなかったからだ。その筑紫が、ひょんなことからこの業界に足を踏み入れることになった。１９８８年のことだった。

それまで筑紫は、仏大手エンジニアリング会社に在籍していたが、ベルギーの銀行から日本代表の補佐として営業をやらないか、と誘いを受けた。銀行で働く気など全くなかったものの、友人の強い勧めで、とりあえず面接へ行ってみることにした。筑紫は面接で思わず「銀行というと『ベニスの商人』などが連想され、イメージが悪いです」と言ってしまった。が、その面接官は、笑ってこう答えた。「そんなことありません。我々銀行が世界銀行の債券を買うことで、開発途上国の人々の生活を豊かにすることに役立つんですよ」。

発展途上国の人々のために、という言葉は筑紫の心に響いた。というのも、筑紫は24歳のとき、

企業価値を決算書の数字以外のところで見いだす

筑紫みずえ氏

ネパールのスラム街で自分と同い年くらいの女性が極貧の生活を強いられているのを目の当たりにし、強い衝撃を受けた経験があったからだ。

「何不自由なく暮らせる生活を当たり前に過ごしてきたが、自分がこうしていられるのは、たまたま日本に生まれたからだけなのかもしれない。恵まれた分、一生懸命に生きないと、彼女に申し訳ない」。以来、世界中の貧富の差をなくしたい、という思いを抱き続けてきた。そうした気持ちもあり、面接官の言葉を聞いたときに「銀行で貧しい人を助けるお手伝いができるかもしれない」と思った。筑紫は大嫌いだった金融業界で仕事をする決心をした。

▼一冊の本との出合い

意外にも仕事は面白かった。「お金が悪いわけではなく、良い、悪いは使い方による」と思った。もっと良いものに使われる金融商品があればいいのに……。そう考えていたとき、『グッドマネー』（リッチー・P・ローリー著／92年晶文社刊）という一冊の本に出合った。

著者は突然、多額の遺産が転がり込んできた大学教授。単にもうけるだけではなく、「企業がどのように社会的責任を果たしているか」を基準に投資するスタイルを貫いたところ、運用成績が非常に良かったという人だ。本の中では、資産運用で、企業の財務体質や収益力だけで判断するのではなく、人種差別をしていないか、環境を汚染していないか、等に着目するＳＲＩ（Socially Responsible Investment＝社会的責任投資）の概念を説いたものだった。

社会的責任を果たしている企業を応援することで世の中を変える。「これはお金の良い使い方だ」。ネガティブなイメージの金融界で自分の居場所を見つけた気持ちだった。

（2001年11月末時点）

総資産額（百万円）	1年・騰落率（%）
547	71.26
9651	61.42
180	59.25
6956	47.29
1059	46.92
145	45.52
783	44.56
2411	43.51
384	42.95
454	37.96

仕事の傍ら、ＳＲＩの商品開発を実現したい一心で情報収集に奔走した。そこで、環境問題に取り組む企業を評価して投資するファンドがあることを知った。筑紫自身、環境問題には興味があった。ＳＲＩに馴染みのない日本でも受け入れられやすい。国内で初めてのＳＲＩをやるならこれだ、と筑紫は思った。環境というテーマを見つけてから、周囲の人に環境のファンドの必要性について熱心に訴えた。が、反応は冷たかった。「筑紫さん、確かにそれは美しい考え方だし、理想的。でも、投資をする人は結局、リターンしか考えてないですよ」。

そんなことはないはずだ、と思い、欧米のケースを調べた。すると、環境ファンドを売り出すときにはどの国でも、最初はみな同じことが言われていることがわかった。なんだ、最初は反対されるものなんだ。環境ファンドのコンセプトは必ず社会のためになるものだし、私の言っていることは間違っていない――。そう確信し、めげることは決してなかった。

90年にスイス系のＵＢＳ信託銀行に転職。新天地でも環境のファンドの必要性について積極的にアピールした。そんななか、ＵＢＳの本店が環境をテーマにした投資信託の販売を始めることになった。それまで社内で環境ファンドの必要性を叫んでいた筑紫は、日本でのマーケティングを任されることになった。

国内で調査をしたものの、実際に販売されるファンドに組み入れる銘柄に日本企業はほとんど入っていなかった。さらに、当時はバブル崩壊後、日本の銀行は競争力を失っていた。「ＵＢＳのファンドを売れば外国企業にお金が流れてしまう。国内にお金が流れるよう新しい商品を開発し、株式市場に新しい投資家を呼び込むことで経済の活性化に役立てるかもしれない」――。そんな思いが日増しに強くなり、自ら開発した商品を売る会社を作ることを決意。98年に退社し、

マーケットデータ
高いパフォーマンスを示したファンド

一時のブームも去り、株価低迷によって投資信託市場も冷え込んでいる。そんななか、極めて高いパフォーマンスを示しているファンドもあった。

株式追加型過去1年の騰落率ベスト10

順位	会社名	ファンド名
1	日興アセットマネジメント	日米トレンドセレクト　ドルブル・ポートフォリオ
2	メリルリンチIM	マーキュリー・ゴールド・メタル・オープンBコース
3	クレディ・スイス	クレディ・スイス・ゴールドファンドBコース
4	メリルリンチIM	マーキュリー・ゴールド・メタル・オープンAコース
5	スミセイグローバル	スミセイ株式スーパーベアオープン
6	大和	パワー・イタリア株セレクトベア・イタリア株ポートフォリオ
7	大和	ダブル・ベア225オープン
8	インベスコ	インベスコ・ゴールド・ファンド
9	三洋	日本株ダブル・ベアポートフォリオ
10	スミセイグローバル	米国株式スーパーベアオープン

（出所）金融データシステム

数人の仲間とともに投資顧問会社「グッドバンカー」を設立した。

▼購入層は女性と若者が圧倒的

筑紫は企業活動における「プロセス、プロダクト、環境マネジメントシステム、環境ストラテジー」をポイントに、企業をスクリーニングした。エコノミーとエコロジーの要素を兼ね備えた企業に投資するファンドという思いから、開発商品は「エコ・ファンド」と名づけた。

女性は子供の将来を思い、若者は自分の将来を思って環境問題を捉え、エコ・ファンドに共感して買ってくれる。それは、海外の例を見ても明らかだった。が、商品説明しなくてはならない証券会社の担当者の多くが中年の男性だった。この層の男性にはエコ・ファンドは理解してもらいにくいと、予想していた通り、数え切れないほど回った国内の証券会社からの返事は同じ。

「投資家は社会貢献したいのではなく、儲けたいんですよ」

当時アメリカではSRIのマーケットは1兆ドルとも言われていた。「ほかのことは何でもアメリカの真似をするくせに、何でこれは真似しないの!?」。そんな歯がゆい思いをしながらも粘り強く続けた結果、日興証券グループ（当時）にエコ・ファンドの実現に協力してくれる人がついに現れた。こうして日本で初めてのエコ・ファンドは99年8月4日に売り出された。

当初、2週間の売り出し期間で50億円が予想されていたが、それを大きく上回る230億円もの資金を集めた。購入層も読み通り、女性と若者が圧倒的に多かった。

筑紫が設立した会社の名前はグッドバンカー。「良い銀行」、だ。銀行は『ベニスの商人』ばかりではない、という思いを込めた社名だった。

（山出暁子）

未来

「アシモ」（ホンダ）
「Qカー」（タカラ）
「マリアドルフゆめみ野」（中央住宅）
「コーポラティブハウス」（都市デザインシステム）
「たもかく」（只見木材加工協同組合）
「ジョー&飛雄馬」（講談社）

「アシモ」（ホンダ）

孫悟空から生まれた二足歩行ロボット

２０００年11月に発表されたホンダの「ＡＳＩＭＯ」（アシモ）は、二足歩行型ロボット。次の動きを予測しながら自在に歩き、階段も自分で昇り降りし、ステップを踏み、握手もする。

１９９６年、アシモの前身「Ｐ２」は、世界中に衝撃をもたらした。20世紀中にはムリだろうと言われていた二足の自在歩行を可能にした世界初の人間型ロボットだったからだ。

中国でも人気もの（2002年６月、北京モーターショーで）

▼鉄腕アトムをつくる？

80年代半ば。畳に横になりながら、本田技術研究所・和光基礎技術研究センター所長となる田上勝俊（現金沢工業大学客員教授、63）は起きるともなく寝るともなく、うつらうつらと夢を見ていた。孫悟空が空を飛びまわっている。「孫悟空か……」。

所長となるにあたって、田上は研究テーマに悩んでいた。ホンダは二輪車から汎用機、四輪車

広瀬真人氏

田上勝俊氏

と、移動機械（モビリティー）で発展してきた。そこで第一のテーマは、陸という2次元世界の自動車の高効率化・インテリジェンス化に決めた。第二のテーマは、創業者・本田宗一郎の夢でもあった3次元の空。飛行機だ。これだけではおもしろくない。4次元もと考えた。が、なかなか思いつかない。そんなときに見たのが孫悟空の夢だった。

孫悟空には、自分の毛をフッと吹いて分身をつくり出す術がある。分身は、時空を超えた4次元の存在だ。それが第三のテーマになった。86年春、センターが開設され、研究が始まった。

その年の夏、3人だったロボット研究の第4研究室に1人の研究員が配属された。広瀬真人（同センター上席研究員、46）である。

「鉄腕アトムをつくりたい」。工作機械メーカーから転職した広瀬は、出社初日に田上から言われ、驚いた。もっと驚いたのが、いきなりロボットの設計図を描けと言われたことだった。一体、どう描けばいいんだ。広瀬は仕方なく、研究室に置かれていた『鉄腕アトム』や『キカイダー』などのマンガを見ながら、人型の図にモーターや歯車などを描き込み、なんとか仕上げた。人型ロボットだったのは、人間がつくった環境の中で使われるのだし、人は究極のモビリティーだと思ったからだ。

「マンガのほうが、よっぽど動きそうだ」

案の定、その設計図に、当時、本田技術研究所社長だった川本信彦が雷を落とした。

「そんなもの、設計図でも構想図でもない！」

設計図を練り続ける広瀬たちだったが、川本の「頭じゃなくて体で考えたらどうだ」というひと言に、広瀬は膝や股関節など自分の脚の寸法を図って、その辺りにあった機械を組み立て、足

竹中透氏

だけのロボットをつくってみた。ロボットは5秒かけてそろそろと一歩を踏み出した。人間にはほど遠い「静歩行」だったが、記念すべき第1号の足型ロボット実験機「E0」に広瀬は喜んだ。

どんなロボットにするか、テーマが決まったのが87年2月。「100キロの荷物を持って歩ける、50キロの人型ロボット」。買い物のときに荷物を持ってくれ、人の役に立つロボットだった。

▼人間の歩き方を真似る

広瀬たちは歩行の観察のため、動物園に通ったが、二本足でもっともうまく歩いているのは人間だと、人間の観察を始めた。

あるときは研究員の股関節、膝、足首などに電球を巻き付け、電球の光の動きをビデオ撮影した。整形外科医も訪ねた。凍傷で膝下を失っても山に登り続ける登山家を訪ねたこともあった。

二足歩行には、「静歩行」と「動歩行」がある。常に身体の重心が足裏の範囲に入るように歩くのが静歩行。動歩行とは人の歩き方であり、重心がいつも足裏にあるとは限らない。広瀬たちはデータをもとに実験を続けたが、足型ロボットは動歩行で歩かなかった。

動歩行を飛躍的に発展させたのが、竹中透（同センター第5研究室主任研究員、44）だった。アトムの天馬間博士とお茶の水博士にあこがれていた竹中は、ホンダに勤めていた先輩から「おもしろいことをやっているから来ないか」と言われ、ロボットのベンチャー企業から転職した。

制御工学を専攻していた学生時代、研究室にも二足歩行ロボットはあったが、動かなかった。竹中たち学生は「今世紀中は二足歩行ロボットの完成はムリだ」とよく話していた。だが、入社したその日、竹中の目の前を二足で、しかも動歩行で歩くロボット「E2」がいた。「普通の企

マーケットデータ
2025年には8兆円予測 ロボット市場

現在、市場が確立しているのは、製造業向けの産業用ロボット分野。最近、警備、介護などの「業務用サポートロボット」とペットロボットなどの「パーソナルロボット」を合わせた非製造業分野ロボットが登場。右図は富士キメラ総研によるものだが、日本ロボット工業会の予測では、製造業・非製造業分野を合わせ「2010年に約3兆円、25年には約8兆円規模まで拡大する可能性」としている。

ロボット市場の推移

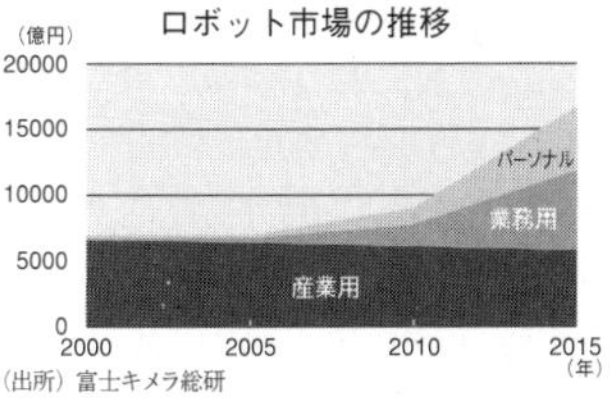

(出所)富士キメラ総研

業がやっているとは……」。しかし、歩行は平らな場所に限られていた。

ロボットは安定性を保つために硬くつくられているから、人間の柔らかい足首などと異なり床面に足が着地したときに衝撃をそのまま受ける。それが姿勢制御に影響を与え、歩き続けられなくなってしまう。竹中は、衝撃を緩和してロボットに安定性を加えるために、足首から下に４本のゴムの柱を前後左右に入れ、足の底にはスポンジを張ればいいのではないかと考えた。硬いものを軟らかくする「逆転の発想」（竹中）だった。

研究員たちは安定性が悪くなると反対した。竹中はあきらめきれず、こっそりと「公然の裏研究」を始めた。91年春、竹中の柔らかい足のロボットが歩き始めた。「足は卒業」（田上）、研究は腕へ広がっていくなか、竹中はさらに歩行バランスを追究した。

ヒントは体操の選手にあった。着地を決め、そのまま倒れ込んだと思いきや、次の演技に移る。倒れそうになったら倒れ込ませ、その勢いで元の姿勢に戻せばいいのか――。

94年夏。竹中の考えた理論を取り入れた「Ｅ６」は、４センチの段差も軽々と越えて安定歩行を続けた。うまく歩いちゃったよ。竹中はそのとき、心の中でそう叫んだ。

「ただ歩かせたかった。こういうことをやってみたい」。その気持ちだけが、自律型二足歩行を実現させた、と田上は言う。「結局みんな、（ロボットが）好きなんだよ」（広瀬）。

03年、ホンダは和光工場跡地にアシモの人工知能の研究などに活用する次世代研究施設を建設することを決めている。動作を行う知能を持ったロボットの研究だ。

身長１８０センチ、体重２１０キロ、まるで宇宙服を着たようなＰ２から、小型化したＰ３、アシモ。そしてホンダは、より人間の生活の中に溶け込む「ロボット」を目指す。（南　敦子）

「Qカー」（タカラ）

おもちゃ会社が車に挑戦

「何だ、あれ」。タカラのチョロQモーターズ設立準備室課長、田中修一郎（33）が「Qi」（キューノ）の試乗のため東京の街を走ると、そんな反応が聞こえてくる。全長2・2メートル、全幅1・1メートル、全高1・47メートル。通常の乗用車に比べてタテヨコのサイズが半分近く小さいキューノは、公道を走れるチョロQ「Qカー」シリーズの第1弾だ。

1980年に発売されたチョロQは、小さくデフォルメされた姿ながら、力強いぜんまいを搭載した走りの面白さから、今も子どもから大人まで人気のミニカーである。累積販売台数は1億2600万台を超え、発売された種類は数知れない。

2002年11月。あなたもこのチョロQを運転することができるのである。

▼チョロQに乗りたい

インターネットでの販売受付も上々

田中修一郎氏

01年11月、Qカーの開発プロジェクトチームが招集された。田中のほか、Qカーの開発を担当する者、そしてチョロQの開発を担当していた者の、3人。みんな自分の本業と兼務だった。チョロQの開発に携わってきた社員は、共通する一つの夢を持っていた。「チョロQを運転したい」。だが、それ以上の商品化まで考えていたのは社長の佐藤慶太だった。

プロジェクトチーム招集の1カ月前、コナミと開発した初めての商品「デジQ」が発売された。CPU（中央演算処理装置）を搭載、赤外線を利用して遠隔操作を行う、ハイテクチョロQだ。「大人に売れるはず」と読んだ佐藤の思惑通り、商品はヒットし、購入者の7割を20代以上の男性が占めた。自信を深めた佐藤は、ついに運転できるチョロQ開発にゴーサインを出したのだった。開発期間は3カ月がメドとされた。クルマ好きの佐藤が注目していたのが、排出ガスを出さず、消費者に受け入れられる価格になりつつあった電気自動車だった。

田中は市販されていた電気自動車に乗ってみた。「音が静かだな。それにモーターを使用しているからスタートがいい。チョロQに似ている」。何よりも、楽しいと思った。

おもちゃ会社であるタカラが自動車の開発を一から手がけるには時間もコストもかかる。そこで、開発実績を持つアラコ（愛知県豊田市）の電気自動車「コムス」をベースに、エンジンなどのチューニングを手がけ、社長自ら大のチョロQファンというコックス（神奈川県中井町）が改良を行うことになった。

Qカーを1人乗りとしたのは、2人乗り以上の電気自動車だと価格が数百万円に上るためだ。また、1人乗りのほうが〝チョロチョロ走るキュートな車〟というチョロQの名前の由来にもピッタリだった。運転には普通自動車運転免許が必要だが、第一種原動機付自転車、つまり50cc未

「ナインナイン」（300台限定）

満の1人乗り四輪車の位置付けとなるから、車検や車庫証明、重量税、取得税がいらない。

だが、田中にとって「自動車のことはわからないことだらけだった」。このクラスでは任意である国土交通省の型式認定を取りたいと思っても、その取り方がわからない。自動車業界の人と話しても、出てくる用語すらちんぷんかんぷんだった。

もっとも頭を抱えたのがデザインだった。チョロQは既存の車をショートデフォルメしている。コンパクト化した自社の自動車が同じ街中を走ることを、メーカーが許可するはずがない。そこで、電気自動車からイメージされる未来感覚をオリジナルデザインとした。

開発車両には何度も手を入れた。クリスマスが過ぎ、結局、毎年、年末年始を過ごす神戸の実家にも帰れなかった。「このときはどうにもならないかもしれない、と初めて思った」（田中）。

年が明けても改良は続けられた。最終的な開発車両が2台できあがったのは、1月29日のプロトタイプ発表の前日だった。その日発表会場では、胸をなでおろす田中たちのそばで、開発車両に顔をほころばせて試乗している佐藤の姿があった。発表翌日から東京都葛飾区のタカラ本社には、1日100本近い問い合わせの電話が鳴り響く日が続いた。

▼「楽しそうだな」

7月9日、第1弾キューノ（129万円）、クラシックタイプの第2弾「QQ」（ナインナイン、199万円。03年2月発売予定）の実際に発売される2台の車両とともに、第3弾「U-コンセプト」も発表された。これらの最高速度は時速約55キロ。家庭用のコンセントで8時間充電すれば、80キロの連続走行が可能だ。

マーケットデータ

環境にやさしい電気自動車が注目

電気自動車とは、その名の通り、電気で走行する自動車のこと。ただし、ソーラーカーや、ガソリンエンジンとモーターを組み合わせて走るハイブリッド車、燃料電池車も含まれる。環境にやさしい車として注目されるが、価格が高いことなどから普及は伸び悩んでいる。

特に水素燃料の使用で無公害車になる燃料電池車は、究極のエコカーとして世界中の自動車メーカーが開発にしのぎを削っており、トヨタ自動車とホンダが年内発売を発表している。

電気自動車の生産台数と販売台数の推移

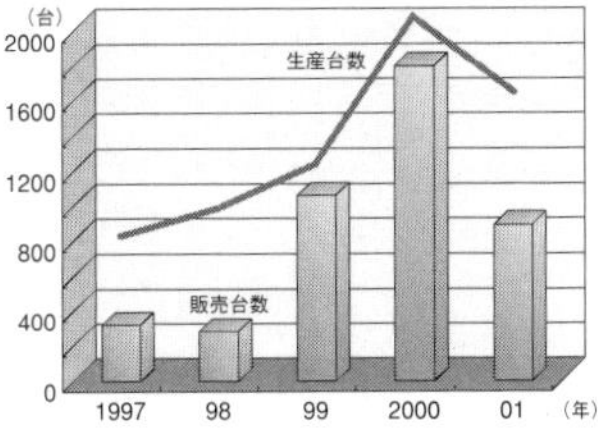

（出所）日本電動車両協会

一方、30～40代の男性をターゲットとしたキューノ、ナインナインとは異なり、U-コンセプトは、実用性を高め、価格も99万円を想定している。

1月の発表以降、田中はお客様サービス室から寄せられたデータに目を通して、ふと気付いた。「50代、60代の女性からも問い合わせがある」。疑問に思った田中は、そのうち20人ほどに連絡をとった。彼女たちは、１９７０年代にヒットしたホンダの〝ラッタッタ〟やヤマハ発動機の「パッソル」など50ccスクーターの便利さを享受した世代で、夫と同じ大きな乗用車で近所に買い物に行くことに不便を感じていた。そんなときQカーを知って、これは四輪のスクーター、環境にやさしく安全で便利なら購入したいと問い合わせてきたのだった。

田中は一度、タカラを辞めた人間だ。91年に入社したが5年後、「ほかのことがやってみたい」と退社。ソフトウエア会社などに勤めて5年、〝再入社〟したのが01年である。「やっぱりおもちゃが好きだ」。5年の間に田中が認識したのはその思いだった。

試乗中、人通りの多い東京・新宿の靖国通りで赤信号につかまったことがあった。夜だったが、酔っ払ったサラリーマンをはじめ、たくさんの人がキューノの周りに集まって田中に質問を浴びせ掛けた。

「それ何だ」「電気自動車です」「いくらするんだ」「１２９万円です」「たっけーな。でも楽しそうだな」

1月の発表時にはあったルーフを最終的に取り払ったのは、安全基準もあったが、街の風や人の声をすぐ近くに感じてほしいと思ったからだ。Qカーで街を走り、チョロQのような楽しさをいろいろな人に感じてもらえる。そんな日がすぐそこまで来ている。

（南　敦子）

「マリアドルフゆめみ野」（中央住宅）

家は単なる箱ではないのこだわり

2001年1月3日、埼玉県北葛飾郡松伏町の建売住宅「マリアドルフゆめみ野」分譲開始の日。現地販売所をふらりと訪れた中央住宅（本社・埼玉県越谷市）マインドスクエア事業部長の須田恒弘は（36）は驚いた。駐車場が車でいっぱいだったからだ。「こんなにお客さまが来ているのに、自分の車を置くヤツがあるか！」。須田が販売所の社員を叱ると、社員は答えた。「全部、マリアドルフに来場したお客さまの車です」。30組と見込んでいた来場者は、正月早々のこの日1日で80組に上った。横浜など、遠方から来た見学者も多かった。

オーストリア・クライスドルフ市をモチーフにしたマリアドルフゆめみ野の欧州風の街並みは、隣接するゆったりとした公園や川、高い建物のない空と田園風景と、絶妙な空間をつくり出している。屋根、外壁、窓枠などの色の組み合わせは1軒1軒異なり、同じものは一つとしてない。また、「夫婦それぞれのプライベートスペースがある家」「将来のライフスタイルに対応する家」

一つひとつそれぞれの“顔”を持つ

「広々とした衣装部屋がある家」というように、家がそれぞれ一つのテーマを持ち、間取りが変更できる物件もある。土地面積150～191平方メートル、建物面積105～140平方メートルで、もっとも多い価格帯は3100万円台である。

この「マリアドルフゆめみ野」は、分譲開始からわずか半年で154戸を完売した。年間で数十戸を販売するのがやっとという郊外建売住宅市場のなかで、この数字は驚異的と言える。

須田恒弘氏

▼社員総出プロジェクト

都市基盤整備公団が開発を進めていた「松伏ニュータウンゆめみ野」は、1987年から建売住宅の分譲が開始された。だが、バブルが崩壊して95年以降、分譲はストップ。00年10月、土地が売りに出された。

「150戸あれば一つの〝街〟がつくれる。買うなら全部買う」。須田は決めた。30戸購入の決裁をもらうため須田を訪れた同部部門長代理係長の廣瀬由崇（30）は驚いた。「150戸なんて、社のなかでもこれまでで最大規模」（廣瀬）だったからだ。「大丈夫なのか」といった周囲の声も少なくなかった。大丈夫だと思っていた須田も、周囲の声と景気の悪化に不安が募った。だが、これで「かえって必死になった」（須田）。

購入後間もない10月の終わり、須田は社員を3人引き連れてクライスドルフに降り立った。松伏ニュータウンの一角を、どういう街にするか――。松伏町はもともと、クライスドルフ市と国際交流事業を行っていた。日本でも有数の音響施設を誇るホールを持ち、何よりも緑が多い。この環境と景観に合った街をつくりたい。クライスドルフに飛んだ須田らは市長に会い、写真や

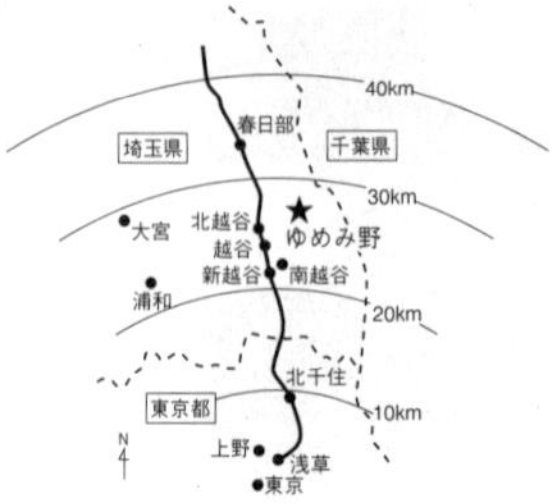

ビデオを撮り、参考とする街の姿を追った。ハプスブルク家の女帝、マリア・テレジアの影響が大きいというオーストリアの建物は、彼女が愛した黄色「マリアイエロー」が印象的だった。

帰国後、いよいよ街づくりが始まった。名前は、マリア・テレジアのマリアと、ドイツ語で「村」を意味するドルフを合わせたマリアドルフにした。建物はマリア・テレジアの黄色を取り入れ、チロリアンスタイル、ウィーンスタイルなど3タイプとし、間取りや色が同じ組み合わせのものは一つもつくらないと決めた。

廊下幅は1・375メートル。リビングの天井も一般的な2・40メートルより高い2・68メートルに設定した。1・25坪の浴室も従来の建て売りよりゆったりとさせた。キッチンには、生ごみシャッター付きシンクを常備施設とした。必要な時、ふたを開けるとすぐ下が分別袋になっており、調理しながら生ごみやトレイなどを簡単に分別できる。駅頭で社員がアンケートを取ったとき、食器乾燥機よりもほしい、という主婦の声を生かしたものだ。郵便受けはドイツから輸入した。お金がかかるからと門灯をつけない家庭が多いが、せっかくの街並みを夜も美しくしたいと、小さなソーラーパネルを備えつけて夜も明かりをたやさないようにした。

11月初めから12月31日まで、プロジェクトの中心となった社員はほとんど連日徹夜で働いた。日曜の夜、須田の自宅までプランナーが訪れたこともあった。

「手伝ってくれと言わなかったのに、事業部の120人全員が自然にこのプロジェクトに何かしら参加してくれた」(須田)。年明けの旅行を断っていた女性社員がいたことも後から知った。

分譲開始の日。休日のため、私服で販売所を訪れた須田は来場者の多さに驚いた。が、社員を手伝うため、そのままの姿で接客を始めた。

マーケットデータ
目新しさなく不況にあえぐ建売住宅販売

『週刊住宅新聞』の調査によると、首都圏の建売住宅供給量の低迷は1997年ごろから始まっており、ようやく2000年になって供給減に歯止めがかかった。しかしその一方で、売れ行きは落ち込んでいる。

そのなかで「マリアドルフゆめみ野に学ぶ点は多い」と週刊住宅新聞の牧田司記者は言う。駅頭での主婦へのアンケートの結果導入した生ごみシャッター付きシンクなど、「ユーザーの立場に立った商品企画」（牧田氏）は、不況にあえぐ他社のヒントにもなりそうだ。

2001年首都圏建売住宅販売動向

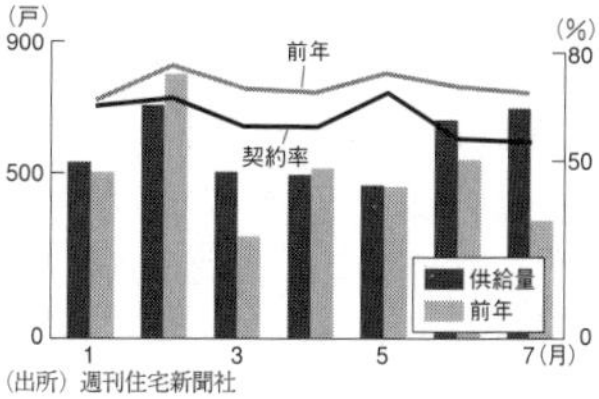

（出所）週刊住宅新聞社

▼「あれがいい家か」

住宅の購入条件のトップは、「立地」だと言われる。だが、松伏町は最寄りの東武伊勢崎線「新越谷駅」、JR「南越谷駅」までバスで20分あまりかかり、決して交通の便がいいとは言えない。それがどうして飛ぶように売れたのか。

「庭付き一戸建て、45坪にこれだけの仕様は、首都圏でここだけ」と須田は自負するが、これだけの仕様にしたのは、すべて須田のこだわりだ。「高いだけのトイレなら欲しくない、ソーラーもただついているだけなら意味がない。大金をかけることは誰でもできる」と須田は言う。「自分の欲しくないものは売れない」と、自宅で使ってみた結果、マリアドルフに取り入れることにした設備は、市松模様の畳など数多い。また、第1期で売れ残った物件の仕様は、第4期には使わなかった。

6年ほど前、須田は社長の中内俊三に連れられて、ある住宅を見せられた。「あれがいい家か」。中内に問われ、須田はハッとした。どれも同じ形をした、夢のない箱だけの家。須田はこの後、社員が外観、デザインなどの街づくりを勉強できるよう、海外研修を取り入れるようになった。

隣接する松伏記念公園には、スペイン風の風車が設置されている。この風車にちなみ、スペインの明るいオレンジと白を基調とした住宅52戸を同じ松伏町で分譲したが、これも、57日で完売した。

（南　敦子）

「コーポラティブハウス」（都市デザインシステム）

人気を呼ぶ自由設計の集合住宅

「自分が住みたいと思う家がなかった」。1992年に梶原文生（36）が都市デザインシステムを設立したきっかけはこんな理由だった。「都心で戸建てに住みたくても高い。だけど、分譲マンションでは自分の自由にならない。戸建てと分譲マンションのいいところを組み合わせたのがコーポラティブハウス」。こう語る梶原は、高校時代から起業家になりたいと思っていた。

コーポラティブハウスとは、住宅を取得したい人たちが集まって組合を結成、共同で作る集合住宅のことを言う。各住戸の設計は自由だ。こんな間取りで、コンクリート打ち放しにこんな照明を使って、こんな雰囲気にしたい。浴室はここで。設計者と相談しながら、自分の空間を作り上げるのである。

コーポラティブハウスの入居者募集は、ほとんどがホームページや登録している友の会の会員情報、物件付近に配られるチラシ広告で行われる。モデルルームもない。こうした宣伝広告費や

ライフスタイルに合った間取りが可能だ

営業マンの経費、売れ残りのリスクがないため、分譲マンションと比較すると、割安感があることも魅力である。顧客は「建設組合」を結成し、土地の売買契約から工事の発注などもすべてこの建設組合が行う。が、実際、素人である顧客間の意見調整は困難を極めるし、融資などに関する専門的な知識も必要とされる。

このような土地選定から住宅の引き渡しに至るまでの面倒くさい交渉や調整を請け負うコーディネート・設計業務を手掛けるのが、都市デザインシステムである。基本的に総事業費の6～8%ほどがコーディネート料として都市デザインシステムの収入になる。

▼「自分の住みたい家がない」

高校生の梶原の教科書の裏は、次から次へと浮かんでくるビジネスプランで真っ黒だった。井深大や松下幸之助など、成功を収めた経営者たちの経営論をむさぼり読んだ。

「やるなら自分の得意なことをやるのがいい」。それなら好きなデザインだ。藤田田は、海外にあって日本にないものがいいと言っている。「輸入品を扱うインテリアショップをやろう」と考えた。高校3年生だった。

さっそく〝事業計画〟を練った梶原は、授業をサボって自転車で渋谷に向かう。空き店舗を見つけて不動産屋に行くと、どう見ても高校生の梶原に不動産屋は言った。「保証金が必要だよ」。

あまりにも高い保証金に、方向を転換した。インテリアの通販である。それならまず広告を出そう。大手出版社に広告の費用はどのくらいか電話で尋ねると、これも1ページ1週間掲載で数百万円かかるという。断念した。

梶原文生氏

設計例の一つ

ビジネスは難しい。好きなだけではダメだ。自分の強いところを伸ばして経験を積んでいこう。かの経営者たちも、成功者でも2度は失敗すると言っているのだから。大学で建築を学んだ後、梶原はリクルートコスモスへ入社した。起業したいという気持ちは変わらなかったので、面接では「3年間で辞めるが、よかったら採用してほしい」と〝宣言〟していた。

入社後、梶原は経験に生かしたいとマンションを購入した。ところが、ファミリー向けの間取りのマンションに、住むのは梶原一人。間取りを変更したいと販売会社に掛け合っても認めてくれない。何十年も給料のほとんどを費やす買い物をして、家族構成や趣味も違うのに、同じ〝箱〟なのは変ではないか。だが、設計者や施工者が抱える難しさや限界もわかる……。

このとき、大学時代にコーポラティブハウスを勉強したことを思い出した。住民が一から住まいづくりにかかわれるコーポラティブハウスをやろう。92年、梶原は〝宣言〟通り、独立した。

▼住民主導型からプロ主導型へ

93年、梶原は大田区で第1号プロジェクト「大岡山ハウス」に着手する。実績も何もない。友人の友人、後輩の後輩など、知り合いのツテを頼って入居希望者を集めた。

しかし、土地引き渡しの決済直前になって、融資をしてくれるはずだった信用金庫側がそれを断ってきた。「すでに土地決済は決まっている。購入金額は3億円。もしこれが決裂したら、地主さんに違約金6000万円を払わなければならない。そんな現金はとてもじゃないが、持っていない」——。

都市デザインシステムは、金融機関が直接個人に融資するシステムを作り上げているが、住宅を購入する場合、一般的に自己資金が1～2割、残りは住宅金融公庫などからの融資となる。しかし、公庫からの融資は建物が完成してからでないと下りないため、通常は土地の引き渡しから入居まで「つなぎ融資」を受ける。梶原は信金に融資証明を担保に土地の購入資金を借りることを口約束で交わしていたが、当時、実績の浅いコーポラティブハウスについて信金側が不安に思って融資を断ってきたのだった。

梶原は、金融機関を渡り歩いた。昼間は銀行などを訪問、どの点が問題なのかを尋ねてはその夜、資料を作り直して翌日、別の銀行を回るという、寝ずの日々が続いた。ようやく大手都市銀行が融資を決めたとき、回った銀行は100行ほどに上っていた。

融資システム以外にもう一つ、梶原がコーポラティブハウスのビジネスモデルとして作り上げたのは「最低限のルール作り」で、例えば共有部分の使い方、ペットの飼い方、などである。あくまで最低限であり、コーディネーターと顧客が1対1で話し合い、総会での意見調整の結果、変更になることもある。一見、小さなことのように見える、こうした細かな積み重ねが、住民の快適さに、そしてコーポラティブハウスの普及に役立つ、と梶原は考える。

都市デザインシステムでは、すでに26の物件が竣工・引き渡し済みだ。梶原の最終的な夢は、起業家になりたいと思ったきっかけでもある世界中のめぐまれない子供たちを助ける仕事をすることである。今は、その資金を得るための一歩にすぎない。

「40歳になったら第一線を退いて夢を叶えたい」。現在、経常利益の1％を投じてベトナムに〝ストリートチルドレンの家〟を建設中、早ければ2002年にも竣工する。

（南　敦子）

マーケットデータ
高齢者向け コーポラティブハウスの普及も

コーポラティブハウスは、日本では1960年代後半から関西地方で多く見られていたようだ。しかし、建築家や住民の代表が音頭を取って交渉や調整をしていたため、通常、入居まで3～4年かかり、普及を妨げていた。現在、都市デザインシステムのようにコーディネート業務などを請け負う企業が増え、入居までの時間は短縮されている。購入層は外資系企業や金融機関などに勤める30代が中心だが、将来的には高齢者層への普及も考えられる。

コーポラティブハウス建設戸数の推移

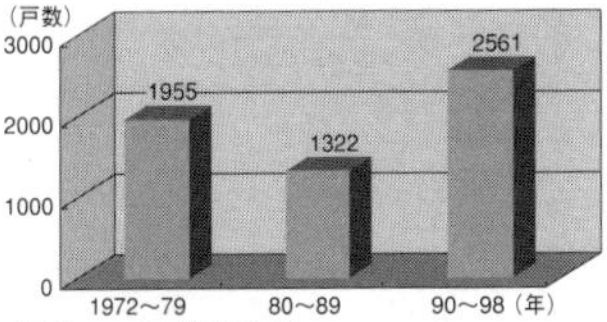

（出所）コープ住宅推進協議会

「たもかく」（只見木材加工協同組合）

古本と森の交換で田舎に人を呼ぶ

「学生時代、本を売るときは身を切られるような思いをした」

小さなころから自分の出版社をつくりたいと思っていた「たもかく」社長の吉津耕一（48）は、「小さなころは本好きのいじめられっ子だった」と笑う。

だが吉津の場合、泣いてばかりの普通のいじめられっ子だったわけではない。何か言われれば持論で応じて相手を負かすほどだったから、「おもしろいヤツだ」という理由でからかわれる、〝一目置かれた〟いじめられっ子だったのだ。そのころからの吉津の独特さが、たもかくのユニークな事業展開につながっている。

▼土地に付加価値を

あなたは読まなくなった本をどうしているだろうか？　本棚いっぱいに並べている人、家の中

吉津耕一氏

に所狭しと積む人、押し入れの中にしまい込む人、捨てる人、近所の古本屋に売る人――。
たもかくは、全国から送られてくる本を引き取っている。引き取り価格は定価の1割。１６７０円に達すると、1坪の福島県・只見町の森と交換してくれる。CDやレコードも同様だ。集まった本やCDなどは、只見の「本の街」で売られる。中心となるのが「本の店」で、ここでは主に発売1年以内の新古書やCDなどを扱う。それ以外はかつて倉庫として使っていたが、５００円の入場料を払えば見ることができるようにした。

文芸書の単行本やコミックを中心とした「文芸館」、文庫本・新書の「文庫新書館」、全書を集めた「全書館」、入場料のみで好きなだけ持って帰れる「只本館《ただほん》」や、絶版になったりした貴重な本5万点を収めた「うらない館」、高さ3メートル、奥行30センチの5本の本棚が備えつけられた「蔵倉館《くらくら》」など、全部で8棟の書店・倉庫に、２００２年2月末現在、１６８万点あまりが収められている。新古書は定価の8割で、それ以外は半額で販売。毎年、本の街を訪れる人は全国から1万６０００人に上っている。

吉津が本と森の交換を始めたのは１９９４年のことだった。

「地価高騰で、東京の神田や早稲田などから古本屋が消えてなくなる。かといって、オフィスビルに古本屋は似合わない」。時の流れに耐えうる本を集め、人を呼ぶ町に。吉津は「田舎で古本屋をやれば、人が集まる」と、ずっと思っていた。

そもそもこれは、生まれ育った只見の町から人が減少していたこと、学生時代を含めた10年あまりの東京の生活から、態勢が整っていれば都会の人たちを呼び入れることができると思っていたこと、そしてそこに大きなビジネスがある、と吉津が思っていたことに始まる。

“木”よりも“花”に付加価値を見いだした

新潟県と福島県の県境に近い只見町は、春にはライラックなどが咲きほころび、冬には2メートルもの厚い雪に覆われる、自然の豊かな町である。越後山脈が南北に走る形状からもわかる通り、750平方キロメートルの面積の98％を山岳地が占める。60年に1万2000人あまりだった人口は75年、7759人に。そして98年現在、5856人まで減少している。

吉津は学生時代を東京で過ごした。その後、1年のうち7カ月近くを東京で、残りは只見で民宿の経営をしていたが、27歳のころ、製材所を経営していた父に言われ、只見木材加工協同組合が新しくつくった木材加工工場を手伝うようになった。

担当は営業である。だが、技術者も販売先もない。木材資源が大量にある町にいながら、買い集めていたのは木材だった。飛び込みで新潟や栃木へ日帰りの営業に行ったこともあった。その営業先で見たのが、消費者からのオーダーで作られた手作り家具である。

「都会の消費者と直接結び付けることはできないだろうか。将来性もあるし、利益率も高い」

そんなとき、農水省の苗木畑が払い下げられることになった。組合で購入することを提案したが、あっけなく役員陣には拒否された。そこで吉津はお客や地元の取引先に声をかけて1000万円を出資してもらい、株式会社「たもかく」を設立した。たもかくとは、只見木材加工協同組合の略である。

土地を安く売る代わりに、購入者に株主になってもらい、株主は誰でもたもかくが所有する37万坪の山林に自由に出入りできるグリーンパスポート、グリーンビザを発行、山菜取りやスノーモービルができるようにした。また一方で、田舎暮らしをしたいという都会の人たちに、只見の昔ながらのたたずまいを残した空き家をセカンドハウスとして紹介する仕事をさらに積極的に進

マーケットデータ
「新古書店」登場で書籍・雑誌はマイナス成長

出版協会・出版科学研究所によると、2000年の書籍の推定販売部数は前年比2.3％減の7億7364万冊で4年連続のマイナス。雑誌の推定販売部数も、34億542万冊で3.7％減と、落ち込み幅も大きくなっている。インターネット、携帯電話などから簡単にいつでもどこでも情報収集ができるようになったことが理由の一つとして挙げられるが、もう一つ、「新古書店」の登場も大きな要因だろう。

書籍・雑誌の推定販売部数推移

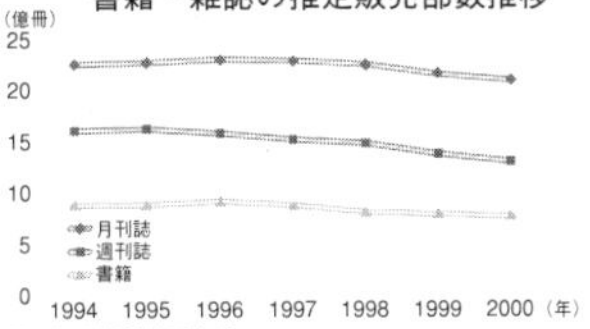

(出所) 出版科学研究所

めた。家を見るために只見を訪れる人は、年間2000人に及んだ。

▼外国人も移り住み地ビール開始

89年の〝1坪プレゼント〟は大きな反響を呼んだ。「この新聞記事は本当ですか？　本当に土地をくれるの？」「お金を取るんじゃないの」「1人1坪？　じゃあ、10人で行けば10坪なの」……。ゴールデンウイークを間近に控えたある日、新聞に1坪プレゼントの記事が掲載されると、たもかくの電話はさまざまな問い合わせのため三日三晩鳴りっぱなしだった。

89年当時は、東京・銀座の土地が1坪1億円を超えたり、ふるさと創成1億円が話題になったりしたバブル華やかなころ。

「木よりも、それに咲く花のほうが付加価値が高い」。吉津は、木を切って売るよりも、この只見という場所に遊びに来てもらうほうを選んだ。

今後は、山林販売と本と森の交換、そしてセカンドハウス事業を組み合わせ、只見で何かをやりたいという人を集めていろいろなことをしてみたいという。実際、東京で証券会社に勤務していた外国人が只見に移り住み、地ビール店を営業している。

本と森の交換、そして1坪1670円から購入できる「ナチュラルピース」、300坪50万円の「ナチュラルトラスト」を合わせた売り上げは1億円弱。吉津は、もう少し売り上げを伸ばし、店頭公開をしたいと考えている。

「可能性としては、まだ1割、2割しかできていないと思う」。吉津はまた、田舎の持つ潜在的な可能性を切り開こうとしている。

（南　敦子）

「ジョー&飛雄馬」(講談社)

10代読者も熱烈支持 ヒーロー復活の秘話

往年の釣りマンガ『釣りキチ三平』(矢口高雄著)を2001年8月に発売した講談社週刊少年マガジン編集部の担当部長、川鍋捷夫(58)は、読者からの手紙に、目を通していた。「懐かしかった」「新鮮だった」など、反響は大きく、増刷を重ね公称20万部を売り上げた。

『釣りキチ三平』は、旧作の焼き直しではなく、新作を書き下ろして発売された。旧作の単行本の読者から「三平の続きが読みたい」と、多数寄せられた声を反映させ実現した企画だった。

▼高度成長を支えたマンガ

思いがけない好反響に、次にできるものはないか、川鍋は思いをめぐらした。すると、30代前半の若手編集者が「ジョーや飛雄馬なら読んでみたいかな」とポツリと言った。川鍋は叫んだ。

「そのアイデア、もらった」

両雄の復活を喜ぶのは中高年だけではない

川鍋捷夫氏

矢吹丈と星飛雄馬は、1970年代前半に、週刊少年マガジン誌上で連載していた「あしたのジョー」と「巨人の星」の主人公のことだ。ともに恵まれない環境に生まれながらも、夢に向かって努力し、成功をつかんでゆく姿が描かれた。がむしゃらに働き、高度成長を支えていくことになる、当時の若い読者、つまり、現在の中高年の共感を呼んだ。ジョーと飛雄馬に川鍋が飛びついたのも、「〝いつかはクラウン〟と夢を描きながら働き続け、ようやくその夢を手に入れたかと思えば、今度はリストラにおびえなければならなくなった。そんな中高年に元気を出してもらいたかった」からだ。

だが、01年10月に開かれた企画会議で、両作品の復活を提案した川鍋に、「いまさらジョーと飛雄馬でもないだろう」と、反応は芳しくなかった。両作品の原作者、梶原一騎（「ジョー」では高森朝雄名）は故人のため、『釣りキチ三平』のように新作を発表するわけにはいかない。しかも、あまりに有名な両作品は、単行本や文庫、愛蔵版、アニメなどの形で、これまで再三、読者の目に触れる機会があった。週刊にして、一体、誰が読むのか、というわけだ。だが、川鍋は食い下がった。

「アニメ世代には、原作が新鮮に映るはずだ。それに、一作品ではインパクトが薄いと考えるのなら、両作品をまとめて出せばいい」

川鍋は、会議のメンバー一人一人を説得してまわった。読者と想定した中高年と近い世代のメンバーらは、次第に川鍋の言葉に傾いた。

同じころ川鍋は、両作品の作画を担当したマンガ家、ちばてつや、川崎のぼる両氏の説得にも当たった。両氏は単行本をパラパラめくりながら、「もう終わった作品だ」と、頑なに首を横に振った。だが川鍋は、連載当時の少年マガジンを持ち出し両氏に見せ、「どうです、この迫力。小さな単行本では味わえない。もう一度、B5判サイズで読者に読んでもらいたいじゃないですか」と、力説した。もともと、B5判での出版を想定して描かれたマンガは、単行本など別のサイズでは、構図に無理が出る。B5判で、本物の魅力を知ってもらう意義がある、というわけだ。

「そうか、やっぱりB5はいいね」。当時の懐かしい誌面を繰る両氏の口元が緩んだ。01年末、『ジョー&飛雄馬』の発売が決定した。当然のことながら、原稿は既に手元にある。総枚数は「あしたのジョー」が4600枚で、「巨人の星」が4100枚。これを毎週、おのおの約120枚ずつに編集し直した。

発売日を翌日にひかえた02年5月9日、「ジョー」の作中で命を落としたライバル、力石徹の30回忌を催した。会場に駆けつけたマスコミは30社近くにも及び、十分な宣伝効果になった。ところが、イベント後に用意された創刊号の披露パーティーには、招待した取引先のコンビニ担当者らが一人もいなかった。というのも、「取材に来たメディアの数を見れば、どれだけ世間が注目しているかが一目瞭然だった。全国に散らばる各店舗に『ジョー&飛雄馬』を優先して陳列するよう指示すべく、会社に戻った」(コンビニ関係者)からだった。コンビニ担当者を慌てさせていたのだ。ふたを開けてみれば、40万部刷った創刊号が完売で、週半ばには3万部を増刷しなければならないほどの売れ行きだった。

創刊号が売れたのは、もの珍しさが手伝っただけではないようだ。2号以降も継続して30万部を売り上げ、最新号となる7号からは、さらに1万部を上乗せして印刷するというから、その勢いは全く衰えていない。ビールや菓子メーカー、鉄道会社のプリペイドカードなどとのコラボレ

マーケットデータ

縮みゆくコミック市場

「ジャンプ」と「マガジン」の首位交代劇はニュースにもなるほどだったが、鳥山明原作の「ドラゴンボール」などの人気作がない今、市場全体が縮小傾向にある。ゲームなど新しい娯楽が生まれ、「マンガを読んでいるのは、20代後半以上の世代、つまりマンガで育った世代だけだ」と、ある若手マンガ家は分析している。

週刊少年マンガ４大誌の公称発行部数の推移

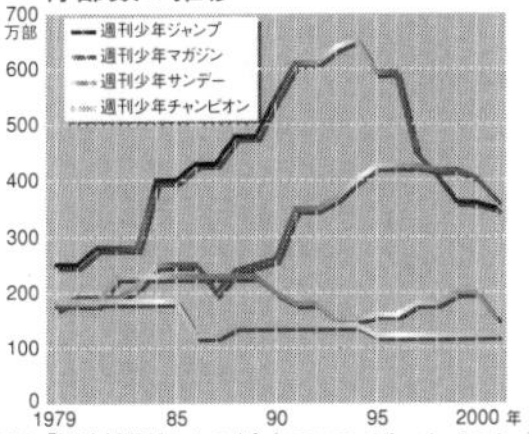

（出所）『雑誌新聞総かたろぐ』（メディア・リサーチ・センター）

ーションも同時に展開され、いずれも好評だった。また、読者アンケートによれば、読者として最初に想定していた中高年のみならず、幅広い世代からの支持を受けている。企画を提案した川鍋自身が驚かされる結果となった。特に想定外だったのが、読者全体の約2割を占める、10代からの支持だった。川鍋は「実生活で希薄になった生身の人間同士のぶつかり合いを、マンガの中に感じ取ろうとしているのだろう」と分析している。

▼育たないマンガ家

だが『ジョー&飛雄馬』の人気は、昨今のマンガに魅力がなくなってきていることをも、あらためて裏づけた。読者から寄せられた激励の手紙には「勇気づけられた」「元気が出た」などとあった一方、ことごとく「最近は面白いマンガがない」との不満が記されていた。

かつて少年マンガ各誌は、熱血マンガの『週刊少年マガジン』、ファンタジーの『週刊少年ジャンプ』、ラブコメディーの『週刊少年サンデー』と、うまく棲み分けていた。だが最近では、ある雑誌で特定のジャンルのマンガに人気が出ると、自誌の特色を無視してまで後追いを繰り返している。結果、各誌の特色は薄れ、『あしたのジョー』や『巨人の星』のような、マンガ家の個性が滲み出た〝印象に残る作品〟が、世に出にくくなっている、との事情もある。

新作が出ることがない『ジョー&飛雄馬』は、03年10月に終了する。「中高年に元気が出ている今のうちに、日本経済が良くなるといいね」と、川鍋は期待しながら、「いい若手を育てていきたい」こう言い添えることを忘れなかった。

（平田紀之）

番外

洗剤のいらない洗濯機 vs 洗剤メーカー
2002年ヒット商品キーワード

洗剤のいらない洗濯機
vs
洗剤メーカー

2001年8月1日、三洋電機が発売した洗濯機「超音波と電解水で洗おう」を巡って三洋電機と、洗剤メーカー25社でつくる日本石鹸洗剤工業会の間で大論争が巻き起こった。

この洗濯機には、軽い汚れを洗剤を使わずに、水を電気分解することで汚れを落とすコース(「洗剤ゼロコース」)の機能が搭載されていた。議論になったのは、これで本当に汚れが落ちるのか、という点だ。「汚れは十分落とせる」という三洋電機と「落とせない」とする洗剤業界。10月2日には両者が会見を開き、それぞれの主張と根拠を示したが、双方の意見の相違がより鮮明になる結果となった。

▼超音波と電解水で落とす

三洋電機が「洗剤ゼロコースもある洗濯機」を作るに至ったのは、洗濯機を生産する工場が、

新発明が新たな議論を呼んだ

滋賀県大津市の琵琶湖に面した場所に建っていることと関係が深い。琵琶湖周辺は「関西の水がめを汚すべからず」という風潮が強く、工場排水の規制も厳しい。琵琶湖に隣接する企業は、ボランティアで琵琶湖周辺を清掃するなどしているのだという。そのため、三洋電機の技術者も、排水に負荷のかからないような洗濯機を開発する意識は強かった。

一方で、成熟する白物家電市場は、ヒット商品を生むのが難しくなっていた。そうしたなかで、「洗剤を使わない洗濯機」という提案が1997年、三洋電機の営業サイドから上がってきた。洗濯機メーカーは水、電気、洗剤のいずれもが極力少なくて済む洗濯機を理想として開発しているのだという。その目標にも近づける提案でもあった。が、当時の技術や研究では、商品化に結びつけることはできなかった。

その後、98年に超音波で洗う洗濯機、99年には8年前の三洋電機製品に比べ、洗剤の量が半分で済む洗濯機を開発した。それでも、やはり「洗浄力」という点では洗剤の力に頼らなければならず、少量で洗剤を有効に使う方式はできても、使わずに済むものはなかなか実現できなかった。

そんなとき、白物家電を扱う三洋電機ホーム・アプライアンスカンパニーで新規事業として取り組んでいたある事業が技術者の目に留まった。ここでは、電気分解した水で排水中のリンを除去する、プールの水を薬剤を用いず除菌するシステム（アクアクリンシステム）などを手掛けていた。そのアクアクリンシステムを洗濯機の洗浄力として活用できないか、という案が上がった。試してみると、これが思いのほかうまくいった。

気泡が弾けるときに発生する超音波と、水に電流を流してできる電解水に発生する活性酸素や電解次亜塩素酸の両者を使う。超音波と水流が衣類の汚れを剥がし、活性酸素が剥がれた汚れを

●日本石鹸洗剤工業会
汚れ落ち:Yシャツ繰り返し洗濯（1日着用後に洗濯。10回繰り返し）

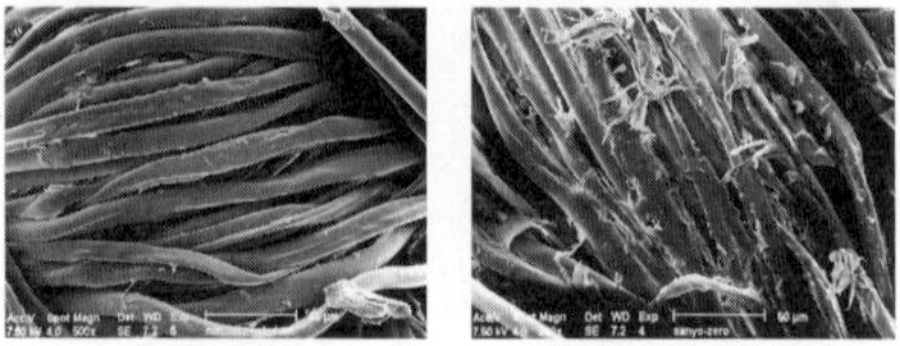

A社洗剤標準コース　　三洋洗剤ゼロコース

分解、電解次亜塩素酸が除菌する結果が得られた。従来この剥がれた汚れを吸収し、衣類への再付着を防いでいたのが洗剤だった。これで「洗剤ゼロコース」の商品化は一気に加速した。

01年6月、三洋電機は世界初の洗剤を使わなくても汚れが落ちるコースを搭載した洗濯機の発売を発表。すべての汚れが「ゼロコース」で落ちるわけではないが、1日着た程度の下着や、1度使ったタオル程度の汚れは「洗剤ゼロコース」で洗える、とPRした。マスコミがこぞって取り上げたが、紙面の見出しに躍ったのは、洗剤が「不要」といった表現であり、「洗剤が全く必要ない洗濯機」という印象を消費者に植え付けかねないものも多かった。

洗剤が「いらない」と大々的に表現された洗剤工業会は「消費者からの問い合わせに答えるためにも、どの程度洗剤がいらないか確認をする必要がある」と、三洋電機の洗濯機の試験を開始した。消費量が減少傾向にある洗濯洗剤市場への危機感からそうした行動に出たという見方もあるが、「この洗濯機による洗濯洗剤市場への影響はそれほどないと思っている。あくまでも消費者への説明のため」（洗剤工業会広報主任課長職の渡辺健）としている。8月7日には洗剤工業会の後藤卓也会長（花王社長）が独自試験を実施中だと明かした、と報じられた。以来、洗剤工業会側の試験結果に注目が集まっていた。

▼落ちる〝汚れ〟の定義

注目の試験結果が明らかにされたのが10月2日なのである。しかし、両者の主張は、〝汚れ〟について言えば、「落ちる」「落ちない」が真っ向から対立しているというより、そもそも落ちるとする汚れの〝基準〟に違いがあった。

マーケットデータ

「洗剤ゼロコース」評価結果例

●三洋電機
「洗剤ゼロコース」と「各社軽い汚れコース」(洗剤使用)との比較

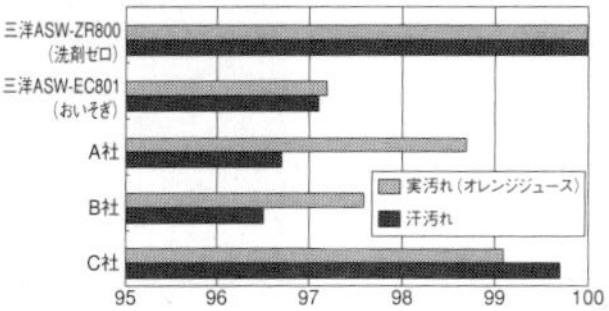

例えば、「洗剤ゼロコース」で三洋電機は「汗は落ちる」「焼肉のタレは落ちる」としているが、洗剤工業会は「汗には皮脂が混ざっているのが通常。そうした汗は十分に落ちない」「食事中に焼肉のタレの染みができるときには、水溶性のタレだけがつくとは考えにくい。肉につけて脂も含んだタレが付着するのだから、それは落ちない」といった具合だ。こうした違いに対し、洗剤工業会の渡辺は「三洋電機さんは本当の汚れしを試していない。我々は、実際に衣類を着たときの状況で試験している」と言う。一方、三洋電機ホーム・アプライアンスカンパニー経営企画室主任企画員の石川ひとみは「洗濯機の汚れ落ち試験でこれまで使われてきた基準のものをそのまま使っているので、問題はない」と話す。ほかにも「布傷み」や「色あせ」についても、両者の意見は対立した。どちらも、第三者機関での検証として試験結果を発表している。が、別々の機関であるため見解は全く異なっている。これでは、ますます消費者は混乱しかねない。

三洋電機の石川は「『洗剤が全くいらない』というのなら、確かに洗剤業界との全面戦争になるかもしれません。しかしあくまでも、『ゼロコースもあります』というだけで洗剤を否定しているわけではありません。今のような泥仕合が長引けば、お客様から反感を買ってしまうだけなので、早く着地点を見つけたい」と話す。また、今後はカタログ表示を、よりユーザーにわかりやすくする努力もしていきたい、ともいう。

メーカー同士の言い分はともかく、消費者がわかりやすく理解できるようにするには、統一の第三者機関に依頼した試験結果を示すのが最善の策だろう。だが、両者は今後も話し合いは継続していく方向で合意したがものの、その後、話し合いは行われていない。現在のような主張の相違が続くなら「消費者のために情報を公表した」という言葉も空しく聞こえてくる。(山出暁子)

２００２年ヒット商品キーワード

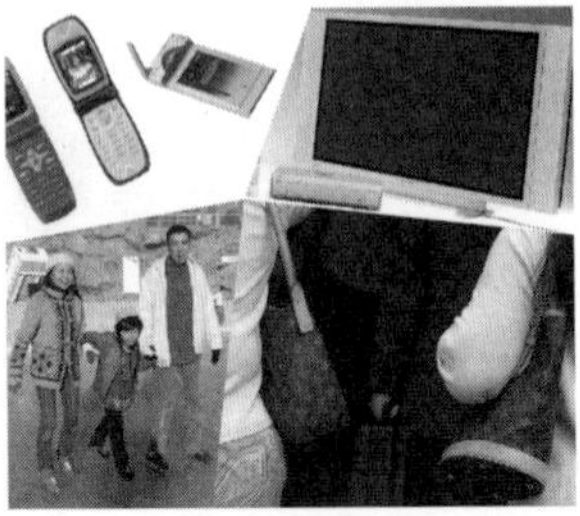

消費は回復するか？

『日経トレンディ』編集長　尾島　和雄

◆02年ヒット商品キーワード◆

単機能／ほどよく高い価格／親と子

２００１年のヒット商品を振り返ると、次のようなものが挙げられる。

・明らかな機能を謳った健康食品（「ダカラ：飲料」「金のつぶ　ほね元気：納豆」など）

・親子、家族で楽しむもの（「ユニバーサル・スタジオ・ジャパン」「東京ディズニーシー」「ベイブレード：べいごま」など）

・○○がない、いらないもの（「無洗米」「洗剤ゼロコース付洗濯機」など）

・○○のユニクロ化（低価格美容室、低価格メガネなど）
・日本人（おじさん）応援（「プロジェクトX」「明日があるさ」「イチロー」など）
また、ここ数年のヒットの傾向でもあるが、売れるものは爆発的に売れるメガヒット商品が多かった。これは、ヒットのきっかけとなる「口コミ」の性質が以前と変わってきているからだろう。「口コミ」というと、かつては人と会ったり電話で話をして伝わっていくものだった。これは会わなかったり、電話しても相手がいなければその時は伝わらない。だが、今ではいつでも相手がつかまる携帯電話があるし、何と言ってもメールがある。そのため、口コミがこれまで以上に速い速度で一気に広がるようになった。

02年も、01年の流れをくんだヒット商品が出てくると思う。
①単機能
これまで新製品には多機能を売りにしていたものが多かったが、消費者はもう多機能に飽きてきており、その方向での発展は望んでいない。それよりも、シンプルな機能で、わかりやすいものが受け入れられるだろう。また、逆さまでも書けるボールペン、音が出ない掃除機、ビタミンが吸収できる衣類、水がいらない洗濯機など驚きがある商品が注目されると思う。
②ほどよく高い価格
「安い」ことに消費者はとびつかなくなるだろう。今、あるコンビにで、ちょっとぜいたくな、ほどよく価格の高いおにぎりが売れているのもその前兆だと言えそうだ。
③親と子
02年の消費を引っ張るターゲットゾーンとも言える。最近の日本は、大人が子供化し、子供が

大人化している。そのため、親と子が同じステージで遊ぶようになっている。01年も「ベイブレード」や「デジQ」など大人は昔を懐かしみ、子供も楽しめるものがヒットしたが、今後も両者をターゲットにした商品が出てくるだろう。そうした傾向を反映して、コンビニで販売されるようになってきた玩具はヒットの予感あり、だ。

『ＤＩＭＥ（ダイム）』編集長　小室　登志和

◆02年ヒット商品キーワード◆
わかりやすさ／納得価格／シルバー世代

01年のヒット商品キーワードとしては「ＩＴの日常化」「環境」「デフレ」などが挙げられると思う。

「ＩＴ」……ビジネスツールとして考えることが多かったＩＴ機器も、日用品の域に入ってきている。それに伴い、子供からお年寄りまで使いこなせるように操作が簡単でわかりやすいものが多くなった。良い例が携帯電話だ。これまで多機能が人気だったが、中高年向けに操作が簡単でディスプレーや文字、入力ボタンの大きいものが発売されたところ、ターゲット層のみならず、若者にもウケた。また、携帯ゲームや家庭用カラオケなど、日常的に楽しめるＩＴ商品がヒットした。

「環境」……これまでも環境問題配慮を謳った商品はあったが、消費者はいまいちピンときていなかったのではないか。01年はハイブリッドカーや洗剤のいらないコースを搭載した洗濯機が売れたが、これらは消費者が環境への配慮を実感できる商品だったから支持されたのだろう。

薄型テレビ、次世代携帯電話も注目度は高かったが、実際には大きなヒット商品にはならなかった。魅力のある商品であることは確かなので、価格がもう一段下がるなどの動きが出てくれば爆発的ヒットにつながる可能性は高い。今は、消費者が「待ち」の状態だと言えそうだ。

02年のヒット商品のポイントは01年の流れの延長線上にあると思う。

①わかりやすさ

多機能よりもわかりやすさが重視される流れは当面続きそう。特に、携帯電話やデジタルカメラなど、あらゆるデジタル機器に共通の傾向だ。

②納得価格

ただ単に「安い」「高い」ではなく、消費者が「なぜ安いのか」「なぜ高いのか」を納得できるようなもの。ユニクロやマクドナルドの低価格戦略が成功したのは、どうやってコスト削減をして価格を安くできたか、が消費者にわかりやすく伝わったからだし、一方で、エルメスやヴィトンなどの高級ブランドが売れているのも、消費者が品質の高さを知って納得しているからだ。

③シルバー世代

団塊の世代より少し上の層は、やはり何と言ってもお金を持っている。この世代で当たれば大きな市場になる。ただ、商品に「シルバー世代がターゲット」とあえて謳わないことがポイント。

『日経MJ（日経流通新聞）』次長　浅見 修二・為定 明雄

◆02年ヒット商品キーワード◆

安全・本物志向・単純明快／デフレの転機／30代後半子供のいない夫婦

01年は、「安・本・単」がヒット商品のキーワードだった。

「安」……安さと安全。高品質・低価格を実現した衣料品、メガネなど「メード・イン・チャイナ」商品があふれた。それ以外にも、牛丼、ハンバーガーの外食や坪25万円の住宅、10分1000円の美容室などあらゆる分野で低価格商品が登場した。もう一つの「安」は安全。狂牛病やテロの影響で安全に対する関心が高まった。

「本」……本物志向。ベースボールの本場アメリカ・大リーグで活躍するイチロー、高級料亭や有名レストランの惣菜をそのまま手に入れられるデパ地下、また高級ブランド「エルメス」の銀座店オープンなど本物の良さがある商品が話題に。

「単」……単純明快。画面が大きく見やすいテレビ「アクオス」、飲料ではお茶など機能がシンプルなものに注目が集まった。

02年は、キーワードとしては同じ「安・本・単」だが、「安い」はヒットのポイントからは外れてくると思う。そこで「デフレの転機」が新たな流れになってくるだろう。

①デフレの転機

「安い」を支持していた人のなかには、お金に余裕があっても、安いということにおもしろさを見いだして買っていた人も多い。そういう消費者は安いことに飽き始めている。また、企業側にも「デフレ疲れ」が見えてきた。ユニクロの業績不振やマクドナルドの平日半額の終了などは、その象徴と言えそうだ。

②30代後半子供のいない夫婦

この層は、一般的に言う「ハナコ世代」。学生時代にバブルを経験しているため消費意欲も旺盛なうえ、お金を持っている。この「大人の消費」をいかに掘り起こせるか。シルバー層は、注目されている割にヒット商品は出にくくなっているが、当たれば大きい。

（構成・山出暁子）

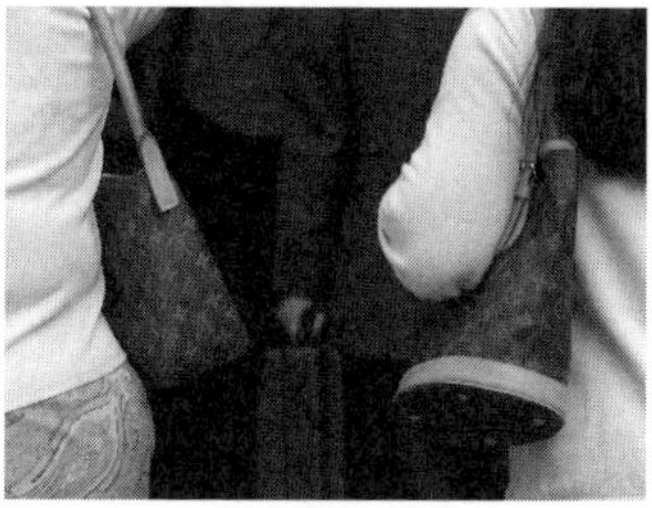

【執筆者紹介】

今井　伸（いまい・しん）

1948年生まれ．早稲田大学政治経済学部卒業，毎日新聞社に入社．99年10月エコノミスト編集長，2001年4月兼出版局次長．

南　敦子（みなみ・あつこ）

1971年生まれ．早稲田大学教育学部卒業，『財界』編集部を経て98年，エコノミスト編集部に入る．

山出　暁子（やまで・あきこ）

1973年生まれ．東洋大学経済学部卒業，『財界』編集部を経て2000年，エコノミスト編集部に入る．

平田　紀之（ひらた・のりゆき）

1970年生まれ．南山大学経済学部卒業，外資系自動車メーカーなどを経て2001年，エコノミスト編集部に入る．

野本　寿子（のもと・ひさこ）

1974年生まれ．玉川大学農学部卒業，欧米証券会社を経て99年，エコノミスト編集部に入る．

こんな時代でも売れたんです。——商品開発物語60話

2002年11月1日　第1刷発行　定価（本体1500円＋税）

編　者　エコノミスト編集部
発行者　栗　原　哲　也

発行所　株式会社　日本経済評論社
〒101-0051　東京都千代田区神田神保町3-2
電話　03-3230-1661　FAX　03-3265-2993
E-mail: nikkeihy@js7.so-net.ne.jp
URL: http://www.nikkeihyo.co.jp/
文昇堂印刷・美行製本
装幀＊渡辺美知子

乱丁本落丁本はお取替えいたします.　Printed in Japan

ISBN4-8188-1449-0